Wolfgang Engler, geboren 1952 in Dresden, Soziologe, lehrt an der Schauspielschule »Ernst Busch« in Berlin.
Er publizierte zahlreiche Studien über Lebensformen in Ost und West, kritische Analysen über die Moderne, Demokratie sowie den Wandel des Politischen und der Öffentlichkeit in den industriellen Massengesellschaften.
Jüngste Buchveröffentlichungen: Die zivilisatorische Lücke. Versuche über den Staatssozialismus; Die ungewollte Moderne. Ost-West-Passagen.

Wolfgang Engler
Die Ostdeutschen

Wolfgang Engler

Die Ostdeutschen

Kunde
von einem verlorenen Land

Aufbau-Verlag

HN
460.5
.A8
E54
1999

ISBN 3-351-02490-8

3. Auflage 1999
© Aufbau-Verlag GmbH, Berlin 1999
Einbandgestaltung Ute Henkel / Torsten Lemme
Druck und Binden Graphischer Großbetrieb Pößneck
Ein Mohndruckbetrieb
Printed in Germany

Inhalt

Vorrede 7

»Die Russen kommen« 11
Wie die Ostdeutschen Krieg und Nachkrieg erlebten und welche Folgen das hatte

Aufbau und Aufstand 33
Wie die Ostdeutschen in neue Häuser und Städte zogen und über deren richtigen Gebrauch mit ihrer Führung stritten

Aufbruch und Reform 53
Wie die Moderne zu den Ostdeutschen kam, Widerspruch auslöste und kleinlaut wurde

Krise und Engagement 75
Warum die ostdeutsche Gesellschaft so oft von Krisen heimgesucht wurde und warum sie so wenig aus ihnen lernte

Die Jungen und die Alten 109
Warum dieselben Faktoren, die den Erfolg des Aufbruchs verhießen, sein Scheitern begünstigten

Macht und Würde 141
Wie sich persönliche Erwartungen von gesellschaftlichen lösten und zu neuen Vorstellungen von Glück und Freiheit führten

Eine arbeiterliche Gesellschaft 173
Warum die Arbeiter in der ostdeutschen Gesellschaft sozial und kulturell dominierten und selbst aus der politischen Ungleichheit Vorteile zogen

Die Dinge und das Leben 209
Warum die Herrschaft der Dinge über die Menschen keine unumschränkte war und was diese unter Reichtum noch verstanden

Form und Seele 233
Was Ratgeber über Anstand und wahre Liebe dachten und was man ihnen glaubte

Nacktheit, Sexualität und Partnerschaft 255
Warum die These von der sexuellen Liberalisierung für Ostdeutschland nur von begrenztem Erklärungswert ist

Überlistung und Verrat 275
Wie die Regierenden mit Hilfe der Regierten herrschen wollten, abgewiesen wurden und dennoch ans Ziel gelangten

Die dritte Generation 303
Warum die ostdeutschen Achtundsechziger in Etablierte und Außenseiter zerfielen und was das für 1989 bedeutete

Literaturhinweise 341

Vorrede

Von den drei Entscheidungen, die mich beim Schreiben geleitet haben, ist die erste die heikelste.

Einige ermutigende Beispiele vor Augen, glaubte ich, daß es nach so vielen Arbeiten, die sich mit dem Herrschaftssystem der DDR beschäftigt haben, an der Zeit wäre, eine Darstellung der ostdeutschen Gesellschaft zu versuchen. Davon inspiriert, trug ich dem politischen System nur insoweit Rechnung, als mir dies zum Verständnis gesellschaftlicher Bewegungen und Prozesse unerläßlich schien.

Mir ist bewußt, daß ich mich damit einer ganzen Reihe berechtigter Nachfragen, aber auch moralischen Anklagen aussetze.

Kann man in einer durchherrschten Gesellschaft wie der ostdeutschen überhaupt eine definitive Grenze zwischen Staat und Gesellschaft, Politik und Alltagsleben ziehen?

War die ostdeutsche Gesellschaft nicht in jeder Hinsicht das Produkt politischer Entscheidungen, Eingriffe und Zwangsmaßnahmen?

Führt die Konzentration auf die Gesellschaft nicht notwendigerweise zu einer Beschönigung der DDR-Vergangenheit, zur Ausklammerung all dessen, was bedrückend und unerträglich war?

Daß eine auf den Alltag zielende Gesellschaftsgeschichte Gefahr läuft, zu verharmlosen, gemütlich, ja selbst süßlich zu werden, ist unbestreitbar. Ob ich dem Herrschaftsmechanismus die auch in diesem Rahmen nötige Aufmerksamkeit gezollt habe, muß dem Urteil des Lesers überlassen bleiben.

Was mich interessierte, war gerade nicht die Gesellschaft als ein von außen Geschaffenes, sondern als sich selbst

Schaffendes, nicht als *natura naturata*, um mit dem großen Spinoza zu sprechen, sondern als *natura naturans*.

Je mehr ich diesem Interesse folgte, um so mehr faszinierte mich, wie die ostdeutsche Gesellschaft das, was von oben in sie eingepflanzt wurde, aufnahm, verarbeitete, umdeutete und abwandelte; wie sich nach und nach ein System gesellschaftlicher Normen, Ansichten und Erwartungen herausbildete, das auf eigenen Füßen stand; wie der politische Fremdzwang entweder am sozialen Eigensinn scheiterte oder auf verschlungenen Pfaden in Eigensinn umschlug.

Der ostdeutsche Herbst des Jahres 1989 besitzt eine lange und wechselvolle Vorgeschichte. So verkehrt es wäre, diese Geschichte nur vom Ende her zu lesen, als Befreiungsgeschichte, so unverzeihlich wäre es, die Vorboten und Zeichen dieses im Ganzen glücklichen Ausgangs zu übersehen und als Autor sein Heil in einer Unterdrückungsgeschichte zu suchen.

Der 89er Herbst war weder zwingend noch ein Wunder.

Die zweite Entscheidung fiel erst im Schreibprozeß.

Ursprünglich dachte ich, die geistig-sozialen Eigenarten der Ostdeutschen würden am besten sichtbar, wenn ich sie durchgehend ins Verhältnis zum Habitus ihrer ost- und mitteleuropäischen Nachbarn sowie zu den charakteristischen Eigenschaften ihrer westdeutschen Landsleute setzte.

Von dieser Vergleichsperspektive bin ich zunehmend abgegangen.

Vergleiche kommen im Verlauf der Darstellung immer wieder vor, sind manchmal unumgänglich, aber sie leiten den Gedankengang nicht.

Auch dafür gibt es einen Grund.

Die vergleichende Methode setzt den Unterschied voraus. Sie ist dann am ertragreichsten, wenn die Besonderheiten von Nationen und Völkern schon mit großer Genauigkeit bestimmt worden sind. Das ist für den ost-mitteleuropäischen Erfahrungskreis ganz offenkundig nicht der

Fall. Selbst für ein abschließendes Urteil über die DDR ist es noch viel zu früh. Eines Tages wird man Gesamtdarstellungen in Angriff nehmen können; bis dahin müssen wir uns mit Vorarbeiten und Annäherungen an dieses Ziel zufriedengeben.

Indem das Buch versucht, die ostdeutsche Erfahrung von innen zu rekonstruieren, versteht es sich zugleich als Beitrag einer noch zu schreibenden Universalgeschichte.

Das führt auf die dritte Entscheidung.

Wer eine Gesellschaft von innen verstehen will, muß sich hüten, Maßstäbe und Urteile an sie heranzutragen, die von außen genommen sind. Er muß auf starre begriffliche Masken, auf ideologisch aufgeladene Symbole verzichten, allen Denk- und Sprachmitteln mißtrauen, die etwas beweisen wollen, was schon vorher feststeht.

Abwertende Termini wie »Unrechtsstaat« und »Kommandowirtschaft« vermögen die ostdeutsche Erfahrung ebensowenig aufzuschließen wie die Großbegriffe »Totalitarismus«, »Gewaltherrschaft« und »Diktatur«.

Was ist damit gewonnen, wenn man herausgefunden hat, daß die DDR keine bürgerliche Demokratie und keine Wettbewerbsgesellschaft war?

Das wußte man doch vorher.

Ich habe mich bemüht, die Ostdeutschen und ihre Gesellschaft ohne Voreingenommenheit zu schildern; so, als hätte sich dieser Abschnitt deutscher Geschichte in einer weit zurückliegenden Zeit und an einem schwer zugänglichen Ort ereignet.

Wo immer es ging, habe ich meine eigene Erfahrung an der Erfahrung anderer kontrolliert und eher ihnen das Wort erteilt, als den Leser mit persönlichen Mutmaßungen oder vorschnellen Verallgemeinerungen aufzuhalten.

Die Vielfalt der Stimmen und Ansichten gab mir immer wieder Sicherheit und das Gefühl, von einem Chor getragen zu sein.

Daß sich das persönliche Interesse nicht völlig ausschalten läßt, weiß ich nur zu gut. Wenn es die Form eines wohltemperierten Engagements annimmt, ist schon viel getan. Pathetische Selbstverleugnung, diese intellektuelle Spielart der Hybris, lag mir fern.

Ich wollte unparteilich sein, nicht unpersönlich, und bin für jede Kritik dankbar, die mich des Gegenteils überführt.

Dank schulde ich vielen, vorzüglich einer: ohne Anna Vandenhertz wäre dieses Buch nie entstanden.

»Die Russen kommen«

Wie die Ostdeutschen Krieg und Nachkrieg erlebten und welche Folgen das hatte

1945

Ich sah die Welt in Trümmern
Noch hatte ich nichts von der Welt gesehn
Ich sah den Tod und die Gewalt
Noch eh ich jung war, war ich alt
Und wußte, ohne zu verstehn.
Ich lernte Tote bergen
Lernte, Ertrunkene tragen (schwere Last)
Die Halbertrunkenen im Wege lagen
Den Fluß versperrend, so lernt ich laufen ohne Rast
Und Weinen ohne Tränen und Hassen
Eh die Liebe in mir einen Ausweg fand
Und war kein Lebendes das mir beistand
Wenn ich immer wieder fiel und aufstand weil da noch
Eins war, was mich nicht liegenließ
Das Fädchen, an dem aufgereiht
Wir alle hingen, wir, Zeugen, Samen
Dünner Faden gedreht aus Menschenhaut der sang
Und Hoffnung hieß und Brot und morgen weiterleben
Die Formel stand im zart gemeißelten Gipsgesicht
   des toten Fährmanns
In den weit offnen blinden Augen.

Inge Müller

Gleich zu Beginn des Jahres 1946 erging an die Schüler des Berliner Stadtbezirkes Prenzlauer Berg die Aufforderung, einen Hausaufsatz über ihre persönlichen Erlebnisse im Krieg und in den ersten Nachkriegsmonaten zu verfassen. Der oder die Initiatoren dieser Maßnahme lassen sich heute nicht mehr mit Bestimmtheit ermitteln, und dasselbe gilt für ihre Absichten. Vielleicht wollten sie in Erfahrung bringen, wie die Heranwachsenden und deren Eltern den Umbruch verarbeitet hatten, wie sie über die Hitlerzeit und insbesondere über die neuen Verhältnisse im sowjetischen Sektor dachten. Vielleicht wollten sie die noch frischen Eindrücke der Kinder ganz einfach nur festhalten, den Nachgeborenen zur Mahnung. Dafür spricht der Bestimmungsort der Aufsätze – das Heimatkundliche Archiv Prenzlauer Berg.

In jedem Fall kamen im Verlauf der nächsten Monate über 1 300 Schüler aus 47 Schulen der Aufforderung nach, wobei die Klassenstufen 6 bis 8, also die damals 12- bis 14jährigen, am häufigsten vertreten waren. In sozialer Hinsicht dominierten bei weitem die Volksschüler. In dem traditionellen Arbeiterbezirk standen einer Erhebung vom Mai 1946 zufolge 1 000 Besuchern höherer Schulen etwa 22 000 Volksschüler gegenüber.

Entsprechend klar und unprätentiös sind die Aufsätze in ihrer übergroßen Mehrheit abgefaßt. Natürlich ist hier und da das Bemühen spürbar, dem Lehrer zu gefallen, eher stilistisch zu überzeugen als durch Wahrhaftigkeit. Manchmal tut die leitende Hand der Eltern ein übriges, um die emotionellen Wogen zu glätten und den Ausdruck in die Bahnen des vermeintlich Gewünschten zu lenken. Aber solche nachträglichen Berichtigungen bilden die Ausnahme von der Regel, zumal die Einflußnahme äußerer Autoritäten gering blieb.

Nur ein verschwindend kleiner Teil der Aufsätze wurde zensiert. Ideologische Maßgaben höherer Schulbehörden oder sowjetischer Administratoren scheinen bei der Abfassung der Erlebnisberichte keine Rolle gespielt zu haben. Die vorgegebenen Spezialthemen – Fliegeralarm, Im Luftschutzkeller, Ausgebombt, Flüchtlingsnot, Wiederaufbau u. a. – sollten den Erinnerungsstrom der Kinder eher sachlich gliedern als geistig normieren. Wie sonst verstünde sich, daß eine der Aufsatzrubriken »Die Russen kommen« lautete und eben nicht »Die Sowjetsoldaten« oder »Die Rote Armee«.

Ausdrückliche Zensur hätte bei solchen Gegenständen ohnehin nichts vermocht. Die Eindrücke, die Krieg und Nachkrieg in den Gemütern der Kinder hinterlassen hatten, waren viel zu unmittelbar und heftig, um wirksam diszipliniert werden zu können. Der Schreibprozeß aktualisierte sie im Gegenteil mit einer Wucht, die alle sonstigen Erwägungen konterkarierte oder gänzlich beiseite schob. Die Germanistin Annett Gröschner, die das fast fünf Jahrzehnte vor sich hin dämmernde Konvolut als erste sichtete und 1996 in einer Auswahl der Öffentlichkeit zugänglich machte, untertreibt noch, wenn sie feststellt, »daß sich die Schulaufsätze für die Arbeit an einer Kriegsgeschichte des Stadtbezirkes Prenzlauer Berg von unschätzbarem Wert erwiesen haben«.

Ihre Aussagefähigkeit ist weit allgemeinerer, mentalitätsgeschichtlicher Art. Die Aufsätze beinhalten kollektive Erzählungen, die teils allen Deutschen verständlich waren, die diese Zeit miterlebt hatten, teils ausschließlich jenen, die unter russische Besatzung gerieten. Sie erlauben Rückschlüsse auf die ersten Spuren einer spezifisch ostdeutschen Prägung.

So genau die Notate den Moment festhalten, an dem die Kriegs- und Nachkriegserzählungen der Ostdeutschen von denen ihrer westdeutschen Landsleute abzweigten, so genau fixieren sie Gemeinsamkeiten und Schnittpunkte der beiden Erzählstränge. Da sind die ersten großen, verheerenden Bombenangriffe auf Berlin von Ende November 1943, von denen die Schüler in noch halbtraumatisiertem Duktus berichten; das fluchtartige Verlassen der Wohnungen und die Suche nach Schutz; das Donnern der Einschläge und die Ungewißheit, ob das eigene Haus noch steht; der stechende Brandgeruch nach dem Verlassen der Unterstände; der Gang durch brennende Straßen und der Anblick verkohlter Leichen; die beschleunigten Schritte, der kürzlich verlassenen Wohnung entgegen, und die Erleichterung oder völlige Erschütterung je nach der Verfassung, in der sich die Heimstatt darbot.

»Das war wohl der schrecklichste Weg, den ich je gemacht habe«, beschließt ein 10jähriger Mittelschüler seine Darstellung. Ein kaum älteres Mädchen bekennt: »Ich werde diese Schreckensnacht nie vergessen, denn das schaurige Bild unseres brennenden Hauses taucht immer wieder vor meinen Augen auf.«

Was die Heranwachsenden vom Prenzlauer Berg in immer wiederkehrenden Wendungen desselben Sachverhalts formulieren, war deutsches Gemeingut, Kindern wie Erwachsenen gleichermaßen gegenwärtig, den Einwohnern Berlins nicht weniger als denen Dresdens, Kölns oder Hamburgs. Höchstens, daß die Jüngeren das Grauen der Bombennächte auf eine besonders ohnmächtige Art erfuhren. Mochte anfänglich die Durchbrechung des gewohnten Lebens, der Ausfall der Schule noch einigen Reiz besitzen, etwas Abenteuerliches, so wich das alsbald schauerlicher Routine, dem tagtäglichen Laufen um das nackte Leben.

Welche Spuren und Langzeitwirkungen dieser Dauerwettlauf mit dem Tod in der kindlichen Psyche hinterließ, hinterlassen mußte, vermitteln am eindringlichsten die rückblickenden Schilderungen von Situationen in Luftschutzkellern und Bunkern. Das ohnehin spärliche Licht erlosch bei schweren Treffern in der Nähe, und in dem völligen Dunkel obsiegten endgültig Angst und Panik. Auch die Erwachsenen, Frauen und vom Fronteinsatz dispensierte Männer, verloren oftmals die Beherrschung und verfielen in Weinen und Klagen, was die Kinder nur noch mehr verängstige. Da man nichts tun konnte außer abwarten und hoffen, die auf Abfuhr bedachte Motorik gehemmt war, fand die Angst keinen Ausweg und schoß, sich dabei selbst verstärkend, direkt ins Erleben. Das schärfte die Wahrnehmung, überforderte aber gleichzeitig die Verarbeitungsfähigkeit, besonders der Kinder, wie der folgende Bericht einer 14jährigen verdeutlicht:

»Rumms und rumms und immer wieder dasselbe. Die kleinen Kinder schlangen die Ärmchen um die Hälse der Mütter und verbargen ihre angstvollen Gesichter in den Mänteln der Mütter, und diese wieder strichen mit zitternden Händen über die Köpfe der Kinder. Jeder dachte nur an sich und seine nächsten Angehörigen, jeder fühlte sich einsam und hilflos; aber alle hatten nur den einen Gedanken: Durchhalten, stark sein und leben bleiben. Dieser Gedanke zeichnete sich auch auf den Gesichtern der Männer, Frauen und Kinder ab. Die einen hatten die Zähne so fest zusammengebissen, daß man glaubte, die Backenknochen müßten zerspringen, und die anderen wieder hatten die Fäuste geballt, als könnten sie damit die Gefahr abwenden. Es war dasselbe traurige Bild der Verzweiflung, wie man es bei jedem Bombenangriff und in jedem Luftschutzkeller sehen konnte.«

Die Verfasserin weiß, daß ihre Erfahrung eine allgemeine war, die Erfahrung aller Deutschen in allen Luftschutzkellern. Dennoch halten ihre Worte die eigentümliche Färbung fest, in die die kindliche Wahrnehmung das Geschehen tauchte. Man hat die Jahrgangsgemeinschaft, der sie angehört, die um 1930 herum Geborenen, später die »Aufbaugeneration« genannt und damit deren Funktion und

Leistung beim Wiederaufbau der fünfziger und bei der Modernisierung der sechziger Jahre gewürdigt. Und häufig hat man in diesem Zusammenhang auf die dieser Generation noch mitgegebenen Tugenden von Dienst und sachlicher Hingabe verwiesen, in die sich ein kräftiger Schuß Verdrängungssehnsucht gemischt habe. Arbeiten, um zu vergessen also.

Gibt der in der Tat erstaunliche Leistungswillen aber nicht weit eher den Abkömmling des Dahinvegetierens in den Kellern und Kesseln des Zweiten Weltkrieges zu erkennen; die Erfüllung des langgehegten Wunsches, die schmerzliche Blockade der motorischen Reflexe aufzulösen und wieder zum Handeln zurückzufinden? Dann wäre das Aufbauwerk nicht (nur) der Absprung ins Vergessen, sondern (auch) der erfolgreiche Versuch, die tiefgreifend gestörte Balance von Handeln und Erleben durch anhaltende Konzentration auf die Handlungsseite, auf fruchtbringende Taten, ins Gleichgewicht zurückzuzwingen. Arbeiten, um leib-seelisch zu gesunden.

Kollektives Unbewußtes wäre auch hier im Spiel, nur hätte es einen leichter zu entziffernden Ursprung – den menschlichen Leib, den Körper im Zustand der Einschließung, der Gefangenschaft. Die Rede von der Befreiung gewönne so außer der politischen Dimension noch eine ganz elementare, vitale hinzu. Dergleichen muß Vermutung bleiben. Die Schüleraufsätze können sie erhärten, aber nicht beweisen. Zur Befragung zählebiger Klischees über deutsche Tugenden und Sünden laden sie indes ausdrücklich ein.

Soweit bewegen wir uns im Horizont gesamtdeutscher Erfahrungen. Das ändert sich erst, wenn der Krieg in seine abschließende Phase eintritt und Deutschland selbst zum Schlachtfeld wird. Gewiß, die in die Heimat zurückgeworfenen Verbände von Wehrmacht und SS kämpften an allen Fronten verbissen um jeden Meter Boden; es gab erbitterte

Endkämpfe im Westen, die bis in die letzten Kriegsstunden währten, und gerade noch rechtzeitige Kapitulationen auf östlichen Kriegsschauplätzen, die das Schlimmste verhinderten. Dennoch wurde der Krieg im Osten und in der Mitte Deutschlands, überall dort, wo die Rote Armee anrückte, mit besonderer Härte und Grausamkeit geführt, bis zuletzt.

Auch davon zeugen die Schüleraufsätze. Um so mehr, als die Schlacht um Berlin gerade im Prenzlauer Berg zu Ende ging, wo noch bis in die Morgenstunden des 2. Mai gekämpft wurde. Schon Tage vorher waren Stalins Bataillone auch in diesen Bezirk eingedrungen, jedoch wieder zurückgeschlagen und dazu gezwungen worden, nunmehr Straße für Straße, Haus für Haus zu erobern. Die schon versprengten Restverbände der Deutschen fürchteten die Rache des Siegers offenbar mehr als den Tod und richteten noch während der beginnenden Auflösung jeder militärischen Ordnung Überläufer und Kapitulanten gnadenlos hin.

Wer sich in den ersten Friedensstunden ins Freie wagte, erblickte eine wahrhaft infernalische Stadtlandschaft. Was die Bombenangriffe noch verschont hatten, war durch Dauerbeschuß zerstört oder in Mitleidenschaft gezogen. Überall in den Straßen taten sich Krater auf. Deutsche und russische Soldaten lagen im Tode vereint und säumten die Wege. Zusammen mit diesen letzten Kriegstoten bildeten Tierkadaver und verendende Pferde einen langsam vermodernden Teppich.

Wie in Berlin verhielt es sich entlang der gesamten, zur Elbe vordrängenden Ostfront. Die Angst, »Barbaren« in die Hände zu fallen, trieb den »totalen Krieg« auf die Spitze und lieferte, nachdem auch die Niederlage eine totale geworden war, die Bevölkerung einem Sieger aus, den zu fürchten sie allen Anlaß hatte. Daß die Angst vor dem Krieg der Angst vor dem Frieden wich, grundierte die ostdeutschen Erzählungen der sogenannten Stunde Null.

Konrad Wolfs Spielfilm *Ich war 19* fing diese Atmosphäre nervöser Gespanntheit, einer fröstelnden Ruhe wohl am eindringlichsten, weil aus der Doppelperspektive ein: aus der Perspektive des mit der Roten Armee nach Deutschland heimkehrenden deutschen Kommunisten sowie aus jener der Geschlagenen, die ihn und seine Genossen erwarten. Eine der ersten längeren Einstellungen des Films zeigt aus der Höhe den menschenleeren Marktplatz von Bernau, der nordöstlich vor Berlin gelegenen Kreisstadt, und präsentiert dann Häuserfronten. In helles Sonnenlicht getaucht, klirren sie vor Kälte und artikulieren derart die stumme Angst der Bewohner, die sich dahinter verkrochen haben. Hier können Steine reden.

Sie konnten es auch später. Das steinerne Gedächtnis arbeitete im Osten Deutschlands mit besonderer Zuverlässigkeit.

Fotografien und Aufnahmen ostdeutscher Städte, die erst heute, nach den umfänglichen Stadtsanierungen der Nachwendezeit, historisch zu werden beginnen, bestätigen das. Natürlich bemühten sich die Kommunen, die Kriegsschäden zu überwinden, im Osten wie im Westen, mit erstaunlichem Erfolg. Dieser Erfolg veranlaßte eine der wenigen optimistisch getönten Alltagserzählungen vom Nachkrieg. Auch darüber geben die Aufsätze Auskunft. So listet ein 10jähriges Mädchen jede Erleichterung mit Stolz und Freude auf, die das erste Friedenshalbjahr brachte, um dann hoffnungsvoll in die Zukunft zu blicken:

»Wir haben Licht, Wasser und Gas, wir bekommen unsere Zuteilungen ohne lange anzustehen, wir erhalten Post und Päckchen, die Zeitung wird ins Haus gebracht, die Straßen werden gefegt, die Aufräumungsarbeiten nehmen ihren Fortgang, sämtliche Bahnen fahren, die Typhusepidemie ist zurückgegangen, und in der Schule haben wir normalen Unterricht. Und nach einem Jahr werden wir noch viel weiter sein.«

Es ging weiter, doch der Ausgangszustand schimmerte im Osten auch Jahrzehnte später noch deutlich durch. Straßen und Bürgersteige wurden befahr- und begehbar gemacht, aber nur schleppend erneuert. Das Autobahnnetz auch der späten DDR war im wesentlichen noch immer das aus der Hitlerzeit. In den Häusern wohnten wieder Menschen, auch der Wohnkomfort wuchs, obschon langsam, aber viele Fassaden der Altstädte künden noch immer von den Kämpfen der letzten Kriegstage. Daß die Eisenbahnen wieder fuhren, war erfreulich; weniger Anlaß zur Freude bot das Streckennetz, das auch in den Folgejahren kaum saniert, geschweige denn ausgebaut wurde, so daß sich die Reisezeiten mit den Jahren wieder verlängerten. Nimmt man die aus früheren Zeiten übernommenen Fabriken dazu sowie jene, die nach dem Abschluß der Aufbau- und Modernisierungsphase von der Substanz lebten, kann man dem Zeitgeschichtler Lutz Niethammer nur beipflichten: »der Krieg blieb [den Ostdeutschen] viel näher als den Westdeutschen; ihr Schicksal blieb mit ihm verkettet, überall konnte man seine Zeichen lesen, und seine Folgen ragten in viele Familien hinein, denen die Fürsorge für Kriegsopfer, -witwen und -waisen aufgebürdet worden war«. Unterschiedlicher Erinnerungsdruck und emotionaler Tiefgang der auf so unterschiedliche Art vergegenständlichten Zeiterfahrung bewirkten, daß sich die Nachkriegsdeutschen schon in den vorsprachlichen Bezirken ihres sozialen Daseins langsam, aber sicher voneinander entfernten.

Doch zurück zu den Ängsten der ersten Friedenstage. Die gab es natürlich überall in Deutschland. Nur manifestierten sie sich östlich der Elbe auf durchaus unverwechselbare Weise. Hier gab es nicht nur die Angst vor dem Morgen oder die von Funktionsträgern des Hitlerregimes vor Entdeckung und Bestrafung, sorgten sich nicht nur daheimgebliebene Männer im wehrfähigen Alter, für in Zivil geschlüpfte Soldaten gehalten und in Gefangenschaft geschickt zu werden. Hier war die Angst eine allumfassende, alles durchdringende, dabei unbestimmt und höchst konkret zugleich. Konkret und präzise benennbar war die Angst insofern, als es nicht beliebige Soldaten waren, die Ostdeutschland besetzten, sondern eben »die Russen«. Und daß die Deutschen gegen das Sowjetvolk keinen gewöhnlichen Krieg geführt hatten, war jedermann geläufig, auch wenn er nicht alle Einzelheiten des Vernichtungsfeldzugs kannte. Völlig offen war jedoch, wie sich die Soldaten in dem Fall verhalten würden, der einen selbst und die Nächsten betraf. Vielleicht gehörte man zu den Glücklichen, und die Schreckensmeldungen, die den Russen vorauseilten, bestätigten sich nicht. Vielleicht suchten einen aber auch die Rachegeister heim.

Die Schüleraufsätze protokollieren das Schwanken zwischen Angst und Hoffnung minutiös. Sie variieren ein und dieselbe Ur-Szene: die erste Begegnung mit einem Sieger, der nicht strahlend Einzug hält, sondern erschöpft und grimmig, in dessen Hand das eigene Geschick nunmehr gegeben ist. Auch die Begleitumstände des Zusammentreffens kehren wieder. Die Besiegten kauern im Keller ihres Hauses und warten in peinigender Ungewißheit auf das Unvermeidliche – die ersten Russen. Dann nimmt das Schicksal seinen Lauf, zum Beispiel so:

»Es war dunkel draußen, als die ersten Russen unser Haus betraten. Kurz danach kamen zwei von ihnen zu uns in den Keller, sie fragten nach Soldaten und Waffen. Ein Herr fragte einen nach Zigaretten, der Russe gab sie ihm auch bereitwillig. Als er sich die Zigarette angezündet hatte, hob der Russe die Pistole und verlangte ›Uhr‹ die ihm der Mann unter dem Druck geben mußte. Darauf verschwanden die Russen. Kaum waren sie gegangen, als fünf andere erschienen, diese sagten: ›Fünf Frau komm bei Offizier sauber machen.‹ Dann suchten sie sich fünf Frauen aus und gingen mit ihnen in eine der offenstehenden Parterrewohnungen und vergewaltigten sie dort.«

In diesem Fall hatten sich die bösesten Vorahnungen bewahrheitet.

Mitteilungen über oder wenigstens Andeutungen von Vergewaltigungen finden sich in einer größeren Zahl von Aufsätzen. Sie waren und blieben Bestandteil rein ostdeutscher Erzählungen über das Kriegsende und die Nachkriegszeit. In der Folge verschwanden diese Erzählungen zunehmend aus der Öffentlichkeit, um sich im Privaten einzunisten. Hier, im privaten Kreis, zirkulierten sie bis zum Ende der DDR. Es dauerte bis in die späten siebziger Jahre, ehe das heikle Thema in der öffentlichen, vor allem literarischen Erzählung wiederkehrte.

Die Prenzlauer-Berger Schüler gehen mit diesen Dingen noch recht unbefangen um, selbst dann, wenn sie kommunistisch erzogen wurden wie das 13jährige Mädchen, das seine noch kindliche Überzeugung und die Übergriffe der sowjetischen Soldaten scheinbar mühelos in Einklang bringt:

»Wenn auch die Russen die Frauen schändeten und den Leuten Vieles fortnahmen, so dürfen wir nie vergessen, wie unsere Soldaten in Rußland hausten und daß an dem ganzen Elend allein, Hitler und seine Konsorten schuld daran sind und daß das, was die Russen taten, als Kriegsrecht gilt.«

Sollte die erwachsen Gewordene kommunistischen Überzeugungen treu geblieben sein, dürfte sie mehr Vorsicht geübt haben als das Kind, das sie war, zumindest im öffentlichen Sprachgebrauch.

Die Spontaneität, mit der sich die meisten Kinder seinerzeit äußerten, resultierte nicht nur aus der naturgemäß geringeren kindlichen Selbstkontrolle. Sie hat noch einen weiteren, im Zusammenhang dieser Überlegungen gewichtigeren Antrieb – Kinder wurden von den Rotarmisten weitaus freundlicher und zuvorkommender behandelt als Erwachsene. Das Bild des lächelnden, kinderliebenden

Russen, vor dem man – als Kind – keine Angst haben muß, ist kein Klischee, sondern Standardmotiv der Schülerberichte, und zwar unabhängig vom politischen Standort des jeweiligen Elternhauses:

»Den Kindern waren die Russen sehr zugetan«, erinnert sich ein 13jähriger Volksschüler. »Viele von ihnen bekamen Schokolade, Brot und Mittagessen.« Ein 12jähriges Mädchen memoriert: »Durch die uns gemachte Propaganda erwarteten wir nun das Schlimmste und waren angenehm überrascht als ein russischer Kommissar auf unserem Hofe erschien und uns bat, vernünftig zu sein, damit nichts zu geschehen brauche. Die Kinder wurden auf den Arm genommen und bekamen Zucker und Schokolade.«

So geht es von Aufsatz zu Aufsatz.

Umgekehrt zeigten sich die Kinder den Besatzern gegenüber bei weitem am aufgeschlossensten; ihre Neugier siegte immer wieder über Scheu und Furcht, so daß sie von selbst aus den Kellern kamen, um sich die Russen einmal aus der Nähe anzusehen. Der folgende Bericht über die Vorgänge in der Ostberliner Wichertstraße steht für viele, nicht zuletzt wegen seiner abschließenden Wendung. Er sei daher etwas ausführlicher zitiert:

»Der Einmarsch ging nicht etwa lautlos vor sich. Man hörte Zurufe, Brüllen, seltsame Schreie, die ich nicht verstand. Maschinengewehrschüsse, auch Kanonendonner. Nun rasselte der bespannte Troß heran. Eine Unmenge Kastenwagen, bespannt mit gutgenährten Pferden, wie ich sie in Ostpreußen gesehen habe. Also waren die Pferde auch schon Siegesbeute. Ein Teil des Trosses fuhr auf den Hof unseres Wohnhauses, der bald einer Wagenburg glich. Nun hielt es mich aber nicht mehr in der Wohnung. Schnell war ich unten und nahm Deckung im Kellereingang. Ich wollte gern wissen, wie die Russen zu den Kindern sind. Schreckliches hatte ich schon früher gehört. In Wirklichkeit war der Russe anders. Die Russen brauchten Wasser für ihre Pferde. Wir Kinder halfen Wasser tragen.

Der Lohn für unsere Arbeit ließ nicht lange auf sich warten. Der russische Kutscher hob den Wagenplan, griff in eine Kiste und stopfte uns die Hände voll Schokolade oder Bonbon oder Puffreis. Welche Marke Schokolade aßen wir? ›Trumpf‹! Also auch Beuteware, die der Russe noch garnicht lange bei sich führte; denn die Schokoladenfabrik Trumpf steht in Weißensee.

Das Bild des Einmarsches der Russen änderte sich von Viertelstunde zu Viertelstunde. Der russische Stab ... rückte heran. Automobile kamen, Motorräder mit Beiwagen, Kutschen mit ostpreußischen Trabern bespannt, rollten heran. Russische Jäger sausten durch die Luft. Ich wußte bald nicht, was mehr sehenswert war, die russischen Offiziere in schneidigen Uniformen, der mongolische Meldefahrer der nach jeder Rückkehr eine dicke Zigarre rauchte. Bis jetzt hatte ich die Russen von der guten Seite kennengelernt. Jetzt kamen einzelne Russen in den Keller. Sie forderten ›Uhri‹ und Schnaps. Oft fuchtelten die Russen meinem Vater vor der Nase herum und wollten ihn erschießen, weil sie glaubten, er wäre ›deutscher Soldat‹.«

Man sieht: Die Eroberer unterschieden in der Art, wie sie die Bevölkerung behandelten, so intuitiv wie rigoros. Sie bestätigten die Erwachsenen in ihrer Furcht, und sie gewannen gleichzeitig das Zutrauen der Kinder. Jenen nahmen sie Uhren oder sonstige Wertsachen ab, diesen gaben sie etwas; die einen mußten Verhaftung, Erschießung oder Vergewaltigung gewärtigen, die anderen durften die Pferde versorgen, auf Panzer klettern oder ungestört auf Höfen und Straßen herumtollen. Die Älteren sowie die fast erwachsenen Jugendlichen beiderlei Geschlechts bekamen die Schandtaten von Wehrmacht und SS deutlich zu spüren, die Jungen durften sich ihrer Unschuld erfreuen.

Man übertreibe sicher, wollte man aus dieser Ungleichbehandlung auf ein gespaltenes Gedächtnis schließen, auf grundverschiedene Erzählungen und Erzähltraditionen von Alten und Jungen. Es mußte die Kinder zutiefst erschrecken, wenn ihre Väter mit dem Tod, ihre Mütter mit Vergewaltigung bedroht wurden. Auch waren bei den letzten Kriegshandlungen viele deutsche Zivilisten durch russischen Beschuß gestorben, was zu gemeinsamer Trauer und wohl auch Haß auf »die Russen« Anlaß gab. Wenn darüber hinaus, wie mehrfach erwähnt, keine Unterschiede gemacht, Erwachsene und Kinder vielmehr gleichermaßen zusammengetrieben wurden und erfuhren, daß man sie allesamt exekutieren würde, wenn sie die Verstecke deutscher Soldaten nicht sogleich verrieten, dürften die Generationen in ihrer Angst und Ablehnung solcher Besatzerwillkür einig gewesen sein.

Dennoch, der Unterschied bestand. Während die Angst der Erwachsenen sich nur verwandelte, von den Bomben löste und dafür an die Russen heftete, kamen die Kinder wenigstens phasenweise von Ängsten los. Sie strichen eine Friedensdividende ein, genossen das Gefühl der Befreiung und faßten es in Worte:

»Aber – wer war denn das? Ein Russe? Tatsächlich! Und dort noch einer und auf der anderen Seite auch. Sprachlos und gebannt, wie vom Schlage getroffen, stand ich vor unserem Haus. Mein Blick fiel auf einen Russen, der, von Kindern umringt, deutsche Soldaten entwaffnete. Er strahlte dabei über das ganze Gesicht und jubelte: ›Gitler kaputt, Woina aus, Woina aus.‹ Jetzt ging mir ein Licht auf, ich jubelte mit und rannte in den Keller, um die freudige Botschaft zu verkünden. Der Krieg war zu Ende!«

Leider erfahren wir nichts über die Resonanz, die die Worte des 13jährigen Mädchens bei den im Keller sitzenden Erwachsenen fanden. Man darf eine minder emphatische Reaktion vermuten.

Befreiung oder Zusammenbruch – so einfach liegen die Dinge wohl nicht. Aber daß die Jüngeren eher jenen, die Älteren eher diesen Eindruck gewannen und konservierten, liegt nach dem Bisherigen nahe. Man muß hier weniger in politischen Kategorien denken und mehr in solchen des »Lebens«, also noch einmal daran erinnern, daß das Wort »Befreiung« besonders für Kinder und Jugendliche einen unideologischen, vital-praktischen Sinn besaß – Befreiung des Körpers aus unerträglicher Gefangenschaft, Rückeroberung von Bewegung und Spielräumen, Auflösung der motorischen Blockade und wiederentdeckte Lust am freien Spiel der Kräfte.

»Wir Kinder des Hauses spielten auf dem Hof zwischen Pferden und Wagen und verstanden uns mit den russischen Soldaten sehr gut, wir bekamen oft einen guten Happen, das gefiel uns. Durch die Rote Armee wurden wir endlich von dieser schweren Zeit erlöst.«

Völlig unpathetisch drückt ein 13jähriger aus, was wohl viele seines Alters damals empfanden – die Erlösung von einem Alp.

Auch darf man nicht vergessen, daß er und seine Altersgenossen beinahe ihr ganzes Leben vor sich sahen, ihre Eltern günstigstenfalls noch einmal die nämliche Zahl an Jahren. Neu anzufangen steht in unser aller Kraft; wirklich von vorn beginnen kann nur die Jugend.

Daß aus den doch recht unterschiedlichen Erfahrungen und Perspektiven der Generationen keine gespaltene Erzählung der Kriegs- und Nachkriegsgeschichte hervorging, war dem deutlichen Bewußtsein aller Ostdeutschen geschuldet, einem Volk anzugehören, das Kriegsverbrechen begangen und daher mit Verachtung und Züchtigung zu rechnen hat. Die bloße Existenz sowjetischer Soldaten rief die Erinnerung an diese Verbrechen tagtäglich wach. Die Art, wie sie die Erwachsenen behandelten, verlieh ihr nur stärkere Konturen. Konfiskationen, Plünderungen, Vergewaltigungen kamen nicht von ungefähr; sie hatten einen Grund. Und dieser Grund schimmerte in den allmählich verhaltener und leiser vorgebrachten Klagen der Erwachsenen beständig durch.

Ihre Klage war das Echo anderer Klagen; von Klagen, zu denen ihre kollektiven Söhne reichlich Anlaß gegeben hatten. Sie konnten fremde Schuld nicht namhaft machen, ohne von der eigenen zu reden oder doch beredt zu schweigen.

Das entging den Kindern nicht. Das Befreiungsgefühl, das sich gerade in ihnen ausgebreitet hatte, zog sich wieder zusammen. Die Wärme und Sympathie, die ihnen von den russischen Soldaten entgegenschlug, erschien plötzlich in anderem Licht – als eine unverdiente und eigentlich auch unverständliche Gunst.

»Wir können froh sein, daß es uns nach diesem grausamen Krieg nicht noch schlimmer ergangen ist«, schreibt ein 12jähriges Mädchen. Anderswo heißt es: »Ich wundere mich überhaupt, daß die Rote Armee so für uns sorgt, da sie es garnicht nötig hätte.«

So dachten wohl etliche und fühlten sich dementsprechend in der Pflicht der Befreier. Jung, wie sie waren, konnte erst ihr künftiges Leben den Vertrauensvorschuß rechtfertigen, der ihnen zuteil geworden war:

»Unsere Sorge soll sein, ein neues, einiges Deutschland zu bekommen, damit wir erneut Ansehen in der Welt genießen und wieder aufgenommen werden in die Reihen der friedliebenden Völker.«

Pathetische Selbstbeauftragungen wie diese bleiben in der Minderzahl. Meist geht es sehr viel nüchterner ab. Aber die geistige Haltung ist dieselbe. Indem die Kinder ihr Bestes für ein neues Deutschland geben, begleichen sie die Rechnung, die sie, vorzüglich aber ihre Eltern bei den russischen Soldaten und deren Familien offen haben. Von diesem Rückerstattungsbedürfnis konnte der ostdeutsche Teilstaat lange zehren.

Gleich ihren Jahrgangsgenossen im Westen fühlten sich die ostdeutschen Kinder und Jugendlichen einer Nation von Verlierern zugehörig. Deutlicher als diese empfanden sie die Schmach, einer Nation von Missetätern anzugehören. Diese

Schmach galt es zu tilgen. Arbeiten, um auch moralisch zu gesunden, hieß die Devise.

So wies die Arbeit von vornherein über die bloße Verrichtung und ihr Ergebnis hinaus, gewann sie einen übersinnlichen, fast metaphysischen Charakter. Daß sich dieses aus Teilen der Gesellschaft selbst hervorgegangene Arbeitsverständnis machtpolitisch benutzen und auch mißbrauchen ließ, beweist allein schon die spätere Praxis, Funktionären, Wissenschaftlern oder Künstlern, die in irgendeiner Hinsicht gefehlt hatten, innere Reinigung durch körperliche Arbeit zu verordnen.

Auch die Kunst der fünfziger und frühen sechziger Jahre, die mit Vorliebe arbeitende Menschen gestaltete, hatte es auf einen *Homo faber* besonderer Prägung abgesehen. Indem er den Widerstand der Materie und der Umstände brach, schuf er produktive Werke, die freilich in keinem Verhältnis zu dem Werk standen, das er selbst verkörperte als einer, der den größten Widerstand gebrochen, das höchste Hindernis bezwungen hat – sich selbst; der über die eigenen Bedürfnisse, den tiefverwurzelten Egoismus hinaus- und bei der Menschheit angekommen war.

Die Entdramatisierung der körperlichen Arbeit im öffentlichen und künstlerischen Diskurs, als deren Zäsur die Wirtschafts- und Sozialreformen von 1963 gelten können, besiegelte das Ende der Nachkriegszeit und stand insofern für Normalisierung. Da die Rationalisierung der heroisch überspannten Arbeitspraxis jedoch auf Dauer nicht gelang, die Metaphysik der Arbeit andererseits nicht wiederzubeleben war, endete das Unternehmen in der Auszehrung jeglicher Arbeitsmotivation. Der innere Auftrag ging verloren, der äußere besaß keine Sporen, um sich Nachdruck zu verschaffen. Die weder moralisch noch monetär zu beeindruckende Mehrheit ergriff endgültig die Herrschaft über das Wirtschaftsleben und die soziale Zeit.

Das ist ein Vorgriff. 1946 ist die spätere DDR nur eine Möglichkeit unter vielen. Für die Verfasser der Schulaufsätze lag sie jenseits des Vorstellbaren. Die meisten von ihnen fühlten sich vermutlich auf eine besonders intensive Weise mit Deutschland, mit der soeben zu Ende gegangenen Geschichtsperiode verbunden, auch wider Willen. Das Leben in der sowjetischen Besatzungszone erinnerte sie fortgesetzt an die in deutschem Namen begangenen Untaten und Verbrechen. Und irgendwie schienen gerade sie, die jungen Ostdeutschen, vom Schicksal dazu auserkoren, für das Versagen aller Deutschen zu haften. Zwar definierten die Zonengrenzen noch kein Wohlstandsgefälle. Daß sich den allgemeinen Kriegslasten aller Deutschen eigens für den Osten bestimmte hinzugesellten, zeichnete sich jedoch bereits in aller Deutlichkeit ab.

Teile der persönlichen Habe konnten kurzerhand requiriert, Frauen und reifere Mädchen vergewaltigt, Männer verhaftet oder deportiert werden. Hinzu kam die Demontage ganzer Industriekomplexe samt Abkommandierung von Fachleuten. Von den noch produktionsfähigen Betrieben gingen viele in den Hoheitsbereich der sowjetischen Militäradministration über, was der Konsolidierung der Wirtschaft weiteren Abbruch tat.

Andere Belastungen hingen mit dem atemberaubenden Umbruch des sozialen Lebens zusammen, der die Veränderungen in den Westzonen beinahe gemächlich erscheinen ließ. Ländlicher Großgrundbesitz wurde verstaatlicht und eine Bodenreform eingeleitet; auch im industriellen Sektor waren Enteignungen und nachfolgende Verstaatlichungen an der Tagesordnung. Verwaltungen, Schulen, Hochschulen, Gerichte, Verlage und Redaktionsstäbe wurden nach Würdenträgern und höheren Parteigängern des NS-Regimes durchkämmt, und im selben Zuge richtete man Schnell- und Sonderkurse für politisch Unbelastete ein.

Der fragwürdigen Auszeichnung, den größten Teil der Zeche zu bezahlen, assoziierte sich das nicht minder zweifelhafte Privileg, sich auch noch vollständig umkrempeln und für die moralischen Schulden einstehen zu müssen. Auch das gehört zum ostdeutschen Sonderbewußtsein nach dem Krieg.

Beinahe nichts blieb beim alten, und dennoch oder gerade deshalb schienen die Ostdeutschen nicht von ihrer Vorgeschichte loszukommen.

Der doppelte deutsche Staatenbildungsprozeß von 1949 gibt ein gutes Exempel für diese Paradoxie. Es war die Bundesrepublik, die formell und förmlich die Rechtsnachfolge des Dritten Reiches antrat, wodurch das Staatsvolk der Westdeutschen zur Wiedergutmachung verpflichtet wurde. Da diese sich in geregelten Bahnen vollzog und kalkulierbar blieb, konnten sowohl das Gewissen als auch die Wirtschaft allmählich aufatmen. Wirtschaft und Wohlstand wuchsen schnell, und damit wuchs auch die Gewißheit, über die Vergangenheit hinaus- und in einer völlig anders gearteten Gegenwart angekommen zu sein.

Nur die Eliten der Naziherrschaft erinnerten noch an die alte Zeit und störten periodisch die Gemütsruhe. Als sich auch deren Reihen zu lichten begannen, schien der Bruch mit der Vergangenheit perfekt. Der Rechtsnachfolger hatte sich sozusagen freigeschwommen.

Anders die DDR. Sie verweigerte die Rechtsnachfolge, ohne daß die Bevölkerung der schon zuvor geübten Tributpflicht entkam. Durch diese »wilde«, schwer kalkulierbare Form der Wiedergutmachung konnten das kollektive Gewissen und auch die Wirtschaft lange nicht entspannen. Wirtschaft und Wohlstand wuchsen nur zögernd, so daß die Gegenwart eher den Anschein einer verlängerten Vergangenheit bekam – Fortsetzung von Mühsal und Entbehrung in anderer sozialer Gestalt. Zudem bemühten jede neue Kampagne, jeder weitere Eingriff in das soziale Gefüge, von den ersten Enteignungen bis hin zum Mauerbau, Nazizeit, Krieg und Verbrechen als letzten Rechtfertigungsgrund. Wo der politische Diskurs verstummte, erklang der stumme der Steine.

Die Hauptverantwortlichen an der Misere verließen das Land, das Bewußtsein von Schuld und Schande nahm dauerhafte Heimstatt. Kurz und gut: Gerade der Staat des ausdrücklichen Bruchs mit der Vergangenheit rekapitulierte sie unaufhörlich.

Seltsam, aber wahr: Je unwiderruflicher sich die Ostdeutschen aus ihrer Einbindung in die gesamtdeutsche Vorgeschichte lösten, desto eindringlicher sahen sie sich mit derselben konfrontiert. Sie arbeiteten sich aus dem Desaster auf eine Weise hervor, die sie unwiderruflich daran kettete. Sie änderten sich in vielem schneller und gründlicher als die Westdeutschen und trugen das Zeichen ihrer Herkunft dennoch deutlicher auf der Stirn geschrieben als diese. Sie konnten nur Ostdeutsche werden, indem sie Deutschland nahe blieben, Deutsche auf eine schwer zu bestimmende Weise nur bleiben, indem sie Ostdeutsche wurden.

Dabei gefiel ihnen das, was unverkennbar ostdeutsch an ihnen war und wurde, mehrheitlich ebensowenig wie ihre deutsche Signatur. Dieses doppelte Mißfallen, den alten Adam und den neuen Menschen gleichermaßen betreffend, die fundamentale Unzufriedenheit mit dem, was sie waren, wurden und sein sollten, gehörten zu den formativen Elementen des ostdeutschen »Wesens«.

Man kann dem auch eine positive Wendung geben und sagen: Die Ostdeutschen lebten im Dauerabstand zu sich selbst und begriffen sich auch so; gelernte Skeptiker, widerrufen sie jede Zuschreibung, Fixierung, Benennung im Nu und erfüllten dank dieser Unbestimmtheit und Unbestimmbarkeit das Grundkriterium sozialer Freiheit – kein festes Wesen zu haben, mit mehreren existentiellen Möglichkeiten experimentieren zu können.

Aufbau und Aufstand

Wie die Ostdeutschen
in neue Häuser und Städte zogen
und über deren richtigen Gebrauch
mit ihrer Führung stritten

Der Setzling wird ein Baum.
Der Grundstein wird ein Haus.
Und haben wir erst Haus und Baum
Wird Stadt und Garten draus.
   Und weil uns unsere Mütter
   Nicht für das Leid geborn
   Haben wir alle gemeinsam
   Glücklich zu leben geschworn.

Bertolt Brecht

Ziemlich genau zwanzig Jahre, nachdem die Prenzlauer-Berger Schüler ihre Aufsätze geschrieben haben, verläßt eine Ostberliner Lehrerin ihre Arbeitsstelle. Sie durchschreitet in elegantem Kostüm und Absatzschuhen die lichtdurchfluteten Gänge, begibt sich zur freitragenden Treppe und von dort zum Ausgang, einem Portal aus Glas. Draußen besteigt sie den Bus, mit dem sie schließlich, von der Schillingstraße kommend, die Karl-Marx-Allee erreicht. Dort steigt sie aus, wendet sich einem der Neubauten aus den frühen sechziger Jahren zu und verschwindet darin. Das Treppenhaus wiederholt in verkleinertem Maßstab das der Schule, aus der sie kommt, und schlingt sich luftig-filigran nach oben.

In ihrer Wohnung angelangt, betritt die Frau, die kaum älter als dreißig Jahre sein dürfte, zunächst das Wohnzimmer. Das Licht, das durch die großen Fenster dringt, erhellt den weitläufigen Raum und mit ihm die geschmackvolle Einrichtung. Man erkennt einen der Küche zugewandten Eßplatz für die Familie, eine freistehende Liege, ein Bücherregal aus dem Baukasten, das sich leicht montieren und verändern läßt, sowie eine Sitzecke mit Kaffeetisch und schlanken Sesseln. Alles ist mit sicherer Hand arrangiert und wirkt dennoch offen, fast provisorisch. Man meint, die Gegenstände könnten jederzeit, wie bei einer Theaterprobe, in Bewegung geraten, die Orte wechseln, um sich der jeweiligen Situation anzupassen.

Gerade weil es in Fluß bleibt, spendet das Leben mit solchen Dingen Freude und Zufriedenheit. Sie dienen nicht der Anschauung oder gar der Repräsentation, sondern dem Gebrauch. Brauchbar zu sein, gebraucht zu werden ist ihre ganze Bedeutung, ihr ganzer Zweck.

Kinderzimmer, Küche, Flur und Bad zeigen denselben

funktionalen Zuschnitt. Nichts ist dem Zufall überlassen, und nichts muß so bleiben, wie es ist.

Ihrem Alter nach könnte die Frau, der wir noch einmal begegnen werden, selbst auf den Schulbänken von 1946 gesessen und einen der erwähnten Aufsätze geschrieben haben. Erwachsen und Lehrerin geworden, lebt sie mit ihren Schülern in einer anderen, weitaus erfreulicheren Welt. Sie lebt nicht nur in ihr – sie preist sie auch. Ihre ganze Erscheinung, ihr gesamter Gang vom Schulhaus bis zur eigenen Wohnung verkünden das Ende der alten Zeit und darüber hinaus den Anbruch der Moderne.

Egon Günthers Film *Lots Weib* aus dem Jahre 1965, dem dieser Auftritt mit lauter Ausrufungszeichen entstammt, ist ein besonders aussagefähiges, jedoch keineswegs isoliertes Dokument des neuen Lebensgefühls. Der Nachkrieg, das zeigen die Bilder, war nun doch zu Ende gegangen, die Vergangenheit zwar nicht vergessen, doch auf Abstand gebracht. Nun, da man sich irgendwie angekommen wähnte, nicht mehr nur unterwegs, überblickte man auch die Stationen, Anläufe, Versuche besser, vom Gestern ins Heute zu gelangen.

Nur ein paar hundert Meter östlich der neuen Karl-Marx-Allee hatte das vormals Neue seine sichtbarsten Spuren hinterlassen – gebautes Unbehagen an der durchgreifenden Modernisierung der Lebensverhältnisse, wie man nun befand; tastender, noch halbblinder Aufbruch; marmorner Stolperstein der städtischen Moderne.

Wer sich selbst auf den Weg macht, vom Frankfurter Tor dem Alexanderplatz entgegen und von dort in Richtung Palast der Republik, wird diese Kritik verstehen, aber auch einordnen können. Er gewinnt darüber hinaus eine geraffte raumzeitliche Vorstellung der einander ablösenden Stadt- und Gesellschaftsvisionen des ostdeutschen Staatswesens.

Am Anfang war die Stalinallee; ein kontroverser Anfang, der Streit für die Zukunft verhieß. Hans Scharoun, der renommierte Werkbundmann, stieg als erster in den Ring. Sein Bebauungsplan aus dem Jahre 1949, »Wohnzelle Friedrichshain«, folgte dem dezentralen, demokratischen Leitbild der klassischen Moderne. Durch niedrige Bebauung, Laubengangfassaden, Abkehr von der Hauptverkehrsachse sollten Stadt und Landschaft miteinander versöhnt und zudem überall derselbe »Wohnreiz« geschaffen werden. Das Projekt stand im Einklang mit den *Gedanken zur neuen Gestalt der Stadt*, die Scharoun ein Jahr zuvor in der Monatszeitschrift *bildende kunst* veröffentlicht hatte. »Die der Stadt zukommende Form«, hieß es darin kurz und bündig, »ist die Stadtlandschaft. Die formvollendete Durchdringung natürlicher Gegebenheiten und der Baumittel stellt sich in den schwach und stark besiedelten Stadtteilen gleich überzeugend dar.«

So wie Scharoun dachte auch die Friedrichshainer Bezirksfraktion der SPD und befürwortete in gut sozialdemokratischer Bautradition (für die die Wiener Höfe das noch immer imposanteste Beispiel geben) die Errichtung eines »Stadtdorfes« mit Marktplatz, Gemeinschaftsbauten, Kulturstätten, kommunalen Einrichtungen sowie angegliederten »Gärtnerhöfen und Gärtnerdörfern«, die den notwendigsten Nahrungsbedarf für die Stadtbewohner sichern sollten.

Mitten im Aushub der Baugruben fielen diese Konzepte einem städtebaulichen Paradigmenwechsel zum Opfer, der seinerseits Ergebnis einer sechswöchigen Reise war, die eine Abordnung maßgeblicher ostdeutscher Architekten und Baufunktionäre nach Moskau, Kiew und Stalingrad geführt hatte. Ihre unmittelbare Frucht waren die berühmten *Sechzehn Grundsätze des Städtebaus*, die der DDR-Ministerrat nebst einem davon inspirierten »Aufbaugesetz« im September 1950 erließ.

Sie hielten dem sozial unbezüglichen Modernismus »das Prinzip des Organischen und die Berücksichtigung der historisch entstandenen Struktur der Stadt« entgegen, der azentrischen Stadt mit überall gleicher Wohnqualität die funktional geordnete Stadt: »Das Zentrum der Stadt ist der politische Mittelpunkt für das Leben seiner Bevölkerung. Im Zentrum der Stadt liegen die wichtigsten politischen, administrativen und kulturellen Stätten. Auf den Plätzen im Stadtzentrum finden die politischen Demonstrationen, die Aufmärsche und die Volksfeiern an Festtagen statt.«

Die *Grundsätze* dekretierten jedoch auch, daß der Verkehr der Stadt und ihrer Bevölkerung zu dienen haben, jene nicht zerreißen und dieser nicht hinderlich sein dürfe. Die aus Gruppen von Häuservierteln bestehenden »Wohnkomplexe« sollten mit Gärten und reichlich Grün sowie mit Kindergärten, Schulen und dezentralen Versorgungseinrichtungen versehen werden. Insgesamt sollten die städtische Öffentlichkeit nicht vom Kommerz bestimmt, Händler und Touristen nicht ihre Leitgestalten sein.

Im Entscheidenden gab es jedoch keinen Kompromiß: »Der Grundsatz ist nicht umzustoßen: in der Stadt lebt man städtischer; am Stadtrand oder außerhalb der Stadt lebt man ländlicher.« Und: »Die Architektur muß dem Inhalt nach demokratisch und der Form nach national sein.«

Das war das Ende für Scharoun und seine Pläne. Zwar hatte er sich noch seine eigenen Gedanken über die *Grundsätze* gemacht und selber welche formuliert. Doch die verschärften den Bruch nur, wie eine kleine Auswahl zeigt:

»Die Stadt gibt Wohnung für den Menschen, für die ihm lieben und nützlichen Tiere und die ihm notwendigen Naturkräfte.

Die Wohngegend steht in einem gewissen Gegensatz zum Erwerbsgebiet, auf dem der Mensch im Kampf steht um seines Wachstums willen, um der Vermehrung der Menschen willen, zum Preise des Guten.

Das Wohngebiet ist exterritorial, ist friedlich, und dort gilt das Wort ›Stadtluft macht frei‹.«

Genau dies wollte der Auftraggeber nicht, nicht mehr. Das Stadtdorf nicht und erst recht nicht die der Konkurrenzgesellschaft innewohnende Polemik von Wohn- und Arbeitswelt, hier Kampf, dort trügerischer Frieden. Scharoun ging und verwirklichte seine Ideen bald darauf im Westberliner Hansaviertel. Der Stalinallee hatte er die beiden Laubenganghäuser zwischen Strausberger Platz und Frankfurter Tor vermacht, die als gleichsam erratische Blöcke in den veränderten Kontext hineinragten.

Nun kam die Reihe an den 1905 geborenen Hermann Henselmann. Der hatte sich schon zeitig als Moderner ausgewiesen, war 1934 aus rassischen Gründen aus der Reichskulturkammer ausgeschlossen worden und bis zu seiner Desertion aus einer der SS unterstellten Bauabteilung im Jahre 1945 als Namenloser im Industrie- und Rüstungsbau untergekommen. In den ersten vier Nachkriegsjahren Direktor der Weimarer Hochschule für Baukunst und Bildende Kunst und entschiedener Fürsprecher des Formenkanons der modernen Architektur, war er nun höchstamtlich zum Chefarchitekten und damit zum Widerruf bestellt.

Er widerrief mit dem ihm eigenen Selbstbewußtsein und entwickelte den sophistischen Ehrgeiz, die schlechtere Sache zur besseren zu machen, das Unabwendbare mit Glanz zu absolvieren, besser, als jeder andere an seiner Stelle es vermocht hätte. Was sein Entwurf einer »Wohnstatt Friedrichshain« von 1950 versprach, erfüllte das Hochhaus an der Weberwiese paradigmatisch, die Grenzen des Mach- und Bezahlbaren dienstfertig-boshaft auslotend. Trotz der erwartbaren Abstriche, besonders hochgeschraubte Material- und Präzisionsanforderungen betreffend, statuierte das Haus mit dem Brechtgedicht am Eingang das gesuchte Exempel. Seine aufwendige Architektur im Inneren und Äußeren, seine repräsentative Haltung, seine distinguierenden Ausdrucksgestalten und »Würdeformeln« machten Schule und die nach diesem Vorbild von 1952 bis 1956 errichtete Allee zu einer Sehenswürdigkeit.

Schon ihr Auftakt imponiert, ein Auftakt mit Aplomb. Noch ehe die Straße ihren ersten Höhepunkt erreicht, die beiden Türme am Frankfurter Tor, stellt sie in dem östlich davor gelegenen Abschnitt all ihre Potenzen selbstgenießerisch zur Schau. Die nördlicherseits verlaufende Häuserfront abbreviiert das Gesamtensemble besonders schwelgerisch. Da ist die ausgeklügelte Fassadengliederung des langgestreckten Blockes – der sich erst von der gegenüberliegenden Seite zum Triptychon formiert; das Doppelspiel seiner beiden Flügel, die über ihre das Mittelstück vorbereitende und betonende Funktion hinaus beschränkte Eigenwerbung treiben; ihre prächtigen, einander zitierenden Balustraden, Balkons, Veranden und Portale, die mitunter terrassenförmig in steinernen Vorgärten auslaufen; die Mitte selbst, kräftig nach oben aufschießend und in ihren obersten Partien stufenartig zurückflutend, so daß die abschließende Fensterfront der Kommandobrücke eines Ozeandampfers gleicht; als ob das nicht genügte, jagen, zwei Balkonpärchen miteinander verkuppelnd, urplötzlich Säulen die Fassaden hoch; da sind schließlich die Bindeglieder, die Scharniere, die den Kontakt der Flügel mit dem Zentrum stiften und die Symmetrie des Ganzen durch einen wohldosierten Normverstoß teils explizit betonen, teils ironisch brechen – die Säulenreihe links der Mitte, rechts davon eine Art Remise, auf der Steinfiguren wandeln.

Dank dieser Ausnahme von der Regel huscht ein Augenzwinkern durch die Symmetrie, individualisiert sich der Baukörper auf eine nur ihm verfügbare Weise. Alle nachfolgenden Gebäude leben von derselben feinen Ironie, treiben denselben sublimen Spott und beziehen eben daraus ihre Eigenart, ihren Charakter. Konforme Solitäre, die sie allesamt sind, widersprechen sie dem Kasernenton der Straße, die sie zugleich bilden, unterminieren sie deren Majestät, die ihren eigenen Adel erst verbürgt.

Vielleicht geht die Anziehungskraft, die die Stalinallee auf ihre damaligen Bewohner und Besucher ausübte, gerade auf diese vertrackte, selbstwidersprüchliche Art der Majestätsbeleidigung zurück. Gut möglich, daß sie dem nicht minder verwickelten Verhältnis der Bürger zu den politischen Majestäten symbolische Gestalt verlieh, also ganz anders zu ihnen sprach als zu den neuen Herren. Daß der Arbeiteraufstand vom Juni 1953 just von hier seinen Ausgang nahm, wäre dann weder purer Zufall noch Mißverständnis, sondern Freisetzung, Sichtbarmachung der dem Gemäuer inhärenten Spannung. Die Spannung schnellstens zu kaschieren, *ihre* Lesart des Bauwerks öffentlich triumphieren zu lassen war der »machtvollen Manifestation« zugedacht, die die Regierenden kurz darauf in demselben Dekor veranstalteten. Im kollektiven Gedächtnis bleiben die beiden Umzüge wohl voneinander geschieden.

Der Streit um die Straße begriff häuslichen Streit in sich ein. 1954 zeigte der Augenzeuge, die Kinowochenschau der DDR, Bilder vom Dachgartenfest, das eine Hausgemeinschaft auf einem der Hochhäuser am Strausberger Platz zusammengeführt hatte. Man sieht Lichter und Girlanden, eine Kapelle, die zum Tanz aufspielt, und festlich gekleidete Menschen, die es sich bei Essen und Wein sichtlich gutgehen lassen. Das neue Leben – hier genossen es die kleinen Leute in vollen Zügen. Daß in jedem Haus eine eigene Parteigruppe existierte, ein Friedenskomitee, eine Mieterkommission sowie eine alle Mieter umfassende Hausversammlung, erwähnt der Film nicht. Ebensowenig die siebenundachtzig Demonstrationen, zu denen die Hausbewohner allein im selben Jahr aufmarschieren sollten.

Das neue Leben, das in dieser Straße prunkvoll Einzug hielt, trug zugleich zivile und offiziöse Züge, entspannte und angespannte, feiernde und feierliche. Welche dieser Eigenschaften dominierten, hing von vielen Umständen ab, die sich zudem mit den Jahren wandelten. Als sicher darf gelten, daß die erste Mietergeneration ihren Einzug in gerade diese Wohnungen als Privileg und Auszeichnung empfand und sich auch dem politischen Gemeinschaftsleben nicht von vornherein verschloß. Daß man lieber feierte als tagte und demonstrierte, dürfte ebenfalls feststehen.

Henselmann jedenfalls ging bei seiner Version der *Sechzehn Grundsätze* ausdrücklich vom Vorrang des Geselligen über das Politische aus und forderte: »Dem feiernden und demonstrierenden Volke sind entsprechende Räume zu schaffen.« Ohne Erfolg. Die amtliche Fassung bestand auf dem umgekehrten Zusammenhang – erst (regierungstreu) demonstrieren, dann (in arbeitsverträglichen Maßen) feiern. Die derart vorgezeichnete Kontroverse zwischen oktroyierten und freiwilligen Formen des Gemeinschaftslebens wurde zur Dauerkontroverse der DDR. Der Juni-Aufstand der Arbeiter trug diese Kontroverse erstmals offen aus und bewies, daß autonomer Gemeinsinn auch innerhalb noch so heteronom konzipierter Vergemeinschaftungen überleben und gedeihen kann.

Dialektisch wie ihre einzelnen Gebäude ist die sie formierende Allee. Strukturbrüche, iterative Wechsel von Korrespondenz und Verschiebung sind architektonisches Gesetz und letzter Grund ihrer fortwirkenden Anmutungsqualität. Axiale Symmetrie findet nicht statt.

Südlich des Mittelstreifens stehen die Blöcke direkter zur Straße hin, läuft das Trottoir schneller der Fahrbahn entgegen. Auf der östlichen Seite schiebt sich zwischen Häuserblock und Straße eine echte Allee mit zwei Baumreihen, durch die man unbehelligter vom Straßenlärm flanieren kann, weil das sich anschließende Grün die Autos auf Distanz hält. Offenen Plätzen auf der einen Straßenseite antworten, durchaus entsprechend, aber eben nicht spiegelbildlich, Laubenganghäuser auf der anderen; straßenzugewandte Fassaden finden ihr Gegenüber in straßenflüchtigen; Säulengänge, die Durchsicht gewähren, besitzen ihr vis-à-vis in bloßen Säulenvorbauten; die Straße überbauende Geschäftsräume »blicken« auf fassadentreu abschließende; ein in den Häuserblock integrierter U-Bahn-Eingang ringt mit einem auf gleicher Höhe befindlichen freistehenden um die Gunst des Betrachters; die eine Häuserzeile beherbergt Cafés und Restaurants, die andere bescheidet sich mit gewöhnlichen Geschäften. Und wo die beiderseitige Fassadengliederung doch einmal Entsprechung suggeriert, sorgen die über sie hinlaufenden Ornamente, Reliefs, Figuren, Lampen, Tür- und Fensterraster für den kleinen Unterschied.

Statt narzißtisch nur auf sich bezogen zu sein, stößt die Allee sich systematisch von sich selber ab, um ihre Einheit dennoch zu behaupten. Produkt ihrer Unterschiede, der Vielfalt, die sie zuläßt, zeigt sie sich zugleich als deren Meister. Sie prozessiert im Rhythmus ihrer Differenzen und führt selbst Regie. Normative Vorgaben in bezug auf Geschoßzahl, Traufhöhe begrenzen die Vielfalt ebenso wie die beiden Grundarrangements – Einfassung der Straße durch zwei große Plätze, reflektierende Turmpaare, denen der imperiale Gestus ihrer sowjetischen Vorbilder ausgetrieben wurde, ohne ihrer Ordnungs- und Hinweisfunktion Abbruch zu tun. Die Stalinallee symbolisierte vor allem und diesmal auch für alle die Öffnung der Stadt zum Osten hin, zu den Vierteln der Arbeitenden, und indem sie das tat, unterstrich sie auf eine wahrhaft orchestrale Weise die Ostbindung des ganzen Landes.

Eines jedoch war ihr verwehrt – zur Stadt zu werden. Nur ausnahmsweise, in ihrem mittleren Abschnitt, gewann sie Tiefe, stieß sie in den angrenzenden Stadtraum vor und verlieh ihm ihr gemäße Formen. Zum weitaus größeren Teil blieb sie ein Eigenbrötler. Um sich wirklich in alle Richtungen ausbreiten und entfalten zu können, hätte sie einer anderen, jungfräulicheren Umwelt bedurft, und die gab es hier trotz aller Kriegszerstörungen nicht. Im äußersten Osten der DDR war sie vorhanden, und dort, in Stalinstadt, kam die Allee doch noch zu sich.

Das hatte sie vornehmlich Kurt W. Leucht zu danken. 1913 geboren und kurz nach der Machtübernahme durch die Nazis der NSDAP beigetreten, arbeitete der junge Architekt in der Folgezeit für die Luftwaffe. Im Krieg brachte er es immerhin bis zum Stabsbauleiter und Major der Luftwaffe, dem zuletzt das gesamte Bauwesen an der Mittelmeerfront unterstand. Nach dem Kriegsende wirkte der auf höhere Weisung Entnazifizierte im Dresdener Stadtplanungsamt, das er ab 1948 auch pro forma leitete. Dann holte ihn der Minister für Aufbau, Lothar Bolz, nach Berlin in sein Ministerium. Dort angekommen, gründete er eine Abteilung Städtebau und wurde so zum Oberkoordinator für alle Aufbaustädte der jungen DDR. Die Idee, am Eisenhüttenkombinat Ost, dem EKO, nicht nur eine Werkssiedlung, sondern eine völlig neue Stadt zu errichten, stammte von ihm. Als Generalprojektant von Stalinstadt schuf er die mit Abstand überzeugendsten Wohnkomplexe dieser »ersten sozialistischen Stadt«.

Zur neuen Bauweise mußte man Leucht nicht erst überreden. Mit dem bei Nationalsozialisten und Kommunisten gleichermaßen verpönten Konzept der Stadtlandschaft hatte er schon 1939 gebrochen, als er ein komplettes Jahr in Italien verbrachte und das dort seit Jahrhunderten praktizierte Verständnis von Urbanität begeistert in sich aufgenommen hatte. Anders als Henselmann war er kein Renegat, sondern buchstäblich in eigenem Auftrag tätig. Er gehörte nicht nur zu den Fachleuten, die mit nach Moskau reisten, sondern war darüber hinaus der eigentliche Urheber der *Sechzehn Grundsätze*. Sein kurz vor deren Abfassung erschienenes Buch *Planungsgrundlagen, Planungsergebnisse für den Neubau der Stadt Dresden* fand das besondere Wohlgefallen der sowjetischen Gesprächspartner, wurde zur Diskussionsgrundlage und dadurch zum Stichwortgeber für die späteren Paragraphen.

»Verrücktheiten« wie Henselmann konnte sich Leucht nicht erlauben und wollte es wohl auch nicht. Er lebte auf kleineren Fuß, baute weniger verschwenderisch. Seine »Arbeiterpaläste«, die es im Inneren – in Wohnzuschnitt und Wohnkomfort – mit denen des Ostberliner Chefarchitekten gut aufnehmen konnten, übten nach außen Bescheidenheit, obschon keinen prinzipiellen Verzicht. Das Vokabular war vollständig, die Syntax wies die obligaten »Fehler« auf, trieb Spott mit der Pedanterie.

Bei einigen Funktionsgebäuden ging Leucht dann doch aus sich heraus, beim Haus der Partei und Massenorganisationen etwa, wo schlanke, funktionslos gewordene Säulen über die Fassade liefen und nach oben wiesen; zum Dach, auf dem einst ein fünfzackiger Stern prangte. Innen bestachen der gediegene Natursteinboden und das Entree mit seiner Doppeltreppe. Ihr fein ziseliertes Geländer schwang sich zum Blickfang in der Beletage empor: einem Mosaik, das die gesamte Rückwand schmückte. In der narrativen Art klassischer antiker Friese setzte sich hier das städtische Gemeinwesen ein Denkmal seiner selbst, seiner noch kurzen Geschichte, nur daß die dargestellten Helden weder Götter noch Krieger waren, sondern Arbeitende beiderlei Geschlechts bei ihrem Tagwerk, beim Lernen und beim Feiern.

Auch andere öffentliche Bauten taten sich hervor. Das Friedrich-Wolf-Theater, zugleich als Kulturhaus dienend, glich eher einem Palast. Wie ein kleines Sommerschloß lud die Gaststätte Aktivist am östlichen Ende der Stadt zum Lustwandeln ein und ließ die ausschweifenden Gelage und häufigen Raufereien in ihrem Inneren nicht ahnen. Den stärksten Eindruck hinterließ das Städtische Krankenhaus, Ausklang und imposantes Resümee der Stadt in einem. Auf einer leichten Anhöhe gelegen, eingefaßt von einem Park, ging sein wuchtiges Portal in eine schlanke Glasfront über, die mit Leichtigkeit über das Flachdach hinausstrebte und sich zur Stadtkrone konstituierte.

In einer Hinsicht waren Leucht und seine Nachfolger gegenüber den Berlinern vom ersten Tag an in der besseren

Position: jene gaben nur Hinweise auf die Gestalt der neuen Stadt, sprachen sozusagen in Andeutungen, diese schufen sie, drückten sich und die Funktion des Städtebauers annähernd vollständig aus.

Das in mehreren Bauabschnitten entstandene Stadtensemble band die offenen Valenzen seiner Vorzeigestraßen, indem es ihnen Hinterland verschaffte und ein urbanes Spannungsfeld so überhaupt erst erzeugte. Das Gefäßsystem unterschied zwischen Hauptadern und Kapillaren; sichtbares Zeichen dafür, daß die Stadt Außen- und Innenpolitik zugleich betrieb; das den Grundriß nach außen vertretende Geviert sprach Bewohner und Gäste repräsentativer an, innen ging es erheblich informeller zu; städtische Plätze opponierten mit lokalen, Front- mit Hinterseiten, und zwar auf eine höchst bemerkenswerte, das Ganze spezifizierende Weise.

Dank der in sie eingelassenen Torbögen war die Außenhaut der Wohnblocks porös, das dahinter sich abspielende Leben vom öffentlichen abgehoben, doch nicht rigide abgegrenzt. Das Verhältnis der Stadt zu »ihrem« Werk unterlag demselben städtebaulichen Prinzip, konkretisierte sich endgültig aber erst Anfang der sechziger Jahre, nachdem mit der Leninallee eine neue Magistrale entstanden war. Sie führte, wie Abbildungen aus dieser Zeit verdeutlichen, unmittelbar zum Kombinat, schlängelte sich in ihren Ausläufern an dessen einzelnen Toren entlang und ratifizierte derart Meter für Meter das Bündnis von Arbeits- und Lebenswelt.

Ein kurzer Seitenblick auf Wolfsburg, vielfach als heimliche Schwester von Stalin-, später Eisenhüttenstadt betrachtet, unterstreicht das Besondere dieser städtebaulichen Lösung zusätzlich. Auch Wolfsburg war trotz seiner Vorgeschichte als Stadt der Hermann-Göring-Werke eine junge Stadt, auf dem Reißbrett entstanden. Auch dort entspann sich nach dem Krieg ein stürmischer Aufbau- und Wachstumsprozeß, der gleichfalls im Zeichen der großen

Industrie, des Volkswagenkonzerns, vonstatten ging. Und die Modernisierungsschübe der spätfünfziger, frühsechziger Jahre veränderten das Stadtbild Wolfsburgs nicht weniger nachhaltig als das von Eisenhüttenstadt. An einem konnten und wollten sie nicht rütteln – an der Polemik von Stadt und Werk. Eine große Ausstellung, die sich vor geraumer Zeit der Parallelgeschichte beider Kommunen annahm, veranschaulichte das Grundmuster anhand von Stadtmodellen. Man sah Verbindungswege, Übergänge. Aber mit gebieterischer Geste fuhr eine Barriere dazwischen, der Mittellandkanal, und unterband jede weitere Vertraulichkeit. In der Draufsicht liegt das Werk quer vor der Stadt, die ihrerseits keinen Blick für das Werk hat. Konzentrisch in sich kreisend, referiert sie Scharouns Gedanken von der exterritorialen Lebenswelt.

Ganz anders beim östlichen Pendant. Hier kommunizierten Hof und Straße, Quartier und Stadt, Stadt und Fabrik, Gemeinschaft und Gesellschaft sowohl architektursprachlich als auch sozial aufs engste miteinander.

Zugegeben, diese Kommunikationen verliefen keineswegs reibungslos. Die Risse zwischen den Teilwelten des sozialen Kosmos traten mit den Jahren immer deutlicher hervor. Das neue Werk verschliß, der Pioniergeist der Gründerzeit entschlief, die planwirtschaftliche Zentralisierung untergrub den Arbeitseifer, die Abenteurer wurden seßhaft und bequem, Individualisierung und Privatisierung schwächten das allgemeine Zusammengehörigkeitsgefühl.

Dennoch: im Osten Deutschlands erfuhr, erlebte man Räume anders als im Westen. Die Grenzen des öffentlichen Raums waren weiter gespannt und schlossen das wirtschaftliche Leben ein, die des privaten Raums waren enger gezogen, zudem unauffälliger markiert und laxer bewacht als manche Innengrenzen des öffentlichen. Betriebe und Dienststellen verlangten Passierscheine und wiesen »Unbefugte« kompromißlos ab. Wohnhäuser dagegen blieben meist auch nächtens unverriegelt, Wohnungstüren fielen nur ins Schloß. Naturräume waren Gemeingut und auch gemeinhin zugänglich. Eine Ausnahme bildeten jene Teile, die Regierung und Streitkräfte mit Beschlag belegt hatten. Aber das akzeptierte die diesbezüglich durchaus kommunistisch gesinnte Bevölkerung zu keiner Zeit.

Wie schnell und nachhaltig sich nach der Zeiterfahrung auch die Raumerfahrung der Nachkriegsdeutschen verzweigte, belegen zwei Reportagen aus dem Thüringer Werrakreis. Ihr Autor, der Publizist Landolf Scherzer, hatte noch zu DDR-Zeiten den 1. SED-Sekretär mehrere Monate bei seiner Arbeit begleitet. Nach der Wende beobachtete er einen neu gewählten Landrat, der aus dem Westen kam.

Der Neue, Christdemokrat und vormals ranghoher Bundeswehroffizier, versieht sein Landratsamt nach den Überzeugungen und Maßstäben seiner Herkunftsgesellschaft. Er setzt sich für die durchgreifende Privatisierung der volkseigenen Betriebe ein und wirbt um Investoren. Schnell muß er lernen, seriöse Interessenten von Betrügern zu unterscheiden. Einem Amerikaner, der mit windigen Projekten auftaucht, zu deren Realisierung er »nur« noch preiswerten Grund und Boden benötigt, weist er schroff die Tür. Als die streikenden Kalikumpel in Merkes um ein Faxgerät verlegen sind, bietet er ihnen seines an. Waffengleichheit ist ein Gebot der Fairneß.

Als ihn dieselben Kumpel jedoch auffordern, er solle zur Kali und Salz AG nach Kassel fahren, um die feindliche Übernahme und absehbare Schließung der Ostgruben zu verhindern, verweigert er sich: »Wissen Sie, ... was die in der Chefetage der BASF machen, wenn der Landrat von Bald Salzungen erscheint? Die schicken vielleicht den Pförtner oder eine kleine Schreibkraft. Nee, dort geht für unsereinen keine Tür auf.« Das ist keine falsche Bescheidenheit, sondern Realitätssinn, Wissen um die Grenzen, die die Privatwirtschaft politischem Handeln und öffentlicher Einmischung zieht. »Das Kapital«, doziert er bei anderer Gelegenheit, »geht seine fremdbestimmten Wege und nicht die Wege, die wir gerne hätten. Daran ist nichts zu ändern. Und den Staatssozialismus mit Planwirtschaft wollen wir doch nicht noch einmal?«

Dagegen galt der Parteisekretär auch hinter den Werktoren als Respektsperson. Dort nicht gebührend empfangen oder gar vom Pförtner abgewimmelt zu werden, hätte er sich gar nicht vorstellen können. Er nahm sich im Umgang mit Wirtschaftsleitern Freiheiten heraus, die dem Landrat allenfalls in Alpträumen aufgestiegen wären, und spannte sie ungeniert für regionale Zwecke ein. Die Grenzen, die ihm gezogen waren, lagen nicht in der Wirtschaft, sondern in der Politik selbst. Beschlüssen der übergeordneten Leitung hatte er zu folgen, auch gegen bessere Einsicht. Höheren Parteiinstanzen gegenüber, wie der Landrat, auf der eigenen Meinung zu bestehen hätte politischen Selbstmord bedeutet. Das ließ er Scherzer gleich zu Anfang wissen: »Es gibt nun einmal Dinge zwischen Himmel und Erde, die werden so geklärt, wie es auf Bezirksebene beschlossen wurde. Wozu sonst haben wir demokratischen Zentralismus. Wir können da nichts ändern, selbst wenn wir es wollten.«

Besser als durch beider Betrachtungen über das, was zugänglich und was verschlossen ist, was man ändern und nicht ändern kann, läßt sich die Differenz der Raumbegriffe und Raumerfahrungen von Ost- und Westdeutschen kaum ausdrücken.

In Eisenhüttenstadt, wo jegliches kommerzielles Privateigentum verschwunden war, kam das ostdeutsche Raumverständnis unverkürzt zum Tragen.

In den frühen Aufbaujahren überwogen die Nachteile des noch unfertigen Stadtraums. Grünflächen und Bäume fehlten noch, so daß Mauern auf Mauern starrten. Versorgungseinrichtungen gab es zuwenig, und die Versorgungslage war dürftig wie sonst im Land, was angesichts der

Härte der hier zu leistenden Arbeit jedoch besonders störte. An das spätere Kulturhaus war noch nicht zu denken, Restaurants entstanden erst, und das improvisierte Kino besaß keinen tauglichen Vorführapparat.

Sogar der verantwortliche SED-Kreissekretär bekannte: »Die Stalinstadt ist weiter nichts als eine Ansammlung von Häusern, es fehlt aber alles das, was zu einer Stadt gehört. Durch die Presse ist uns bekannt, daß Studiengruppen in der Sowjetunion waren, die den Städtebau dort studierten. Was haben diese Menschen dort drüben studiert, hier merkt man nichts davon. 20000 Menschen sitzen hier auf einem Fleck und sind angewiesen auf die Kneipen der umliegenden Dörfer und die paar zweifelhaften Lokale in Fürstenberg.«

Bemerkenswerter noch als diese Worte war der zeitliche Zusammenhang, in dem sie fielen – nach den Unruhen vom 17. Juni, die auch Eisenhüttenstadt erfaßt hatten. Zwar blieben die Hochöfner bei ihrer Arbeit – infolge einer vorherigen Übereinkunft von Partei, Gewerkschaft und Betriebsleitung, die von der Regierung verfügte Normerhöhung nicht in Kraft treten zu lassen –, die Bauarbeiter zogen jedoch auf die Straße und bauten sich vor dem Parteihaus auf. Ein Bericht der SED-Kreisleitung hielt ihre Forderungen fest:

»Nieder mit der Regierung
Wir unterstützen Berlin
Wir wollen freie Wahlen
Schmeißt die Pollacken aus Deutschland raus.«

Als es darüber zu keinem Gespräch kam, stürmten sie das Haus.

Am Ende erfüllten sich ihre Forderungen nicht. Es kam zu Verhaftungen und Prozessen wie in allen aufständischen Regionen. Auch Eisenhüttenstadt erlebte eine Gegendemonstration, die den öffentlichen Raum staatstreu besetzte und den ungehörigen Gebrauch anprangerte, den Arbeiter von ihm gemacht hatten.

Dennoch traten in der Folge spürbare Veränderungen ein. Die Versorgung verbesserte sich, Zuteilungen wurden erhöht, der Bau eines Kulturhauses fest beschlossen und bald darauf in Angriff genommen. Auch trug man künftig Sorge, nicht nur Wohnungen, sondern auch Räume zur gemeinsamen Erholung und zum Genuß bereitzustellen.

Das im ganzen befriedigende Lebensgefühl, das befragte Zeitzeugen mehrheitlich zum Ausdruck brachten, ging zu wesentlichen Teilen auf diese Zugeständnisse, auf die Befriedungsstrategie einer zutiefst erschreckten Staatsführung zurück. Ihr einiges abzuringen, mußte man alles fordern. Die Streikenden hatten einen riskanten, letztlich aber doch für alle nützlichen Gebrauch von der neuen Stadt gemacht. Das »Eisenhüttenstädter Gefühl«, das sich in der Folgezeit entwickelte, war nicht dankbar, sondern selbstbewußt, nicht von oben geborgt, sondern unten verankert und daher echt.

Aufbruch und Reform

Wie die Moderne
zu den Ostdeutschen kam,
Widerspruch auslöste und
kleinlaut wurde

Das bürgerliche Unbehagen gegenüber der Standardisierung individueller Lebensbedingungen äußert sich besonders in der Behauptung, hierdurch sei eine Desindividualisierung des Milieus der Menschen erzwungen. Obgleich auch in der sozialistischen Gesellschaft die Erfahrungen vieler Menschen das zu bestätigen scheinen, trifft dem Wesen und der Möglichkeit nach das Gegenteil zu. Auf der Grundlage moderner ästhetischer Gestaltungskonzeptionen können Wohnräume mit standardisierten Elementen und entsprechender Erscheinungsweise charakteristischer auf individuelle Bedürfnisse hin gebildet werden, als es in allen bisherigen kulturellen Perioden der Fall war.

Lothar Kühne

Das nächste städtebauliche Kapitel sah wieder Berlin am Zug, wieder Henselmann, nur diesmal westlich des Strausberger Platzes. Der sogenannte zweite Bauabschnitt der Karl-Marx-Allee fiel zeitlich mit dem Aufwachsen der eigentlichen DDR-Generation zusammen und symbolisierte deren Lebensgefühl höchst einprägsam.

Dabei begann alles mit einem kleinen Skandal.

In seiner Eigenschaft als Ostberliner Chefarchitekt unterbreitete Henselmann 1958 den ersten Entwurf für das Verbindungsstück zwischen Strausberger Platz und Alexanderplatz. Im trügerischen Bewußtsein seiner Unentbehrlichkeit publizierte er ihn, ohne höheren Orts um Genehmigung einzukommen. Die selbsternannten Bauherren reagierten dementsprechend mit bissiger Kritik.

»Es ist das Hansaviertel in Ostberlin«, empörte sich das Politbüromitglied Hermann Matern. Walter Ulbricht, der es nicht anders sah – »Wir sollen uns nicht die Aufgabe stellen, Westberlin nachzuahmen« –, ging dann noch in die Einzelheiten. Die Punkthäuser und Pavillons könnten so nicht gebaut, die Läden nur zweigeschossig errichtet werden, und überhaupt müßte alles ein wenig kompakter wirken, »größere Breitenausdehnung« besitzen. Vor allem aber kreidete er Henselmann die Frechheit an, ungebeten vorgeprescht zu sein: »Wir verstehen sehr wohl, was gespielt werden sollte. Man wollte das Politbüro vor vollendete Tatsachen stellen.«

In der Konsequenz verlor Henselmann seinen Posten als Chefarchitekt. Er, der sich mit dem Typenbau nie recht anfreunden konnte, konzentrierte sich fortan auf Einzelprojekte. Sein Entwurf wurde dann erstaunlicherweise doch realisiert, zumindest in wesentlichen Punkten – breite

Verkehrsmagistrale, straßenbegleitende Reihung von vielgeschossigen Wohnhäusern, Entflechtung von Wohnräumen und Geschäftslokalen, kulturelle und kommerzielle Einrichtungen von überörtlicher Bedeutung direkt an der Straße.

Manches gelangte nicht zur Ausführung. Zwar wurden die Wohnhäuser wie geplant errichtet, nicht aber die Pavillons westlich der Schillingstraße; sie fielen Einsparungen zum Opfer.

Das Ergebnis, das letztlich der Architekt Josef Kaiser (1910–1991) verantwortete, konnte sich nichtsdestoweniger sehen lassen. »Endlich trat neben die gewiß anerkannte Schaffung von Wohnungen nun auch jenes gewisse Extra, dieser sanfte Glanz von Glas, Eloxal und Leuchtreklamen – jener kleine Hauch von Luxus, mit dem man sich das Leben hinter der Mauer ein bißchen annehmlicher einrichten konnte«, schrieb der Architekturkritiker Wolfgang Kil in einem Aufsatz, in dem er sich auch seiner damaligen Faszination für den neuen Stil erinnert – für den Stil der Moderne und ihr serielles Grundprinzip:

»Mit Ausnahme des Kosmetiksalons hatten alle Pavillons die gleiche Baukörpergeometrie, gleiche Fassadengliederungen und die gleiche Verkleidung aus weißer bis gelber Spaltkeramik. Auch im Inneren waren sie alle gleichermaßen mit Emporen und PVC-Lichtdecken ausgestaltet. Sogar die Leuchtwerbung zeigte am stets die Traufkante umlaufenden Band eine durchgängige Typographie.

Allein das Kino und das Restaurant ›Moskau‹ behaupteten – funktionsbedingt – auffällige Sonderformen. Aber auch an ihnen wurden Zeichen serieller Begeisterung gesetzt. Die Reliefs an den Seitenwänden des Kinos zeigten neben einigen figürlichen Szenen in zeittypisch realistischer Manier abstrakt gemusterte Flächen, die nur aus zwei Formsteinelementen zusammengesetzt waren. Die Eingangsnische zum Restaurant ›Moskau‹, die ein 9x15 Meter großes realistisches Mosaikwandbild von Bert Heller ziert

(›Aus dem Leben der Völker der Sowjetunion‹), wird von einem schwebenden Betongitter aus abstrakten Rauten umfangen, das nicht nur die Klarheit des Baukörpers sichert, sondern auch versucht, die vom Auftraggeber gewünschte ›fremdländische Folklore‹ im Geiste der neuen Berliner Modernität zu interpretieren.

Nach der prononcierten Gemütlichkeit der ›alten‹ Stalinallee waren die klaren und luftigen Bauten von Josef Kaiser und seinen Kollegen geradezu ein Fanal. Sie waren in der Tat stark genug, ihre Benutzer in ein völlig neues Lebensgefühl mitzureißen: Zukunft war doch machbar!«

Das Gefühl der Befreiung, das Wolfgang Kil und viele seiner Altersgenossen erfaßte, war zunächst einmal körperlich. Die Bewegungsfreiheit von Passanten, Käufern und Kulturkonsumenten erweiterte sich spürbar. Das Kino International empfing seine Besucher mit weitläufigen Treppen und sanften Stufen; der Weg nach oben geriet zum Schreiten. Nicht anders in den Pavillons mit ihren übergroßen Scheiben, großzügigen Treppen, Emporen und Galerien; auch hier bewegte man sich ungezwungen wie auf einer breiten Straße. Die Diskrepanz zwischen Raumüberfluß und eher bescheidenem Warenangebot wurde nicht kaschiert, sondern benutzt – Kaufen als (möglichst lustvoller) Nebenaspekt des Umherwandelns in gediegenem Dekor mit Böden aus Marmor, Wänden aus Esche oder Ahorn.

Dem physischen Befreiungsgefühl korrespondierte ein visuelles.

Überall regierte der Grundsatz größtmöglicher Transparenz. Glasfassaden und Glasvitrinen boten dem Auge keinen Widerstand. Die Pavillons mit ihren extrem hochgezogenen Fensterfronten leugneten die Trennung, wechselseitige Abschottung von innen und außen. Das Foyer des Kinos eröffnete mit seinen raumhohen Glasscheiben ein Panorama, das die Straße zum Schauplatz, die Schauenden ihrerseits zu Angeschauten machte. Man sah und wurde gesehen und empfand genau das als angenehm.

Am stärksten muß das symbolische Befreiungsgefühl gewesen sein. Im Vergleich zu den Gebäuden der alten Allee wirkten die Häuser und Pavillons der neuen wie muntere Fregatten auf großer Fahrt. Es war, als genössen sie ihre neue Freiheit, endlich voneinander losgekommen zu sein, in vollen Zügen. Ohne fest miteinander verkettet oder zum Viereck aufgestellt worden zu sein, bildeten sie immer neue Figurationen miteinander, je nachdem, aus welcher Perspektive man sie betrachtete. Derart ermutigten sie ihre Bewohner, es ihnen nachzutun und statt starrer Verbindungen bewegliche einzugehen, flexible, auflösbare. Die »unheilabwendende Architektur« der alten Wohnkomplexe, die die Historikerin Simone Hain so meisterlich aus deren körperlichem Gestus herauslas, gehörte der Vergangenheit an.

Dasselbe bei den Höfen, die es im Grunde genommen gar nicht mehr gab. Es gab Grün zwischen den Häusern und später auch Bäume. Festumrissene Plätze mit vorgegebener Funktion suchte man vergebens. Die klassische Trennung von außen und innen, davor und dahinter, in der vorhergehenden Phase relativiert, aber nicht überwunden, war definitiv passé. Freistehende Häuser ohne Blockrandbebauung kannten diese Trennung nicht, überhaupt nichts Festes, weder Vorgarten noch Innenhof. »Hof« war nunmehr dort, wo sich Menschen derselben Wohngegend in den Zwischenräumen ihrer Unterkünfte besonders gerne zusammenfanden; eine offene Konvention.

Städte wie Eisenhüttenstadt oder Hoyerswerda lassen das veränderte Arrangement noch besser erkennen. Dort entstanden zur selben Zeit ganze Stadtteile nach der neuen Bauweise. Hier waren die Wohnhäuser kleiner, meist dreigeschossig, das Grün, das sie wie ein riesiger, unregelmäßiger Teppich durchzog, ausgreifender und zugleich Standort der über die gesamte Siedlung verstreuten Wäschetrockner. Dadurch wurde der Hof weniger aufgelöst als vielmehr zur Stadtwiese. Eindeutige Vorgaben machte auch sie nicht. Welche Abschnitte des Areals sich Erwachsene und Kinder zu Begegnungs- und Spielzwecken auserkoren, war ihnen überlassen – Vorgeschmack auf die »anonyme« Gesellschaft inmitten der Gemeinschaft.

Eine problematische Anonymisierung, zugestandenermaßen. Der Rasen sollte nicht verschandelt werden; Sträucher und Bäume, die natürliche Verstecke boten, wuchsen erst mit der Zeit; Cafés und Vergnügungsstätten waren rar und besonders in Hoyerswerda immer von derselben Art, so daß es eigentlich nicht lohnte, ins Nachbarquartier zu wechseln. Das Neue gab sich in der Provinz eher spröde, einsilbig. Seine einfache Syntax und sein reduziertes Vokabular erlaubten keine komplexeren Ansprachen.

Das war in Berlin anders. Hier war die Schlichtheit gediegen, Reduktion nicht Armut, sondern Zugewinn an Klarheit. Die Häuser strotzten gleichsam vor Bescheidenheit, sprachen den reinsten Dialekt der neuen Sprache. Sie glichen einander bis ins kleinste Detail. Wenn es überhaupt eine besondere Bewandtnis mit ihnen hatte, dann war es die der Lage, der Stelle, die sie in dem sich entwickelnden Ensemble einnahmen. Jede Erweiterung der Anlage, jeder hinzukommende Bau veränderte diese Stellung und damit den Restcharakter, den sie noch besaßen. Da ihnen ihre Individualität ansonsten nicht auf der Stirn geschrieben stand, machten sie wenig Aufhebens von derselben, und gerade dieses Understatement bezauberte. Sie schienen ihres Wesens, ihrer Stellung in der Welt so sicher, daß sie sie nicht eigens durch Ornamente betonen oder durch Umwege wie Wohnkomplexe absichern mußten. Wirkliche Persönlichkeit, so lautete ihre Botschaft, bekundet sich nicht dekorativ, sondern kombinatorisch; als das Vermögen, allen verfügbare, identische Bausteine stimmig zusammenzufügen.

Es ist nicht leicht zu sagen, ob die Häuser die Menschen von der neuen Wahrheit überzeugten oder ob davon schon Überzeugte nur auf entsprechende Angebote warteten. Wie meist in solchen Fällen dürfte Wechselwirkung im Spiel gewesen sein. Als die Arbeiten in der Allee begannen, lag der Krieg fast fünfzehn, als sie abgeschlossen wurden, schon beinahe zwanzig Jahre zurück. In dieser Zeit war eine neue, wirklich unbelastete, dabei prononciert mißtrauische Generation herangewachsen. Sie begriff Glück eher sinnlich als politisch, Arbeit als innerlich befriedigendes Mittel zum Lebenszweck, nicht mehr als Wert für sich und beantwortete die Verzichtspredigten der Älteren mit kräftigen Anleihen bei der westeuropäischen Jugendkultur. Die neuen Häuser, Kinos, Cafés, Geschäfte, Leuchtreklamen reflektierten ihre Sehnsucht nach einem interessanteren Leben und banden sie zugleich. Die Mokka-Milch-Eisbar neben dem Kino International wurde sofort einer ihrer beliebtesten Treffpunkte und bald darauf zum Lieblingssujet von DEFA-Spielfilmen, die diesen Ort noch anziehender machten. Wechselwirkung also auch hier. Jürgen Böttcher kam diesem Glücks- und Echtheitsanspruch, dem Unwillen, einfach nur erwachsen zu werden, mit seinem 1965 fertiggestellten und kurz darauf verbotenen Film *Jahrgang 45* wohl am nächsten.

Angehörige dieser Generation bildeten den lebendigsten Teil der sozialen »Unterstützerszene« der ostdeutschen Moderne.

Andere kamen hinzu. Studenten, Mitarbeiter und Absolventen der neuen Fakultäten, junge Facharbeiter, Menschen mittleren und fortgeschrittenen Alters, die noch Bindungen zur klassischen Moderne hatten, und sicher auch manche, von denen man es aufgrund ihrer Herkunft und Bildung gar nicht erwartet hätte.

Sie alle strebten über jenes Maß der Persönlichkeitsbildung, der Individualisierung hinaus, das in den Bauten der Stalinallee exemplarische Gestalt gewonnen hatte. Sie wollten nicht nur *Aufbau*, sondern *Aufbruch*, nicht nur Freiheit von ..., sondern auch Freiheit zu ... Und sie waren die Menschen, den Anspruch auch mit Leben zu erfüllen, genauer: sie waren diese Menschen geworden. Dabei dürfte den meisten entgangen sein, wie sehr ihr neues Selbstbewußtsein mit eben dem Staatswesen zusammenhing, das sie herausforderten.

Und doch war es so. Daß viele ihrer selbst sicherer, sich ihrer unverzichtbaren Stelle im Ganzen bewußter geworden waren, hing zweifellos mit der langjährigen Erfahrung, dem mehr und mehr selbstverständlichen Umgang mit Arbeitsplatzgarantie und sozialer Sicherheit zusammen. Man konnte nicht wirklich scheitern, aus der Gesellschaft herausfallen und war sich darüber im klaren. Die Konsequenzen waren weit weniger klar. Gerade weil der Staat existentielle Lebensrisiken dämpfte, setzte er in der Gesellschaft Energien und Aspirationen frei, die über die bloße Daseinsvorsorge hinauswiesen. Gerade weil lebensbedrohliche Risiken aus dem Arbeits- und Sozialgeschehen weitgehend eliminiert wurden, war man entspannt genug, nach weniger bedrohlichen Ausschau zu halten. Gerade weil das soziale Leben abgesichert war, konnte man im persönlichen Leben mit Unsicherheit experimentieren; mit ungewohnten Gedanken; mit offeneren, spontaneren Lebensformen. Und genau das mißfiel parteistaatlicherseits.

Es kam zum Streit. Die Moderne von oben war auf eine paradoxe Art beschränkt und bekämpfte genau die Ansichten und Gewohnheiten, die sie mit hervorgebracht hatte. Sie wollte moderne Verhältnisse ohne moderne Menschen – moderne Fabriken, verbesserte Technologien, höhere Arbeitsproduktivität sowie Erleichterungen des Alltagslebens, die all das ermöglichten. Gegen diese Inkonsequenz protestierte die Moderne von unten und bestand auf der vollständigen Wahrheit, auf der Einheit von Prozeß und Resultat. Beide Modernisierungsprojekte verhielten sich nicht nur widersprüchlich, sondern standen auch asymmetrisch zueinander. Was in dem einen Projekt Mittel war, war in dem anderen Zweck und umgekehrt. Dort war alles auf die Arbeit ausgerichtet, hier alles auf das »Leben«; dort stand die Leistung obenan, hier der Genuß; dort der erbitterte Systemkampf, hier das möglichst freie Spiel der Kräfte.

Zwischen unten und oben, weder den Regierenden eindeutig zuzurechnen noch den Regierten, standen die Experten und füllten das Spektrum der Modernisierungsvarianten auf. Dem regierungsnahen Pol (und daher eher »oben« anzusiedeln) neigten Betriebsleiter und leitende Ingenieure zu, den Regierten (und daher eher denen »unten« verbunden) dagegen »avantgardistische« Architekten, Künstler oder risikobereite Verlagsleiter.

Man begeht einen großen Fehler, wenn man die ostdeutsche Moderne auf das administrativ-technokratische Format reduziert, das sie auch besaß.

Die Sache war umkämpft, und der Ausgang schien offen, bis in die Mitte der sechziger Jahre. Dementsprechend groß waren die Anstrengungen, die der weitertreibende Flügel unternahm, um neue Anhänger zu gewinnen, breitere Trägerschichten zu rekrutieren. Neue Straßen und Häuser genügten nicht – das Leben in ihnen und mit den Dingen mußte revolutioniert werden, die Dingwelt überhaupt.

Und so geschah es. Architekten verbanden sich mit Formgestaltern, Graphikern, Designern, Technikern und arbeiteten das soziale Projekt der Moderne wenigstens im Ansatz aus.

Ein gelungenes Beispiel dieser Kooperation war das Montagemöbelprogramm Deutsche Werkstätten, kurz MDW. Es verhielt sich zu den neuen Häusern wie der kleine Baukasten zum großen und schloß stillschweigend an die Bauhaus- und Werkbundtradition an. Der Gedanke war einfach genug. Die Menschen sollten statt starrer und fertiger Möbel frei kombinierbare Elemente kaufen und nach ihrem Geschmack montieren bzw. neu zusammenfügen können. Damit nicht genug, richtete der Hersteller, der VEB Deutsche Werkstätten Hellerau, in einigen Verkaufslokalen auch noch Beratungsstellen ein, um schwankende Kunden zu überzeugen und kaufwillige in der Montage zu unterweisen. Bestellungssystem und Nachkauf funktionierten halbwegs zuverlässig, und auch die Lieferzeiten lagen relativ niedrig.

Man sollte meinen, daß die Käufer durchweg oder vorwiegend dem »kulturellen Milieu« entstammten, daß Normalbürger von der deklarativen Funktionalität und Schmucklosigkeit der Möbel abgestoßen wurden. Das scheint aber nicht der Fall gewesen zu sein. Die beiden jungen Ethnologen Marc Schweska und Markus Witte kommen in einer kleinen Studie zu folgendem Ergebnis:

»Die Gesamtmenge der verkauften Möbel und der Vertrieb über ein relativ breites Spektrum von Kauf- und Versandhäusern verweist vielmehr auf eine weitere Verbreitung des Programms. Man kann somit vermuten, daß es neben der beschriebenen Nutzergruppe ein breites Feld von Käufern gab, für die das MDW frei von derartigen Besetzungen war.«

Die funktionalen Möbel setzten den funktionalen Häuserbau voraus und verliehen ihm zugleich neue Impulse. Format und Gliederung der Wohnungen, ihre Praktikabilität, unterlagen einer weitergehenden Rationalisierung und Optimierung.

1962 wurde der Ostberliner Bevölkerung im Fennpfuhl ein Experimentalwohnblock mit dem überaus sachlichen Kürzel P 2 präsentiert. Es war »der Versuch junger Architekten, die Möglichkeiten industriellen Bauens mit den Anforderungen an modernes Wohnen zu verbinden«, schreibt die Germanistin Petra Gruner, die diesem wohl durchdachtesten Typenbau eine eigene Untersuchung gewidmet hat. Sie charakterisiert ihn des näheren so:

»Der neue Wohnungsgrundriß verlagerte den ›technischen Teil‹ des Hauses, das Treppenhaus sowie die ›Funktionsräume‹ Bad und Küche einschließlich aller Kabel und Leitungen in das Innere des Gebäudes. Außen herum lagerten sich die Wohnräume, die wiederum in Kommunikations- und ›stille Bereiche‹ getrennt waren. Das Wohnzimmer, als zentraler Kommunikationsort, erhielt über die gesamte Länge des Raumes von sechs Metern eine Fenster- und Balkonfront. Durch das volle Licht erschien er optisch sogar noch ein bißchen größer, als er war. Durch eine gläserne Vitrine – die ›Durchreiche‹ – fiel das Licht der Wohnzimmerfensterfront in die Innenküche. Die Funktionsbeziehungen Kochen, Essen, Wohnen wurden mittels der Durchreicheküche vereint. Die ›kommunikationsfreundliche‹ Küche sollte sich nicht mehr verstecken, funktionelle Einbauten den rationellsten Arbeitsablauf sichern. ... Alle Räume der Wohnung, auch das Wohnzimmer, erhielten deckenhohe Einbauschränke für die Unterbringung von Hausrat und Kleidung, die die Wohnfläche entlasteten. Die notwendige individuelle Einrichtung beschränkte sich so auf ein Minimum beweglicher Möbel: Sitz- und Liegemöbel, Tische und Lampen. Statt einer Unterkellerung sah ein Sockelgeschoß Gemeinschaftsräume vor: für Versammlungen und Feiern, zum Basteln, zum Wäschetrocknen, als Abstellräume für Kinderwagen und Fahrräder.«

Nach seiner Präsentation der öffentlichen Kritik unterzogen und modifiziert, ging der P 2 1966 in Serie und wurde überall in der DDR gebaut. Auch die künstlerische Fiktion nahm sich seiner an. Appellativer als durch das Vorzeigen der sechs Meter breiten Fensterfront war der neue Geist, der neue Anspruch kaum auszudrücken – mehr Licht! Besonders Filmemacher strapazierten die Metapher.

Ein Glied der Kette verwies auf das andere, und alle gemeinsam bezeichneten sie die Kraft, die dazu gehörte, diese Jedermann-Welt nicht nur auszuhalten, sondern zu mögen. Denn die wendete kein Unheil ab und spendete auch keinen Trost. Gefühlsarm, wie sie war, mußte man seiner eigenen Gefühle, insbesondere seines Selbstwertgefühls, um so gewisser sein.

Und das traf ganz offensichtlich für eine wachsende Zahl von Menschen zu. Mit größerer Selbstsicherheit ausgestattet, konnten sie sich direkter und sparsamer individualisieren, namenloser, ikonographisch entspannter. Von dem Druck befreit, die Einmaligkeit fortgesetzt unter Beweis stellen zu müssen, verlor die Gleichheit ihren Stachel; sie ins Persönliche zu wenden, bedurfte es nur weniger Handgriffe. Dieselben Handgriffe lösten den einmal gefundenen Ausdruck im Nu auf und schufen einen neuen. So wurde alles zur Frage des Arrangements, der eigensinnigen Kombination standardisierter Elemente. Die Individualisierung wanderte von der Anschauung in die Praxis aus, um, zur Anschauung zurückgekehrt, ihre Gegenstand und Raum gewordene Aktivität zu bejahen.

Freiheit in der Moderne ist die Freiheit, so, aber auch anders zu können.

Vielleicht sieht man jetzt deutlicher, warum aus dem Aufbau nicht sogleich ein Aufbruch wurde.

Dem stand nämlich nicht nur die beschränkte Einbildungskraft oder der unterentwickelte Geschmack der Funktionärsschicht im Wege. Mehr noch als daran scheiterte der Sprung an den aus dem Krieg entlassenen bzw. heimgekehrten Menschen selbst. Deren Sinn stand nicht nach Brüchen und Experimenten. Das Neue konnte sich nur behaupten, wenn es dem Bedürfnis nach Verständlichkeit, nach gleitenden Übergängen in die Friedenszeit entsprach. Stalinallee und Stalinstadt knüpften an diese Sehnsucht an.

Sprachen doch beide permanent und in jedem Detail von der Angst der Menschen, übergangen, überspielt zu werden, ihr Gesicht zu verlieren und nur mehr eine Nummer darzustellen. Und beide wußten Rat, beugten der als bedrohlich empfundenen Anonymität durch einen schier unerschöpflichen Vorrat an distinguierenden Zeichen und Gestalten vor. Damit nicht genug, demonstrierten sie auch noch, wie man sich individualisiert, ohne den Beistand und Schutz des großen Ganzen zu verlieren. Die Segmente eines Hauses, die Häuser und Quartiere individualisierten sich gültig nur durch die Bezugnahme auf den jeweils übergeordneten »Komplex«, an den sie für immer gekettet blieben. Da sie nicht nackt, sondern mit Symbolen und Bedeutungen übersät waren, die auf andere Symbole und Bedeutungen verwiesen, klebten sie wortwörtlich an dem übergreifenden Kontext. Sich von ihm loszulösen kam nicht in Frage; das hätte ihren vollständigen Bedeutungsverlust heraufbeschworen, das reine Chaos.

War das nicht die genaue architektonische Übersetzung des Problems, mit dem die Mehrheit der Menschen damals rang – wieder Grund unter die Füße zu bekommen, die ersten Schritte in ein neues, eigenes Leben zu lenken, ohne das alte, mir nichts, dir nichts, von sich abzutun? War es etwa nicht wohltuend, tröstend und ermutigend, auf ein Ensemble zu blicken, das die Treue seiner Komponenten nicht mißbrauchte, sondern mit reicher Ausstattung entgalt? Und gaben die Symmetriebrüche, die kleineren und größeren Unregelmäßigkeiten, nicht einen Vorgeschmack auf mehr, auf echten Eigensinn?

Auch das ist eine Vermutung, aber eine begründbare.

Dagegen läßt sich mit ziemlicher Gewißheit sagen, daß die Architektur der Aufbaujahre zwischen den Epochen vermittelte, wie eine Fähre oder ein Ponton von der klassischen zur Nachkriegsmoderne überleitete. Sie wollte das vielleicht nicht, aber sie tat es.

Was war an dieser Moderne ostdeutsch? Wenig, wenn man auf ihre Ergebnisse sieht, alles, wenn man die damit verbundenen Hoffnungen mit in die Betrachtung einbezieht. Der Grundriß der ostdeutschen Gesellschaft, ihre sozialökonomische Ordnung, prädisponierte das Land für die Moderne. So dachte man jedenfalls in den Kreisen der Sozialreformer. Die weitgehende Abwesenheit ökonomisch verwertbaren Privateigentums, die strenge Kontrolle oder, wie im Fall des Arbeitsvermögens, gänzliche Ausschaltung der Märkte verhinderte eine große soziale Differenzierung und versetzte die Mehrheit der Menschen in ähnliche Umstände. Was lag näher als die Erwartung, daß die annähernd Gleichen auch in ihrem privaten Lebensstil wenig Umstände machen und die alten Unterscheidungszwänge abschütteln würden? Zu welcher Gesellschaft paßte das Doppel von Standardisierung und Kombination besser als zu dieser? Man war nicht blauäugig, übersah nicht die Schwierigkeiten, die sich einer ostdeutschen Moderne oben wie unten entgegenstellten. Aber die Zuversicht überwog. Daß sie letztlich trog, war einem ganzen Bündel von Ursachen geschuldet, das an dieser Stelle nicht entflochten werden kann. Die Entwirrung einiger Fäden muß einstweilen genügen.

Das Wichtigste zuerst: Die Gleichheit ist kein Allheilmittel gegen den konkurrierenden Gebrauch der Gegenstände. Sie ist in ihrer Wirkung überhaupt nicht eindeutig. Sie kann die Menschen verbinden, aber auch entzweien.

Je mehr sich die Menschen als Gleiche erleben, desto mehr verlangt es sie nach Ungleichheit; danach, sich hervorzutun, vor anderen auszuzeichnen. Ob dieser Ehrgeiz die Gleichheit sprengt oder umgekehrt festigt, hängt von den Kanälen ab, in die er geleitet wird. Kann er sich öffentlich bewähren, dann richtet er sich auf Ziele, die dem gemeinen Wohl nur selten Schaden, dagegen häufig Nutzen bringen. Man wird die Ruhmsucht einzelner schelten, sich dadurch aber kaum in seinem sozialen Empfinden gestört sehen. Wer allzuviel in öffentliche Ehren investiert, muß anderswo sparen und schafft dadurch selbst den Ausgleich. Und auf einen Fall, in dem die öffentliche Ruhmsucht Nachteile für das Gemeinwesen mit sich bringt, kommen hundert andere, bei denen der persönliche Ehrgeiz direkt oder auf Umwegen der Gesellschaft und ihren Mitgliedern dient. Ein entwickeltes System öffentlicher Freiheiten ist der Gleichheit zumeist förderlich, der allgemeinen Wohlfahrt sogar ausnahmslos.

Fehlen diese öffentlichen Freiheiten oder sind sie nur ungenügend entwickelt, wird der Ehrgeiz auf die private Sphäre gelenkt, wo er sich weniger an Taten und desto eifriger an Dinge heftet. Daß viele auf denselben Ausweg verfallen, durchkreuzt die Bemühungen aller einzelnen, stachelt sie, da andere Pfade versperrt sind, jedoch gleichzeitig an. Der Ehrgeiz flüchtet in die Dingwelt, wird passiv und anschaulich, die Anschauung selbst wird freudlos. Jeder sucht den anderen durch Dinge auszustechen, die er mühsam und mit Eifer zusammengetragen hat. Und jeder muß feststellen, daß die anderen ungefähr dieselben Dinge auf dieselbe Weise vor sich gebracht haben. Mühsal und Vergeblichkeit sprechen aus den Gegenständen und hüllen die Gleichheit in eine negative Grundstimmung. Die Bejahung der Moderne schlägt in deren Ablehnung um, die ihren sichtbarsten Ausdruck in der fortgesetzten Belastung des privaten Raums mit Gegenständen findet, die unterscheiden sollen, es nicht tun und obendrein wenig Gebrauchswert besitzen.

Der Streit um die ostdeutsche Moderne drehte sich von Anbeginn um die Öffentlichkeit. Er war entschieden, als diese Mitte der sechziger Jahre endgültig verriegelt wurde. Das konstruktive Geschick blieb auf die eigenen vier Wände eingeschränkt, von der Konstruktion des Gemeinwesens ausgeschlossen. Die Lust am Gebrauch gleicher und kombinierbarer Elemente kam abhanden, weil diese Gleichheit nunmehr den Verlust öffentlicher Freiheiten symbolisierte statt, wie zuvor, deren mögliche Eroberung.

Es gibt weitere Gründe für das Steckenbleiben der ostdeutschen Moderne. Die sparsame Rhetorik ihrer Gestalten und Verkehrsformen verletzte die ästhetischen Standards der Führung, widersprach ihrem ganz auf Ornament, Einfühlung und Repräsentation ausgerichteten Welt- und Politikverständnis. Daß Alfred Kurella, immerhin Leiter der Kulturkommission des SED-Politbüros, im Jahre 1961 auf einer von Fritz Cremer organisierten Akademie-Ausstellung Junge Kunst erschien und eigenständig »abstrakte« Bilder abhängte, sagt genug.

Auch der Mehrheitsgeschmack einer erst in Anfängen an die neuen Standards herangeführten Gesellschaft war gewiß ein Problem. Erbe einer langen plebejischen, unterbürgerlichen Tradition, stand er dem Formenverständnis der Führung näher als dem der Neuerer.

Ferner war mit der Abschaffung von Privateigentum und Konkurrenzwirtschaft ernsthafter Wettbewerb überhaupt aus der Gesellschaft verschwunden. Auch die Wirtschaftsreform von 1963 vermochte ihn nicht anhaltend wiederzubeleben. Die Produzenten verspürten daher wenig Anlaß, die neuen Bedürfnisse zu befriedigen oder gar um die Gunst der neuen Kundenschicht zu ringen. Auch das trug zur Isolierung der Moderne bei.

Mit dem Abbruch der Wirtschaftsreformen zu Beginn der siebziger Jahre verknöcherte sie ganz. Aus den flexiblen Baukastenmöbeln wurde die Schrankwand, der derselben Idee verpflichtete Typenbau verarmte zusehends; Wohnzimmer und Fensterfronten schrumpften, die verglaste Vitrinendurchreiche wurde zubetoniert, und die Einbauschränke verschwanden. Auch das Äußere der Häuser wurde immer unansehnlicher, liebloser. Durchdachte Hausensembles fanden sich kaum mehr. Die neuen Siedlungen waren rationell nur noch im Sinne schneller Verkehrsanbindung. Fließende Übergänge von Gemeinschaft und Gesellschaft strukturierten sie nicht mehr. An die Stelle begehbarer Höfe und offener Plätze traten ortlose Zwischenräume, unbrauchbare Lücken. Aus Häusern waren Gehäuse geworden, in denen die Menschen festsaßen.

In seinem 1977 erschienenen Roman *Es geht seinen Gang* hat Erich Loest das Versanden des Aufbruchs in allen deprimierenden Facetten geschildert. Einmal ist sein müde gewordener Held, Wolfgang Wülff, samt Gattin bei einem befreundeten Ehepaar eingeladen. Die Frauen unterhalten sich, er lotst derweil den Gastgeber auf den Balkon, wo sie auf Leipzig blicken:

»Dort wiederholte ich meine Gedanken über die Austauschbarkeit neuzeitlicher Wohnungen und blickte hinaus auf die Wohnscheibe gegenüber und stellte mir vor, wie dort tausend Schrankwände tausend Couchs gegenüberstanden, wie tausend Ehepaare tausend andere eingeladen hatten, alle aßen Fleischsalat und gefüllte Tomaten und garnierte Eihälften, bei zwei Drittel quackelte der Fernseher, später wurde Hemus getrunken oder Natalie. Jutta trug Platten herein: Schinken, Geflügelsalat, gefüllte Tomaten, Sardinen, garnierte Eihälften. Es schmeckte allen, wie es zur selben Zeit Tausenden im Oktoberviertel schmeckte, und ich hätte gern gewußt, zu welchem Prozentsatz jetzt etwas Originelles gespeist wurde, das man etwa im Urlaub kennengelernt hatte und nun nachprobierte.«

Die sarkastische Übertreibung dieser Zeilen verdeutlicht das Wesentliche: Die Standardisierung hatte sich selbst überholt und in der Einförmigkeit schachmatt gesetzt.

Bevor sie diese Schrumpfform annahm, zeigte sie sich noch einiger beachtlicher Leistungen fähig. Das Stadtbild des Ostberliner Zentrums legt davon Zeugnis ab.

Da ist zunächst der Schnittpunkt all seiner Radialen, der Alexanderplatz. Das Halbrund mit dem hoch aufschießenden Hotelbau, mit Springbrunnen und Weltzeituhr wirbelte den Blick so lange herum, bis dieser die gewünschte Richtung nahm, hin zur Kongreßhalle und zum Haus des Lehrers und von dort zum Osten, zur neuen und alten Karl-Marx-Allee. Schmuddeliges Gegenstück zum feinen

Pariser Platz, informelle Grenze zwischen dem bürgerlichen und dem proletarischen Berlin, zeigte der Alex nunmehr selbst Noblesse, propagierte er darüber hinaus die Leistung der zurückliegenden Jahre – die Entproletarisierung der Arbeiterbezirke. Und mit einer feinen Volte legte er auch noch die Grenzen des alten Neuen, des Strausberger Platzes, bloß. Denn im Unterschied zu diesem war er begehbar und besonders an warmen Tagen ein von vielen aufgesuchter Ort, anschaubar nicht nur, sondern benutzbar. Und darauf kam es in modernen Zeiten an.

Daß jenseits des Stadtbahnviadukts die neue Berliner Stadtkrone, der Fernsehturm, entstand, mochte die Puristen unter den Modernen verärgern; die Bevölkerung nahm das im Oktober 1969 seiner Bestimmung übergebene Bauwerk wohlwollend-spöttisch auf und gab ihm Kosenamen.

Die freundliche Aufnahme war insofern gerechtfertigt, als sich der Turm bestens in das Stadtgebiet westlich der S-Bahn einfügte. Sein zweigeschossiger Fuß mit Ausstellungsräumen und Restaurants, Kino, Café und Informationszentrum nahm das städtisch-gesellige Leben vorweg, das sich alsbald in seiner unmittelbaren Umgebung entfaltete. Simone Hain hat es rückblickend noch einmal plastisch eingefangen:

»Das ab 1965 geplante, an den Alex anschließende Ensemble stellt wohl den schönsten und damals attraktivsten Stadtraum Ostberlins dar. Ein großer freier Raum mit klaren Kanten und poppig kontrastierten historischen Relikten als verfremdend aufeinander bezogener Objekte schließen abermals an den Zeitgeist der 60er Jahre an. Hier auf der großen Bürgerwiese vor dem Roten Rathaus war endlich der Stadt ein Raum mit Bindungskraft wiedergegeben. Kirche und Künstlerverband wetteiferten mit Ausstellungen, Brautpaare schritten zur Trauung, Touristen aus aller Welt teilten sich den Neptunbrunnen mit den Kindern aus der unmittelbaren Nachbarschaft. In den zweigeschossigen

Passagensystemen an Liebknecht- und Rathausstraße konnte man nicht allein gut einkaufen. Hier war das erste Bowlingcenter, ein Diskotreff, die polnischen und ungarischen Kulturzentren, hervorragende Gastronomie. ... Der vor allem im Sommer bis spät in die Nacht auch von den Bewohnern stark frequentierte zentrale Stadtraum erhielt schließlich seine funktionale Abrundung mit dem Bau der großen öffentlichen Wärmehalle, dem Foyer des Palastes der Republik. Sie konnte der Stadt nun auch bei schlechtem Wetter als Corso dienen.«

Der 1976 fertiggestellte Palast, gegen den Willen der Stadtplaner auf das Karree östlich der Spree plaziert, verkörperte die Zäsur der ostdeutschen Moderne, letztes Willkommen und Abschied. In seinem Buch *Die heile Welt der Diktatur* fing der Historiker Stefan Wolle diese Ambivalenz im Ganzen treffend ein:
»Die Gesetze der sozialistischen Mangelwirtschaft schienen für einige hundert Quadratmeter außer Kraft gesetzt. Hier gab es saubere Toiletten, freundliche Kellner, funktionierende Münzfernsprecher und die begehrten Sonderbriefmarken. Das Postamt hatte auch am Wochenende bis zehn Uhr abends geöffnet. Zwischen den Gemälden der bekanntesten Künstler, auf denen keineswegs nur realsozialistische Heldengestalten zu sehen waren, flanierten Familien und Liebespaare. Aus den überall installierten Lautsprechern tönten keine Arbeiterlieder, sondern die Songs ›international bekannter Musikformationen‹. Wenn die Leute ›Erichs Lampenladen‹ sagten, meinten sie das ironisch, aber nicht feindselig. Hier existierte die vielbeschworene ›Einheit von Wirtschafts- und Sozialpolitik‹ tatsächlich. Für die Kinder gab es einen Eisbecher ›Pittiplatsch‹, für Vater ein Wernesgrüner Bier und für Mama ein Stück Torte mit Schlagsahne – und dies alles zu zivilen Preisen. Im Untergeschoß vergnügte sich die Jugend beim Disco-Sound. Daneben gab es ein Bowling-Center, das zu

einem der beliebtesten Treffpunkte für Brigadeabende wurde. Das TIP – wie das ›Theater im Palast‹ gemeinhin hieß – entwickelte sich unter der Leitung von Vera Oelschlegel zur anspruchsvollen Kleinkunstbühne für den gehobenen Geschmack, und auf der großen Bühne bekam das Volk die Schlagersternchen aus dem Westen zu sehen. Überall war es sauber, ordentlich und gut ausgeleuchtet, damit das Wachpersonal jeden Winkel durch die Kontroll-Kameras einsehen konnte. Der Palazzo stellte die symbolhafte Inkarnation der Honecker-Ära dar: eine inszenierte Klein-DDR als Gesamtkunstwerk. Zwischen dem Weinrestaurant am Spreeufer und dem Bistro im Obergeschoß war der Staat der kleinen Leute Realität geworden. Der ›Palast‹ war die erträumte DDR.«

Der Autor behandelt die »kleinen Leute«, ihre Wünsche und Gewohnheiten, etwas zu sehr von oben herab, nimmt sie nicht ganz ernst. Seiner Kennzeichnung des Palastes als Inkarnation der Honecker-Ära kann man dennoch zustimmen. Der Palast *war* diese Inkarnation, und er war noch mehr: das Déjà-vu der ostdeutschen Moderne.

Alles war noch einmal wie auf Absprache versammelt: Glas, Licht, Raum und Eleganz. Überdimensionierte Rasterglasfronten auf der Ost- und Westseite hielten, riesigen Spangen gleich, die beiden wie gigantische Heizkörper aussehenden Betonblöcke zusammen; das Hauptfoyer wurde von einer fünf Meter hohen Gläsernen Blume geschmückt und unterstrich den Überfluß im Inneren; ein breiter terrassenförmiger Aufgang lud die Besucher zum Schreiten ein und verteilte sie auf die anschließenden Rolltreppen; und natürlich fanden sich durchweg ausgesuchte und gut verarbeitete Materialien.

Aber es fehlte die Leidenschaft früherer Jahre, die Ungeduld, die jeden Aufbruch kennzeichnet. Der Bau war großzügig, aber nicht kühn, man konnte sich in ihm wohl fühlen, aber nicht tagträumen.

Die Fassaden verrieten den Grund für die gedämpften Emotionen. Die Glas»spangen« waren nämlich verspiegelt und zudem dunkel getönt. Die Transparenz war aufgehoben, innen und außen aufs neue geschieden. Wer drinnen war, sah, ohne gesehen zu werden; wer draußen war, erblickte höchstens Umrisse von Personen. Das Bauwerk bevorzugte seine Besucher und benachteiligte seine Betrachter. Daß beide die Stelle wechseln konnten, hob das Unrecht nicht auf, das ihren Blicken geschah. Sie konnten sich beim besten Willen nicht begegnen. In genau dieser Begegnung, im freien Wechsel aller Perspektiven, in komplementärer Gleichheit drückt sich aber die Moderne aus.

Die Abgeordneten des ersten frei gewählten ostdeutschen Parlaments bewiesen einen guten Instinkt, als sie den Großen Saal des Palastes zu ihrem Tagungsort bestimmten. Sie brachen damit erstens das politische Monopol, das die Volkskammer auf diesen Ort besessen hatte; sie siedelten sich zweitens in einem Gebäude an, in dem seit je auch das Volk verkehrte; drittens verstanden sie sich mehrheitlich als Nachlaßverwalter des ostdeutschen Teilstaats – und auch dieser Aufgabe wurde das »postmoderne« Haus bestens gerecht.

Krise und Engagement

Warum die ostdeutsche Gesellschaft
so oft von Krisen heimgesucht wurde
und warum sie
so wenig aus ihnen lernte

Heli [Helene Weigel] blieb bis zu ihrem Tode, trotz ihres Austritts aus der SED nach dem XX. Parteitag der KPdSU, parteiverbunden. ...

Beim Einschenken des Tees sagte sie ohne Umschweife: »Diese Schweinerei mit Harich ist ein Rückfall in die schlimmste Zeit. Man darf sie nicht widerstandslos hinnehmen.«

»Wie stellst du dir Widerstand vor?«

»Brecht sagte nach dem XX. Parteitag, daß man bei Wiederholung solcher Erscheinungen die Arbeiter in den Streik führen müsse. Das sei die einzige Möglichkeit, den Terror der Bürokratie wirksam zu bekämpfen.« Nach einer kurzen Pause fügte sie hinzu: »Laß den Verlag in den Streik treten. Deine Leute stehen doch hinter dir. Wir brauchen jetzt ein Beispiel.«

»Heli, ich weiß, was Brecht gesagt hat. Und beide wissen wir, daß er eine Vorstellung hatte, was man tun kann. Aber er ist tot.«

»Das ist kein Grund, seinen Gedanken nicht zu folgen.«

»Gewiß nicht. Aber wir müssen uns hüten, naive Schlußfolgerungen zu ziehen. ... Dein Vorschlag wäre sinnvoll, wenn er sich an den Direktor der Leuna-Werke richten würde ...«

Als ich ging, sagte Heli: »Unser Dilemma ist die Hilflosigkeit der Arbeiter.«

»Nein«, unterbrach ich, »die Isolierung der Intellektuellen von den Arbeitern. Wenn wir hier nicht einen Wandel schaffen, wird sich nichts ändern.«

Sie erhob sich und begleitete mich zur Tür: »Du hast sicher recht. Aber wehren müssen wir uns schon jetzt. Gerade wir Künstler müssen etwas tun.«

Drei Stunden später stand sie auf der Bühne. Das Berliner Ensemble spielte *Mutter Courage*.

Walter Janka

Gilt es, eine Sache zu erledigen, wird man aktiv; gilt es, ein Ziel zu erreichen, handelt man; gilt es beides, Sache wie Ziel, überhaupt erst in die Welt zu setzen, dann muß man sich engagieren.

Dieses Kapitel »handelt« vom Engagement. Und von Krisen.

Krisen sind für Gesellschaften nichts Außergewöhnliches; sie ereignen sich häufig, erfassen die unterschiedlichsten Sektoren. Die Glaubwürdigkeit von Politikern, die Wehrbereitschaft der jungen Generation, die öffentliche Sicherheit, Finanzen, Renten, Arbeitsmärkte – das und anderes mehr kann in die Krise geraten. Über solche partiellen Krisen hinaus kann es aber auch zu umfassenden, die gesamte gesellschaftliche Ordnung gefährdenden Krisen kommen. Das geschieht, wenn ein Sektor den anderen infiziert oder wenn mehrere Sektoren gleichzeitig in Unordnung geraten. Ob nun aber auf dem Wege der Ansteckung oder durch Simultaneität – stets steht das Ganze auf dem Spiel. Die Gefahr globaler Krisen ist dabei um so größer, je enger die einzelnen gesellschaftlichen Sektoren miteinander verzahnt und je stärker sie auf einen »führenden« Sektor ausgerichtet sind, der sie alle zu »Vasallen« degradiert.

Gerade das war in der DDR der Fall und erklärt die Häufigkeit und Tiefe ihrer allgemeinen Krisen.

Aufeinander abgestimmt waren die einzelnen Sozialbezirke auch im Westen Deutschlands; auch dort gab es einen Leitbezirk, die Wirtschaft. Ungleich höher entwickelt war jedoch die Selbständigkeit der geleiteten Bezirke. Sie waren keine Vasallen, denen man beliebig Vorschriften machen konnte, sondern innerhalb gewisser Grenzen Herr im eigenen Haus. Dank dieser Hausmacht konnten sie verhindern, daß externe Krisen ungebremst auf sie übergriffen. Und solange sie selbst einigermaßen funktionstüchtig blieben, konnten sie ihre Kraft zusammentun, dem Bazillus gemeinsam zu Leibe rücken.

In Ostdeutschland lagen die Dinge grundsätzlich anders. Zum einen »führte« nicht die Wirtschaft, sondern die Politik. Zum anderen okkupierte der politische Sektor alle anderen Bezirke und band sie mit eiserner Hand zusammen. Bloße Führung ging in Herrschaft über und bewirkte, daß die Teilsektoren ihre Selbständigkeit weitgehend einbüßten, daher im Krisenfall weder »puffern« noch »reparieren« konnten. Es trat der für jede Krisenbewältigung schlimmstmögliche Fall ein: aufgrund der nur schwach ausgeprägten Sektorengrenzen pflanzten sich partielle Krisen in Windeseile fort und schaukelten sich derart zu einer allgemeinen auf. Umgekehrt teilte sich jede kleine Bewegung, jede noch so kleine Störung des herrschenden Sektors unmittelbar und unabgeschwächt dem Gesellschaftsganzen mit.

Wenn ein Glied erkrankte, drohte sofort der Körper zu erkranken; erkrankte er in seinem Zentrum, wurden die Glieder nicht rege, sondern paralysiert.

Der sich selbst verstärkende Krisenmechanismus stürzte die DDR von einer Not in die andere. Mal überwogen innere, mal äußere Faktoren; mal war es die ostdeutsche Führung, die die Krise hauptsächlich verantwortete, mal das sowjetische Machtzentrum, ein anderes Mal sprangen Turbulenzen in den Nachbarländern oder internationale Entwicklungen auf den ostdeutschen Teilstaat über. Historiker und Politologen haben die besonderen Konstellationen, die Krisen in Gang setzten, eingehend untersucht.

Weniger Aufmerksamkeit wurde einem anderen Sachverhalt zuteil – dem Engagement, das Menschen und Menschengruppen vor, während und nach der Krise an den Tag legten oder aber vermissen ließen. Damit ist mehr gemeint als die selbstverständliche Tatsache, daß soziale Krisen wie alle sozialen Vorgänge durch menschliche Aktivitäten vorbereitet und in ihrem Verlauf bestimmt werden. Im Unterschied zum bloßen Aktivwerden beinhaltet echtes menschliches Engagement stets eine Stellungnahme, eine Bewertung, ein Ja oder ein Nein. Engagierte Menschen greifen nicht nur in den Lauf der Dinge ein; sie enthüllen durch die Art ihres Eingreifens ebenso sich selbst, ihre Ängste und Wünsche, ihre existentiellen Präferenzen. Unter allen möglichen Fällen, die geeignet sind, echtes Engagement hervorzubringen, ja zu erzwingen, stehen Krisen ganz obenan.

Erst wenn man beides berücksichtigt, Krise und Engagement, kann man Sozialgeschichte als Krisengeschichte darstellen und herausfinden, ob eine bestimmte Gesellschaft aus der Folge ihrer Krisen gefestigt oder geschwächt hervorgegangen ist.

Gesellschaften wie die ostdeutsche machen die Einbeziehung des Engagements und seiner Formen besonders dringlich.

In wirtschaftlich, zumal privatwirtschaftlich dominierten Gesellschaften brechen Krisen häufig aus und wie eine Naturgewalt über die Menschen herein. Jeder versucht, seine eigenen Chancen zu optimieren, potentielle Konkurrenten zu überflügeln, was diese nur noch eifriger, tatendurstiger, risikobereiter macht. Am Ende sind die Chancen, die ein Markt bietet, ausgereizt, persönliche Vorteilsnahmen zu jedermanns Nachteil ausgeschlagen, ganz wie in Brechts *Dreigroschenoper*:

> Ja, renn nur nach dem Glück
> Doch renne nicht zu sehr
> Denn alle rennen nach dem Glück
> Das Glück rennt hinterher.

Die durch einen Börsenkrach ausgelöste Weltwirtschaftskrise von 1929 gibt ein dramatisches Exempel für diesen Krisentypus, der mit jedem Ferienbeginn erneut eintretende Stau auf den Autobahnen ein weniger dramatisches.

In politisch verfaßten, durchherrschten Gesellschaften brechen Krisen weit seltener einfach nur aus, werden sie weit öfter ausdrücklich herbeigeführt; es gibt Verursacher, Verantwortliche und Schuldige. Das Engagement ist konstitutiver Teil der Krise. Die Ereignisse vor dem 17. Juni 1953 zeigen das sehr anschaulich.

Da waren zunächst die Regierenden. Natürlich wollten sie keine Krise herbeiführen. Ihr ganzes Engagement galt der neuen Ordnung. Nur drückte sich dieses Engagement in Maßnahmen aus, die alle gleichermaßen verprellten, Arbeiter wie Unternehmer, Bauern wie Kulturschaffende, Kirchenfunktionäre wie Kirchgänger.

Einkommen- und Handwerkersteuer wurden erhöht, die Selbständigen aus der allgemeinen Kranken- und Sozialversicherung ausgeschlossen und zugleich zu höheren Beiträgen verpflichtet; Sonderzulagen für die Intelligenz entfielen kurzerhand, und all jene DDR-Bürger, die im Westen arbeiteten, gingen ihrer Lebensmittelkarten verlustig; auf dem Lande wuchs der Kollektivierungsdruck; »Großbauern« wurden zu »Schiebern« und »Spekulanten«, wenn nicht zu »Saboteuren« erklärt und dementsprechend behandelt; Anfang 1953 enteignete die Aktion Rose Hotel- und Pensionsbesitzer an der Ostsee; das Strafrecht nahm immer schärfere Formen an und bedrohte den Diebstahl gesellschaftlichen Eigentums in »schweren Fällen« mit Haft bis zu 25 Jahren; der Religionsunterricht an den Schulen wurde massiv behindert, widersetzliche Pfarrer verhaftet und die Jungen Gemeinden observiert; schließlich fror man auch noch die industriellen Lohnfonds ein und verfügte eine Erhöhung der Arbeitsnormen um durchschnittlich mindestens 10 Prozent.

Dietrich Staritz hat diesen scheinbar abwitzigen Maßnahmekatalog in seiner *Geschichte der DDR* Punkt für Punkt zusammengetragen und zugleich in den damaligen Kontext gestellt.

Die DDR-Regierung zeichnete nämlich nicht allein dafür verantwortlich. Die sowjetische Führung hatte ihre Hände kräftig im Spiel. Nachdem ihre deutschlandpolitische Offensive, die auf eine Neutralisierung Gesamtdeutschlands zielte und im März 1952 ihren Höhepunkt erreicht hatte, vom Westen zurückgewiesen worden war, setzte sie alles auf eine sozialistische DDR. Und das bedeutete nach bewährtem Vorbild beschleunigte Verstaatlichung und Kollektivierung sowie Erschließung aller zu Gebote stehenden Akkumulationsquellen. Um schnell im Sozialismus ankommen zu können, mußte das Volk zuvor gründlich zur Ader gelassen werden.

Gewiß, nach Stalins Tod im März 1953 wurde diese Radikalkur abgebrochen und in weiten Bereichen der Ausgangszustand wiederhergestellt. Nur die Normerhöhung blieb unangetastet, und das empörte die Arbeiterschaft. Die drohende Volkserhebung war auf eine Weise abgewendet worden, die direkt zum Arbeiteraufstand führte.

Daß es sich am 17. Juni und an den Folgetagen um eine Erhebung der Arbeiter handelte, wie Staritz zu Recht betonte, geht unmißverständlich aus einem Bericht hervor, den der Hohe Kommissar der UdSSR in Deutschland über die Folgen der Juniereignisse verfaßte und nach Moskau sandte. Dieser Bericht enthält unter anderem eine Aufstellung über die Anzahl sowie über die soziale und Parteizugehörigkeit derer, die allein bis Anfang Oktober rechtskräftig verurteilt worden waren. Danach untergliedern sich die 1 240 Verurteilten wie folgt:

Arbeiter	1 090	Mitglieder der SED	59
Unternehmer	70	Mitglieder der LDP	21
Bauern	46	Mitglieder der CDU	22
Großbauern	15	Mitglieder der NDPD	16
Sonstige	90	Mitglieder der DBD	17
		Mitglieder der FDJ	197

Angesichts dieser Zahlen gewinnt die Frage, was die Arbeiter eigentlich wollten, besonderes Gewicht. Ihr Engagement war das ausschlaggebende, sie spitzten die Ereignisse zu und trugen die größte Last.

Aus der verbreiteten Forderung nach Absetzung der Regierung allein läßt sich nicht auf eine Ablehnung der neuen Ordnung schließen. Soweit könnte der Arbeiteraufstand gerade für diese Ordnung und nur gegen jene Partei ergriffen haben, die sie in eine Sackgasse geführt hatten. Die Gesamtheit der Forderungen – Versammlungsfreiheit, unzensierte Meinungsbildung, ungeschmälerter Genuß bürgerlicher und politischer Rechte, Abschaffung des gegen die Bevölkerung gerichteten Repressionsapparats und immer wieder: freie Wahlen – drückt indes eine radikalere Stellungnahme aus. Die Erfüllung dieser Forderungen hätte höchstwahrscheinlich nicht einer anderen DDR den Weg geebnet, sondern deren Aufgehen in der Bundesrepublik.

Dennoch: Forderungen sind das eine, realistische Erwartungen das andere. Die Arbeiter mußten mit dem verbissenen Widerstand der Führung rechnen, mit deren Weigerung, Fehler offen einzugestehen und ernsthafte Veränderungen einzuleiten. Hätten sie sich auf erfüllbare Forderungen beschränkt, ein geringeres Drohpotential entfaltet, wären vermutlich selbst bescheidene Zugeständnisse ausgeblieben. Sie mußten aufs Ganze gehen, um einiges zu erreichen. Nur wenn sie die Regierenden zutiefst erschreckten, konnten sie darauf hoffen, innere Konflikte auszulösen, etwas in der Art einer Palastrevolution. Wenn schon DDR-Sozialismus, dann wenigstens einer ohne Ulbricht.

Wir können die Motivlage heute nicht mehr im einzelnen ergründen. Aber ein solches doppeltes Kalkül ist nicht ganz unwahrscheinlich. Das wäre immer noch kein Engagement für die neue Ordnung, wohl aber dafür, sie erträglicher, weniger abstoßend zu gestalten. Sollte ein derartiges Sub-Engagement damals noch nicht im Spiel gewesen sein – *nach* 1953 gehörte es zum festen Repertoire.

Die Radikalität und Unerbittlichkeit des Arbeiterprotestes hatte den Machthabern schlagartig bewußt gemacht, daß sie gegen beinahe jede Gruppe, nur nicht gegen die Arbeiter regieren konnten. Und so war es folgerichtig, daß das parteistaatliche Krisenmanagement der Folgejahre besonders sie mit Wohltaten bedachte. Die Versorgungslage in den Industrieregionen genoß fortan oberste Priorität; die eingefrorenen Lohnfonds wurden eilends aufgetaut und eine spürbare Erhöhung der Reallöhne beschlossen. Arbeitsproduktivität und Akkumulationsrate nahmen dadurch Schaden, aber gerade das bewies den Arbeitern, wozu sie die Sachwalter zwingen konnten – zum volkswirtschaftlichen Offenbarungseid.

Diese Erfahrung ging in das kollektive Gedächtnis ein, erneuerte sich von Generation zu Generation und machte alle staatlichen Versuche zuschanden, das Verhältnis wieder umzukehren, Einkommen an Leistung zu binden, Konsumtion an Akkumulation. Veränderungen des gesellschaftlichen Lohngefüges konnten von nun an nur noch über abgestufte Lohnerhöhungen durchgesetzt werden.

Das Engagement im Zustand seiner Selbstverkehrung: die Regierenden wollten die neue Ordnung stärken und führten sie doch in ihre größte Krise. Die Regierten verschärften die Krise, trieben die neue Ordnung an den Rand des Abgrunds, konservierten sie jedoch im Ergebnis ihrer Bemühungen. Aus offenen Feinden waren heimliche Verbündete geworden. Zwar wurde das Bündnis nie ausdrücklich ratifiziert, glich es insofern eher einem Stillhalteabkommen als einem Pakt; seine Wirkungen waren deshalb nicht minder tiefgreifend. Jede Entscheidung von gesellschaftlichem Gewicht, jede politische Weichenstellung bedurfte fortan der informellen Zustimmung der Arbeiterschaft. Alle Versuche von ambitionierten Reformern, Wirtschaftsleitern oder Verwaltungsexperten, sich aus dieser

Gefangenschaft zu lösen, erlitten Schiffbruch. Die DDR war auf dem Weg zu jener arbeiterlichen Gesellschaft, als die sie in die Geschichte einging.

Und die Kulturschaffenden? Wie stand es um deren Engagement? Waren sie nicht eigens dazu berufen, die Lage möglichst objektiv zu analysieren und auf Krisenprävention zu sinnen, zum Nutzen der ganzen Gesellschaft?
So sollte man meinen.
Aber so war es nicht.
In ihrer übergroßen Mehrheit verlegten sich die Geistesarbeiter auf Standespolitik, stellten sie ihre Interessen über die der Mehrheit.
Gewiß, es gab Stimmen, die die Regierenden aufforderten, nun endlich in einen öffentlichen Dialog mit der Bevölkerung zu treten und die Macht auf breitere Grundlagen zu stellen. Doch fanden sie entweder keine oder nur verzerrte Resonanz; so wie der Brief, den Brecht an Ulbricht gerichtet hatte. Aller unbotmäßigen Forderungen beraubt, las er sich wenig später im *Neuen Deutschland* fast wie eine Ergebenheitsadresse.
Ignoriert oder direkt vor den Kopf gestoßen, hätten sich die »geistig Schaffenden« schon direkt an das Volk wenden müssen, um Gehör zu finden. Dieses Wagnis scheuten sie jedoch.
»Und Brecht hat diesen Brief an Ulbricht, ich möchte bald sagen: zeitlebens in der Tasche getragen. Und hat immer auf den Besuch von Ulbricht gewartet, ob der nun mal kommen und sich entschuldigen wird. Ulbricht kam aber nie.« Diese Erinnerung von Erwin Strittmatter ist recht vielsagend. Wichtig war, seine Aufrichtigkeit sich selbst und seinen Freunden gegenüber unter Beweis zu stellen und gegebenenfalls auch vor den Mächtigen Statur zu zeigen, freilich hinter den Kulissen der Öffentlichkeit. Seine wahre Meinung dem Volk zu unterbreiten, fühlte sich Brecht nicht verpflichtet.

Maßgeblich für die fast allgemeine Zurückhaltung war weniger die Angst vor den Machthabern als vielmehr das Mißtrauen vor dem Adressaten. Sigrid Meuschel traf den wunden Punkt genau, als sie in ihrer Studie *Legitimation und Parteiherrschaft in der DDR* die Solidarität der Intellektuellen selbst mit einer irrenden Führung höher veranschlagte als die mit einem Volk, das diese Irrtümer aufdeckte.

Die kleinen Leute, die jetzt nach Freiheit riefen, hatten einst die Nazis an die Macht gewählt, aktiv unterstützt oder zumindest geduldet. Die führenden Personen in Staat und Partei hatten der Versuchung nicht nur widerstanden, sondern das Übel bekämpft und dabei auch ihr Leben nicht geschont. Sie besaßen denselben biographisch-politischen Hintergrund wie die verfemten, vertriebenen und nach dem Krieg in den Osten Deutschlands heimgekehrten Dichter und Denker, und so wunderte es nicht, daß sie in der Krise zusammenstanden.

Selbst als Konflikte innerhalb der Führung sichtbar wurden und nach außen drangen, hüteten sich die Intellektuellen, offen Partei zu ergreifen.

Sympathiekundgebungen für die Bevölkerung, die aufständischen Arbeiter, blieben folglich die seltene Ausnahme und fast durchweg traditionellen Intellektuellen vorbehalten, Theologen, Kirchenleuten, bürgerlichen Gelehrten und Studenten aus ebensolchen Elternhäusern.

Damit ist nicht gesagt, daß die Intellektuellen auf jedwedes Engagement verzichtet hätten. Sie zeigten sich engagiert, initiierten Veränderungen, beschränkten sich dabei jedoch auf den kulturellen Sektor, auf wissenschaftliche Konferenzen, Akademie- und Verlagsgespräche sowie auf eher informelle Kontakte mit der Staatsführung.

Im Ergebnis dieser Sondierungen erweiterten sich die geistigen Spielräume ein wenig, kam es zur Gründung von Kabaretts, zu größerer Vielfalt in Kino und Presse und zu einer gewissen Wiederbelebung der wissenschaftlichen Diskussion. Der größte zählbare Erfolg war wohl die Berufung Johannes R. Bechers zum ersten Kulturminister der DDR. Seither hatten wenigstens die Künstler ein kongeniales Gegenüber; zugleich waren dem unqualifizierten Hineinreden von Kulturfunktionären in den Kunstbetrieb Schranken gesetzt.

Groß war die Ausbeute nicht. Das geistige Unbehagen hob bald wieder an. Desto größer war der langfristige Schaden, den die intellektuelle Standespolitik angerichtet hatte.

Man hatte sich unten gemerkt, wie die Mitte reagiert oder besser gesagt nicht reagiert hatte, als die Spitze unter Druck geraten war. Ohne sich um deren vielleicht verständliche Motive weiter zu bekümmern, sparte man sich die passende Antwort für den Augenblick auf, in dem die Intellektuellen Unterstützung benötigen würden.

Und der ließ nicht lange auf sich warten.

Niemand wird behaupten wollen, daß eine intellektuelle Parteinahme für die Arbeiterschaft die sowjetische Lösung der Krise verhindert, die russischen Panzer aufgehalten hätte. Vermutlich wäre es zu größerer Gegenwehr und damit auch zu mehr Opfern gekommen. Aber das kollektive Gedächtnis hätte die Niederlage mit dem vorherigen Ausschöpfen aller Möglichkeiten verbunden, mit der Solidarität von Hand- und Kopfarbeitern und nicht mit dieser unglücklichen Form der Arbeitsteilung, die die einen zu Akteuren, die anderen zu Zuschauern machte, jene im schlimmsten Fall zu Häftlingen, diese im günstigsten Fall zu Briefeschreibern.

Aber das gehört nun einmal zur ostdeutschen Misere.

Sie wiederholte sich im Jahre 1956, nur waren Akteurs- und Zuschauerrolle diesmal genau umgekehrt besetzt: die Intellektuellen agierten und konspirierten, die Arbeiter sahen dem Treiben, sofern sie überhaupt Notiz davon nahmen, ungerührt zu.

Diametral entgegengesetzt verhielt sich auch die Moskauer Parteiführung. Hatte sie im Juni 1953 die Krise gewaltsam beendet, die ostdeutschen Machthaber gerettet, so löste sie sie diesmal selber aus. Chruschtschows Rede vor den sowjetischen Delegierten des XX. Parteitags versetzte die kommunistische Welt von einem Tag auf den anderen in einen Schwebezustand. Oder mit den Worten von François Furet, der diese Rede die mutigste, aufrichtigste, klarste nannte, die je ein kommunistischer Führer gehalten hat: »Rom war nicht mehr Rom«.

Das bemerkten auch die Delegierten aus den Bruderländern, als man ihnen Übersetzungen der Rede zur Kenntnis gegeben hatte. Da machten die ostdeutschen Genossen keine Ausnahme. Die Reaktionen waren freilich verschieden. Karl Schirdewan, damals noch Mitglied des Politbüros, 1958 gemeinsam mit Ernst Wollweber streng gerügt und aus dem Zentralkomitee der SED ausgeschlossen, traf die parteiöffentliche Kritik an Stalins Verbrechen schwer. Aber er empfand auch die Befreiung, die in der Wahrheit steckte, und setzte sich umgehend für die Rehabilitierung von Opfern und Ausgestoßenen der Stalin-Ära ein.

Ganz anders Ulbricht. Schirdewans Erinnerungen zufolge stellte der sich auch dann noch taub, als Chruschtschow ihn ausdrücklich mahnte, nun endlich auch in der DDR mit der fälligen Selbstkritik zu beginnen:

»Derart unter Druck geraten, beschloß unser Politbüro kurz darauf, im *Neuen Deutschland* eine Stellungnahme zum XX. Parteitag der KPdSU zu publizieren. Kurzfristig beauftragte man mich mit der Erarbeitung eines entsprechenden Entwurfes. Ich hatte ihn Ulbricht noch am Nachmittag desselben Tages vorzulegen. Sofort begann er eine erbitterte Auseinandersetzung mit mir. In meinem Text gab es eine Passage, der zufolge auch bei uns sowohl Funktionäre als auch unbescholtene Bürger verhaftet worden und Tote zu beklagen gewesen waren. Als Ulbricht das las, schäumte er vor Wut und fing an zu schreien: ›Bei uns hat es keine Toten gegeben!‹ Es kostete mich beträchtliche Mühe, in Ruhe zu erwidern: ›Du kannst das nicht kleinreden! Laß untersuchen, daß genau das der Fall war.‹ Ulbricht geriet so in Rage, daß er das Papier beinahe zerrissen hätte. Er besann sich dann aber und nahm den Entwurf zusammen mit der Durchschrift an sich. ... Im *Neuen Deutschland* stand dann ein völlig veränderter Text.«

Daß die Moskauer Enthüllungen auch den Ostdeutschen bekannt wurden, konnte er natürlich nicht verhindern. Sie elektrisierten besonders die Intellektuellen, rissen sie zwischen Schock und Aufbruchsstimmung hin und her.
»Der XX. Parteitag kam für mich aus heiterem Himmel«, erinnerte sich der 1906 geborene Musikwissenschaftler Georg Knepler. »Ich habe mir daraufhin, wie viele andere den Kopf zerbrochen, auf welche Weise so etwas passieren konnte.«
Am vernehmlichsten atmeten die Jüngeren auf:
»Nach dem XX. Parteitag setzte das ›Tauwetter‹ ein, eine enorme Horizonterweiterung vor allem für die ›Blauhemdgeneration‹. Der XX. Parteitag ließ auf eine Reform der Partei hoffen. Wir begannen, uns durch Hegel zu quälen, lasen neben Lenin nun auch Bakunin, Kropotkin, Trotzki. Es war eine Zeit öffentlichen Denkens in großem Umfang«, so Manfred Wekwerth, der Brecht-Schüler und spätere Intendant des Berliner Ensembles.
Die Zeit des eigentlichen Aufbruchs der Jungen war jedoch noch nicht gekommen.
»Da war ich noch zu grün, um das wirklich mitzukriegen«, gestand Rudolf Bahro, Jahrgang 1935, in einem Interview. Und in dieser Lage einer mit den Reformern sympathisierenden, diskutierenden, aber kaum politisch aktiv werdenden Reserve befanden sich wohl die meisten der um oder nach 1930 Geborenen.
Die Initiative lag ganz eindeutig bei den Älteren, den

Partisanen und Nonkonformisten, bei denen, die sich einen Namen gemacht hatten.

Dabei dachten keineswegs alle an einen Sturz der Regierung.

Überwiegend ging es um kleine Schritte, um die beharrliche Auflockerung des geistigen Bodens, um offenen Meinungsstreit und gehaltvolle Publikationen.

So veranstaltete Ernst Bloch im März 1956 an der Akademie der Wissenschaften eine Konferenz *Über das Problem der Freiheit im Lichte des wissenschaftlichen Sozialismus*, deren Protokoll dann schon nicht mehr ausgeliefert wurde und die als einer der Hauptgründe für seine Zwangsemeritierung im darauffolgenden Jahr herhalten mußte. Hans Mayer warb zeitgleich für eine erweiterte Literaturrezeption unter ausdrücklichem Einschluß Kafkas und handelte sich herbe Revisionismusvorwürfe ein. Für Robert Havemann wurde der XX. Parteitag zum letzten Anstoß seiner Wandlung zum demokratischen Sozialisten, die allerdings erst etwas später öffentliche Wirkung zeigte.

Andere gingen weiter. Ohne das politische System explizit anzugreifen, legten sie seine Wirtschaft und Gesellschaft lähmenden Konsequenzen schonungslos offen, um schließlich substantielle Reformen vorzuschlagen.

Unter diesen taten sich der Wirtschaftswissenschaftler Friedrich (Fritz) Behrens und Arne Benary, sein Schüler, hervor.

Auf eine fast beiläufige Weise publizierten sie unter mehrfacher Bezugnahme auf den XX. Parteitag in der Fachzeitschrift *Wirtschaftswissenschaften* zwei aufeinander abgestimmte Artikel. Obwohl durchgehend wissenschaftlich argumentierend, ließen sie die politischen Implikationen ihrer Analysen überall durchblicken. Sie zielten auf eine grundsätzliche Reform von Wirtschaftsweise und politischem System.

Benary eröffnete den Angriff mit einem eher philosophisch gehaltenen Beitrag. Er strich die Vorzüge der menschlichen Spontaneität heraus und kritisierte deren übliche Verwechslung mit Anarchie. In der Spontaneität käme »die Priorität des Seins vor dem Bewußtsein zum Ausdruck«. In Grenzen unverzichtbar und dem Ganzen förderlich, dürfe sie weder erstickt noch sich selbst überlassen werden. Dabei sei die Gefahr, die von der Überzentralisierung des gesellschaftlichen Lebens ausginge, größer und realer als jene, die dem Selbstlauf unregulierter Märkte innewohne.

Die Konsequenzen dieser Diagnose waren offenkundig. Wirtschaft und Verwaltung waren konsequent zu denzentralisieren und das Interesse der Werktätigen durch politische Demokratie und ökonomische Hebel zu wecken. Der Staat hatte sich auf die langfristige Planung und auf die Vorgabe essentieller Ziele zu beschränken.

Behrens schloß daran an und wurde deutlicher:
»Die Auffassung, daß der Staat alles könne und daß jede, auch die privateste Angelegenheit staatlich geleitet und kontrolliert werden müsse, ist nicht sozialistisch, sondern ›preußisch‹, d. h. junkerlich monopolistisch.«

Die ostdeutsche Gesellschaft sei auf dem Wege, die Verstaatlichungs- und Bürokratisierungstendenzen des Monopolkapitalismus »durch eine fehlerhafte Entwicklung der Planwirtschaft« noch zu verstärken und alles selbständige soziale Leben zum Erliegen zu bringen.

Um diese verhängnisvolle Entwicklung aufhalten und umkehren zu können, sei dreierlei zugleich erforderlich: die Eigengesetzlichkeit der unterschiedlichen gesellschaftlichen Sektoren müßte endlich anerkannt, die Leitung der Wirtschaft auf ökonomische Methoden umgestellt und die Bevölkerung durch eine umfassende Demokratisierung des öffentlichen Lebens aus ihrer Apathie gerissen werden:

»So wie für das Privateigentum an den Produktionsmitteln die Verwaltung der Wirtschaft durch eine von den Werktätigen entfremdete Bürokratie, so ist für das sozialistische Eigentum an den Produktionsmitteln die Verwaltung der Wirtschaft durch die Werktätigen selbst typisch.«

Um dieser Selbstverwaltung verläßliche Maßstäbe an die Hand zu geben, müsse man die wirtschaftliche Rechnungsführung auf allen Ebenen zur Geltung bringen, Rentabilitätsgrundsätze einführen und beobachten, Monopole brechen und die Produktion über eine in Grenzen »freie Preisbildung« an den Wünschen der Konsumenten orientieren.

Behrens schloß mit Worten, die sich nicht erfüllen sollten:

»Ich bin mir bewußt, durch meine Ausführungen einige Dogmen angetastet zu haben. Das wird man mir sicher ›verzeihen‹, wenn ich dadurch den Anstoß für eine Diskussion gegeben habe, die uns der Lösung einiger der von mir angedeuteten Probleme näherbringt.«

Man verzieh weder ihm noch seinem Mitstreiter, daß sie ungefragt ein Reformprogramm ausgearbeitet und der Öffentlichkeit vorgelegt hatten, das auf nichts weniger hinauslief als auf eine andere Art des Regierens und des gesellschaftlichen Zusammenlebens.

Was sie taten, *war* oppositionell, aufrührerisch im Geiste, auch wenn sie der politischen Opposition die Gefolgschaft verweigerten.

Die regte sich vor allem in Berlin.

Hier führten Walter Janka und Wolfgang Harich Regie.

Janka, 1914 geboren, verkörperte den Partisanen par excellence.

In einem kommunistischen Elternhaus aufgewachsen, hatte er sich in den Endkämpfen der Weimarer Republik seine ersten Sporen verdient und frühe Bekanntschaft mit dem Naziterror geschlossen. Sein Bruder Albert wurde 1933 von SS-Leuten erschlagen, Otto, sein anderer Bruder, wenig später von der SA abgeholt, seinem Vater begegnete er im Bautzener Gefängnis, unterdessen selber in Haft. Von Bautzen transportierte man ihn ins Konzentrationslager Sachsenhausen, wo ihn Himmler bei einer Visite verhöhnte. Noch rechtzeitig vor dem großen Terror entlassen, ging er nach Prag und von dort nach Spanien zu den Internationalen Brigaden.

Mehrmals verwundet und dem Tode nahe, immer wieder in Situationen, in denen er sich ohne jeden Beistand bewähren oder durchschlagen mußte, wurden ihm selbständiges Handeln und Denken zur zweiten Natur.

Daran änderte sich auch in Mexiko nichts, seinem Exil, wo er sich um die Gründung eines deutschsprachigen Verlages verdient machte und viele der besten Exilautoren zur Mitarbeit gewann.

Bald nach Kriegsende zurück in Deutschland, trat er kurzzeitig in den zentralen Parteiapparat ein, als Mitarbeiter von Paul Merker, den er gut aus seiner Exilzeit kannte. Aber er fand keinen Geschmack an »den hierarchisch geregelten Lebensbedingungen« und bat um seinen Abschied. Schließlich landete er nach einer kurzen Zwischenstation bei der DEFA im Aufbau-Verlag, den er seit 1952 de facto, seit 1954 auch de jure leitete.

In Leben und Haltung ein Vorbild an Mut und Eigenständigkeit, empfahl er sich wie kein zweiter für die Rolle einer oppositionellen Führungsfigur.

Wolfgang Harich, sein engster Verbündeter, kam von woanders her. Jahrgang 1923, entstammte er einem gebildeten Elternhaus und folgte dieser Spur zeitig. Noch als Oberschüler Gasthörer bei berühmten Philosophen an der Berliner Universität, verschlug es ihn dann doch noch in den Krieg, zur Ostfront, von der er sich allerdings nach einem Lazarettaufenthalt unerlaubt entfernte. Er kehrte nach Berlin zurück und schloß sich dort dem illegalen Widerstand an.

Nach dem Krieg trat er der SED bei, studierte Philosophie und Literaturwissenschaft und entfaltete eine umfangreiche publizistische Aktivität, die sein späteres Doppelengagement schon ankündigte. Denn ab 1950 arbeitete er teils als Lehrbeauftragter bzw. als Dozent am Philosophischen Institut der Humboldt-Universität, teils beim Aufbau-Verlag, zuletzt als stellvertretender Cheflektor. So lebte er in »zwei verschiedenen geistigen Welten« und überbrückte sie zugleich, wobei ihm das Amt eines Chefredakteurs der einzigen ostdeutschen Philosophiezeitschrift zusätzlich zustatten kam.

Im Unterschied zu Janka, diesen glücklich ergänzend, verkörperte Harich jenen Teil der geistig wachen Zwischenkriegsgeneration, der 1956 schon alt genug war, um eigene Ansprüche anzumelden, dabei aber noch jung und unbefangen genug, um aufs Ganze zu gehen.

Mit einem Wort: die beiden ergänzten sich hervorragend, trotz oder vielleicht gerade wegen ihres ausgeprägten Eigensinns.

Janka ließ seine verlegerischen Kontakte sowie jene spielen, die noch auf die Kampf- und Exilzeit zurückgingen, Harich seine philosophischen, die aus hier nicht darzustellenden Gründen bis in die sowjetische Botschaft in Berlin reichten. Beiden gemeinsam war die Bekanntschaft und Wertschätzung von Bloch und Lukács, die Herausgeber der Philosophiezeitschrift und gleichzeitig Autoren des Aufbau-Verlages waren. Jeder für sich und auch gemeinsam woben sie ein oppositionelles Netz, das vom Verlag und der ihm angeschlossenen Kulturzeitschrift *Sonntag* seinen Ausgang nahm, um von dort feine Fäden bis in das universitäre und akademische Milieu, ja selbst bis in den Parteiapparat zu spinnen.

Dementsprechend groß waren die Erwartungen.

Die von Harich im November 1956 schriftlich niedergelegte, von Janka im Entwurf gebilligte *Plattform für einen besonderen Weg zum deutschen Sozialismus* verwirklichte Ernst Blochs Bemerkung, daß nun, nach dem XX. Parteitag, endlich wieder Schach gespielt werden könnte statt nur Halma.

»Diejenigen führenden Funktionäre der Partei und diejenigen leitenden Beamten der Organe der Staatssicherheit und der Justiz der DDR, die sich unmittelbar an den Verbrechen der Berija-Bande gegen ehrliche Genossen beteiligt und dabei wider besseres Wissen gehandelt haben, sind je nach Schwere des Falles von ihren Positionen zu entfernen bzw. aus dem ZK oder überhaupt aus der Partei auszuschließen oder, im Falle einer Tateinheit mit Verstößen gegen das Strafgesetzbuch, der Staatsanwaltschaft der DDR zum Zwecke strafrechtlicher Verfolgung zu übergeben.«

Da wußten Ulbricht und seine Vertrauten wenigstens, woran sie waren.

Sie wußten es wirklich, denn Harich hatte zuvor den sowjetischen Botschafter Puschkin ins Vertrauen gezogen und vermittels dessen unfreiwillig auch Ulbricht informiert.

Doch es ging um weit mehr als um die Abrechnung mit den Schuldigen.

Über den Führungswechsel hinaus forderte das Papier die sofortige Demokratisierung von Partei und Gesellschaft, die Entstaatlichung von Gewerkschaft und Massenorganisationen, die Rückkehr zum Rechtsstaat, die Auflösung der Staatssicherheit, den Wegfall der politischen Zensur sowie Freiheit in Lehre und Forschung. In wirtschaftlicher Hinsicht sollten die Betriebe selbständig, der Mittelstand gestärkt und Lizenzen für kleinere und mittlere westdeutsche Unternehmen erteilt werden. Zur Wahrung der Arbeiterinteressen waren Betriebsräte mit weitreichenden Kompetenzen und umfassendes Streikrecht vorgesehen.

Deutschlandpolitisch lief das Manifest auf die Wiedervereinigung der beiden Teilstaaten nach vorheriger Konsultation der Besatzungsmächte hinaus. Um eine schlichte Eingemeindung der DDR in die Bundesrepublik zu verhindern, sollten »die folgenden sozialistischen Errungenschaften der DDR erhalten bleiben:

– die demokratische Bodenreform;
– das Volkseigentum in der Industrie unter Beibehaltung der selbständigen Leitung der Betriebe durch Arbeiterräte;
– das Recht der Werktätigen auf Arbeit und unentgeltliche Bildung;
– die sozialen Rechte und Freiheiten der Werktätigen, die in der Verfassung verankert sind«.

Mit diesem Dokument sowie mit den stärker sozialökonomisch argumentierenden Aufsätzen von Behrens und Benary hatte der ostdeutsche Reformdiskurs seinen frühen Höhepunkt erreicht. Alles, was danach kam, unterschritt dieses Niveau oder reproduzierte es höchstens.

Daß die beiden Ökonomen von den Oppositionellen umworben wurden, war nur allzu verständlich. Doch kam es zu keiner Zusammenarbeit. Auch andere Kandidaten lehnten ab: Fred Oelßner, gleichfalls Wirtschaftswissenschaftler und zudem Politbüromitglied, Jürgen Kuczynski und ebenso Paul Merker, auf den besonders Janka gerechnet hatte.

Dennoch entstand um den von Janka und Harich gebildeten Kern eine festumrissene Gruppierung von Personen mit eigenem Komment, eigener Disziplin und gemeinsamen politischen Zielen; ein geistig-oppositioneller Zirkel nach dem Vorbild des Budapester Petőfi-Klubs, in dem Intellektuelle wie Georg Lukács, Tibor Déry und Julius Hay den Ton angaben.

Das unmittelbare Gegenstück zum Budapester Kreis bildete die Donnerstags-Runde, die Fritz J. Raddatz und Heinz Kahlau im Ostberliner Klub der Kulturschaffenden ins Leben gerufen hatten. An diesen Zusammenkünften nahmen außer Künstlern und Wissenschaftlern regelmäßig auch die leitenden Angestellten des Aufbau-Verlages teil, wobei besonders Harich als Diskutant brillierte. Günter Kunert, damals junger Autor im Aufbau-Verlag, wurde eines Tages gebeten, nach Budapest zu reisen, um für den *Sonntag* über die Petőfi-Leute zu berichten. Der kurz darauf ausbrechende ungarische Aufstand verhinderte die Reise und eine noch engere Fühlungnahme der beiden Kreise.

Die Berliner steuerten den Oppositionskurs nicht allein. Harichs diesbezügliche Erinnerungen werden von anderen Quellen bestätigt und sollen daher etwas ausführlicher zu Wort kommen:

»Die erregten Auseinandersetzungen im Verlag spielten sich besonders im Arbeitszimmer seines Leiters Janka, im Lektorat des Buchverlages, in den Redaktionsräumen des *Sonntag* sowie in der Kantine des Hauses ab. Sie spitzten sich dermaßen zu, daß oppositioneller Geist in der gemeinsamen SED-Grundorganisation vorherrschend wurde. Fast alle zur Intelligentsja zählenden Parteimitglieder waren bald mehr oder weniger davon angesteckt, und die Minderheit, die anders dachte, widerstand nur schwach und bröckelte mehr und mehr ab. Die Unterschiede zu den parteilosen Kollegen verschwammen dabei, weil vor ihnen die Genossen durch die Stalinkritik Chruschtschows moralisch blamiert dastanden und die Scharte dadurch wieder auszuwetzen suchten, daß sie sich zum Sprachrohr spontaner Stimmungen des Zweifels und der Unzufriedenheit machten, die außerhalb der Partei, im Volk, lebendig waren. Für den Verlagsleiter galt das ebenso wie für den jungen Parteisekretär Schubert, der zu ihm bewundernd aufblickte, und für den Cheflektor Schroeder ... Es galt für die beiden Stellvertreter Schroeders, d. h. für Caspar und mich, für die Lektoren Düwel und Voigt, im *Sonntag* für den Chefredakteur Zöger und dessen Stellvertreter Just, für die Redakteure Heitkamp, Hensel, Müller-Claud, Schröder II und Wenzel, bei der Monatszeitschrift des Kulturbundes, *Aufbau*, für den Chefredakteur Uhse und seine Mitarbeiter Noll und Schneider. Jochen Wenzel, mit Wohnsitz in Leipzig, gehörte, was wir anderen nicht wußten, dort zugleich der Gruppe Luchts, Loests und der Brüder Ralf und Winfried Schröder III an, die wiederum Verbindungen auch in Halle unterhielt. An der – in einem anderen Verlag erscheinenden – philosophischen Zeitschrift besaßen Bloch und ich einen zuverlässigen Verbündeten in unserem Redaktionssekretär Hertwig.«

Harichs Bericht unbedingt hinzuzufügen ist noch der Name von Bernhard Steinberger, dem Ökonomen der Berliner Gruppe. Obwohl 1949 von den sowjetischen Sicherheitsorganen verhaftet, zu 15 Jahren Straflager verurteilt und bis zu seiner Amnestierung 1955 in Workuta interniert, engagierte er sich nach dem »Tauwetter« erneut, mit ähnlichen Konsequenzen.

Nach der Niederschlagung des ungarischen Aufstands, die das Ende der Reformhoffnungen auch in der DDR besiegelte, verschwand er wie viele andere für Jahre hinter Gittern.

Diesmal verzeichnete die Liste der Bestraften fast durchgehend Angehörige der »schaffenden Intelligenz« und so gut wie keine Arbeiter.

Wolfgang Harich wurde noch 1956 verhaftet und im März des darauf folgenden Jahres zu zehn Jahren Zuchthaus verurteilt. Ende 1964 amnestiert, lebte er danach ohne feste Anstellung als freier Autor.

Walter Janka kam zur selben Zeit in Haft und erhielt im Juli 1957 in einem zweiten Prozeß fünf Jahre Zuchthaus. 1960 vorzeitig entlassen, war er zwei Jahre arbeitslos, anschließend Dramaturg bei der DEFA.

Gustav Just wurde im März 1957 nach seiner Zeugenaussage im Harich-Prozeß aus dem Gerichtssaal heraus verhaftet und im Zuge des Janka-Verfahrens zu vier Jahren Zuchthaus verurteilt. Nach seiner Entlassung im Jahre 1960 arbeitete er als freischaffender literarischer Übersetzer aus dem Tschechischen.

Heinz Zöger, der Justs Schicksal teilte, kam mit zweieinhalb Jahren Zuchthaus davon und floh nach seiner Freilassung in die Bundesrepublik.

Bernhard Steinberger, zusammen mit Harich abgeurteilt, ging für vier Jahre ins Zuchthaus, wurde 1960 entlassen und war anschließend an der Ostberliner Hochschule für Ökonomie tätig.

Erich Loest geriet Ende 1957 in Haft und bekam siebeneinhalb Jahre Zuchthaus »zugesprochen«. Er verbüßte fast die gesamte Strafe; um sein Auskommen als freier Schriftsteller finden zu können, mußte er nach seiner Entlassung unter einem Pseudonym veröffentlichen und längere Zeit mit Brotarbeiten vorliebnehmen.

Der mit Loest befreundete Gerhard Zwerenz entging seiner Verhaftung durch die Flucht in den Westen.

Auch der zum selben Freundeskreis gehörende Günter Zehm setzte sich in die Bundesrepublik ab, allerdings erst nach seiner Amnestie Ende 1960.

Gemaßregelt wurden auch die nur geistig Widerspenstigen.

Von Blochs Zwangsemeritierung, Schirdewans und Wollwebers ZK-Ausschluß war schon die Rede.

Fritz Behrens ging nach seinem 57er Parteiverfahren all seiner wissenschaftlichen und administrativen Funktionen verlustig und wurde zum Arbeitsgruppenleiter am Akademieinstitut für Wirtschaftswissenschaften degradiert.

Arne Benary wurde in einen Ostberliner Großbetrieb strafversetzt, dort später ökonomischer Direktor. Durch die Wirtschaftsreformen wieder ermutigt, beging er nach deren definitivem Abbruch im Jahre 1971 Selbstmord.

Diese Auflistung verweist noch einmal auf das spezifische Generationenbündnis dieser Formation: Partisanen aus der Alten Garde zuzüglich einiger älterer Vertreter aus der Zwischenkriegsgeneration. Nur ein Junger hatte sich unter sie gemischt – Günter Zehm, Jahrgang 1934.

Der Auszug aus dem damaligen Strafregister läßt das Ausmaß des um sich greifenden Entsetzens sowie der nachfolgenden Einschüchterung zumindest erahnen.

Die Arbeiterschaft stand mit mehr oder weniger guten Gründen abseits. Preissenkungen, die Förderung des Wohnungsbaus sowie der teilweise Übergang zur 45-Stunden-Woche hatten ihre konfliktdämpfende Wirkung nicht verfehlt. Und die isolierende Erfahrung von 1953 war noch sehr lebendig.

Der bis dahin ungeschoren gebliebenen Intellektuellen bemächtigte sich zusehends Panik. Schon ein Treffen im kleinen Kreis konnte Verdacht erregen und zu höchst unliebsamen Ergebnissen führen.

Von einer solchen Zusammenkunft erfuhr Thomas Grimm in einem Gespräch mit Erwin Strittmatter. Kurz nach Jankas Verhaftung hatte der sich mit Anna Seghers, Erich Wendt und ein paar anderen verabredet, um sich über mögliche Hilfsmaßnahmen zu verständigen. Aber die Angst saß mit im Raum und lähmte das Gespräch:
»Jedenfalls ist die Runde ohne irgendein Ergebnis auseinandergegangen und sehr auf Anraten von Wendt, der also Erfahrungen hatte, daß hier vielleicht schon wieder eine Plattform sich hätte bilden können oder gebildet hat: ›schnellstens auflösen die Runde‹.«

Wendt, vor Janka Leiter des Aufbau-Verlages, hatte »Erfahrungen«. 1936 im Moskauer Exil verhaftet, rettete er sein Leben um den Preis, fortan mit seinen Verfolgern zu kooperieren. Auch nach seiner Rückkehr nach Deutschland und der Übernahme leitender Funktionen im Kulturbereich verhielt er sich »wachsam«.

Von seltenen rühmlichen Ausnahmen abgesehen gab es keine Solidarität, weder unter den Intellektuellen noch zwischen diesen und der Arbeiterschaft. Jeder stand und kämpfte für sich allein. Dabei schienen die Ziele gar nicht so weit voneinander entfernt. 1953 wollten die Arbeiter die Regierung zum Teufel jagen, 1956 die oppositionellen Intellektuellen. Und forderte nicht die 56er *Plattform* dasselbe, was seinerzeit auf einigen Transparenten zu lesen war: freie Wahlen und die Wiedervereinigung Deutschlands?

Das Fragezeichen ist mit Bedacht gesetzt.

Denn ganz so unstrittig, wie das Manifest vermuten läßt, war diese Zielstellung, waren insbesondere ihre konkreten Modalitäten keineswegs. Das 56er Engagement gabelte sich in wenigstens zwei Optionen auf.

Die eine vertrat Harich, und zwar vehement.

Für ihn war die deutsche Frage nach dem XX. Parteitag wieder völlig offen. Und er befürwortete eine Lösung, bei der die sozialistische DDR als eine Art Köder für ein einiges und demokratisches Deutschland diente. Die DDR zu reformieren hieß daher vor allem, sie für den Westen attraktiv zu machen; so sehr, daß auch die dortige Bevölkerung für den Sozialismus gewonnen würde. Deutschland zuliebe mußte man sich aber auch auf eine längere Übergangs-, sprich Überzeugungsphase einrichten, während der die Sozialisten wieder eine Minderheit bildeten, die um die Zustimmung der Mehrheit rang. Doch dabei konnten sie immerhin auf jene »Errungenschaften« des Ostens verweisen, die laut *Plattform* auch im Einigungsprozeß nicht angetastet werden durften.

Seiner früh gebildeten und stets aufrechterhaltenen Auffassung, notfalls »ein lediglich neutrales und liberales Gesamtdeutschland, sozialdemokratisch regiert, in Kauf zu nehmen«, konnten die anderen nur wenig abgewinnen, obwohl die Überwindung der deutschen Spaltung auch für sie oberste Priorität genoß.

»Mit Nachdruck setzten wir uns für die Wiedervereinigung der beiden deutschen Staaten ein. Das war sogar der wichtigste Hintergrund unserer Streitgespräche«, erinnerte sich Janka. »Laut dachten wir darüber nach, wie und wo wir Verbündete in diesem Kampf gewinnen können. Dabei standen die Sozialdemokraten und Gewerkschafter in der Bundesrepublik an erster Stelle.«

Wiedervereinigung ja, aber zu sozialistischen Bedingungen, das war die Strategie der Mehrheit. Im Unterschied zu Harich zogen sie ein wenigstens teilsozialistisches

Deutschland einem nur sozialdemokratischen eindeutig vor.

Das oppositionelle Engagement galt in beiden Fällen der neuen Ordnung, ihrer Verbesserung. Einvernehmen bestand auch darüber, daß der demokratisierte ostdeutsche Sozialismus als Köder eines größeren Fisches dienen sollte. Der nicht wirklich ausgetragene Streit der Optionen drehte sich darum, ob man den Köder nicht zurückziehen müßte, wenn er Gefahr lief, einfach verschlungen zu werden; ob in diesem Fall nicht der Eigenverzehr gerechtfertigt sei.

Diese Frage verneinte Harich, die anderen bejahten sie wohl eher.

Zur umfassenden Charakterisierung des oppositionellen Engagements gehört schließlich eine kurze Betrachtung seiner Methoden und Adressaten.

Beides hing eng zusammen, denn mit den Kommunikationspartnern wechselten auch die Verständigungsformen. Untereinander sprach man natürlich offener als gegenüber neutralen und sympathisierenden Personen. Da galten die Regeln der Konspiration. Man stellte sachlich die Lage dar, deutete an, was zu tun war, und überließ den Rest der politischen Phantasie der Zuhörerschaft. Sehr viel weiter als bis in einige Grundorganisationen der SED wagte man sich auch damit nicht vor. Das »Volk« fehlte unter den möglichen Adressaten der Botschaft.

Weit davon entfernt, es einzubeziehen, befürchtete man sogar, daß es wie in Ungarn selbständig, gewissermaßen vor der Zeit losschlagen und die Pläne der Opposition durchkreuzen könnte. Um es in diesem ungünstigsten aller Fälle nicht auch noch mit westdeutscher Schützenhilfe zu tun zu bekommen, hatte Harich vorsorglich Kontakte zum Ostbüro der SPD geknüpft. Wenigstens die sozialdemokratischen Politiker sollten dann beruhigend und mäßigend auf die Ostdeutschen einwirken, der »Königsmord«

ohne störendes Dazwischenfunken des Volkes vonstatten gehen, auf polnische und nicht auf ungarische Art.

Dort war Gomułka an die Macht gekommen und hatte weitreichende Reformen in Aussicht gestellt. Und einen solchen Mann, einen »deutschen Gomułka« gedachte man auch dem eigenen Volk zu präsentieren, als Übergangspremier einer anzustrebenden Konföderation oder für länger.

Aus der richtigen Vermutung, von der Mehrheit überholt zu werden, kaum daß man den Startschuß gegeben hatte, zog man den fragwürdigen Schluß, den Störenfried möglichst nicht aufzuschrecken. Größer noch als die Furcht vor der Staatsmacht war die Sorge, vom Volk an die Wand gespielt zu werden. Selbst für den Fall eines Fehlschlags setzte man eher auf prominente Unterstützung aus dem westlichen Ausland (die sich dann weitgehend auf Janka konzentrierte) als auf die eigenen Leute.

Die Oppositionellen von 1956 wollten gewiß der ganzen Gesellschaft dienen; durch ihr Engagement vertieften sie am Ende nur den Riß, der durch die Gesellschaft ging.

Echtes Engagement, das zeigt das Mißverhältnis ein weiteres Mal, ist immer »klüger« als die, die sich engagieren, offenbart mehr von ihnen, als sie von sich aus offenbaren könnten. Sein bestimmter Grund ist die soziale Welt, sein bestimmendes Prinzip die existentielle Entscheidung, »es selbst« der Zusammenprall von Welt und Entscheidung. Nur in solchen Begegnungen enthüllt sich die Existenz, erfährt der Mensch, wovon er sonst keine Kenntnis hätte: was er zu sein vermag und was zu sein ihm verwehrt ist.

Den 56er Frondeuren war es in diesem existentiellen Sinne verwehrt, ein Bündnis mit der Mehrheit einzugehen, mit dem Volk.

Die Strafaktionen brachen die Krise von 1956 ab, lösten sie aber nicht. Immerhin war es der Führung gelungen, die Grundlagenkrise, die das ganze östliche Staatensystem seit

Chruschtschows Parteitagsrede erfaßt hatte, auf ihrem Territorium einzuhegen, auf das Format einer nur sektoralen Krise zurechtzustutzen. Eine Gruppe irregeleiteter Intellektueller und ein paar revisionistische Funktionäre hatten rebelliert und waren dafür zur Verantwortung gezogen worden. Ansonsten herrschte Ruhe im Land. Ulbricht regierte nach der Niederschlagung des Ungarnaufstands wieder unangefochten und durfte sich der Unterstützung durch die Moskauer Genossen sicher sein.

Ob Rom tatsächlich noch Rom war, wußten die Götter. Aber Berlin war wieder Berlin.

Was folgte, war das schon vertraute Krisenmanagement.

Funktionäre, die während des »Tauwetters« geschwankt hatten, wurden in großer Zahl ihrer Posten enthoben und durch willfährige Leute ersetzt. Die anstehenden Prozesse wurden schnell vorangetrieben und die Urteile zur öffentlichen Abschreckung benutzt. In wissenschaftlichen Einrichtungen und Kulturinstitutionen fanden zahllose kleinere Verfahren statt, die mit Parteistrafen oder staatlichen Disziplinierungen endeten. Den Arbeitern versprach man eine weitere Verbesserung der Wirtschafts- und Lebenslage, den Bauern eine Kollektivierung mit Augenmaß und auf freiwilliger Grundlage.

Das alles trug tatsächlich zur Beruhigung der Lage bei. Kurzzeitig kam es zur Konsolidierung der ostdeutschen Gesellschaft. Doch schon 1959 zog die nächste schwere Krise herauf.

Dem sowjetischen Vorbild eines zügigen Übergangs zum Kommunismus nacheifernd, sann auch die DDR-Regierung auf einen »großen Sprung«. Plötzlich war von behutsamer Vergesellschaftung auf dem Lande keine Rede mehr. Um die industrielle Entwicklung zu beschleunigen und von Schwankungen der Grund- und Nahrungsmittelzufuhr unabhängig zu machen, ging man zur Zwangskollektivierung über, übte auch sonst Druck auf das kleine und mittlere Privateigentum aus und trieb dadurch die

Menschen in immer größeren Schüben in den Westen. Die DDR-eigentümliche Dialektik von Auswanderungs- und Aufstiegsgesellschaft überschlug sich und frustrierte selbst jene, die von der Massenflucht beruflich profitiert hatten und aufgestiegen waren. Da niemand wußte, ob er am nächsten Tag noch auf die Kollegen von gestern rechnen konnte, ob Material geliefert, Vorgänge bearbeitet, Entscheidungen getroffen werden würden oder nicht, wuchs das allgemeine Durcheinander beinahe stündlich und mit ihm die Bereitschaft, selbst das Weite zu suchen.

Der Bau der Mauer machte dem ein Ende.

Daß die zum Jahreswechsel 1961/62 eingeleiteten Reformen auf halber Stecke versandeten, wird noch im einzelnen zu zeigen sein. Warum sie überhaupt auf den Weg gebracht wurden, und zwar von oben, verdient einige ergänzende Bemerkungen.

Dieses eine Mal beschränkten sich die Machthaber nicht auf bloßes Krisenmanagement. Sie entwickelten ein Reformprogramm, das erstmals den Eigensinn der verschiedenen sozialen Sektoren – Wirtschaft, Recht, Bildung, Wissenschaft usf. – betonte und insofern wirklich Krisenprävention betrieb. Störungen in einem Bezirk infizierten nicht mehr umgehend alle anderen; sie konnten im Prinzip mit deren Mitteln diagnostiziert und bearbeitet werden. Die Kehrseite der größeren Autonomie bestand darin, daß nun auch Raum für Disproportionen, Ungleichzeitigkeiten, Widersprüche aller Art gegeben war. Ein Sektor konnte sich von den anderen gleichsam abkoppeln, entweder vorpreschen oder zurückbleiben.

Wie man weiß, waren es solche Disproportionen innerhalb wirtschaftlicher Produktionszweige sowie zwischen Produktion und Konsumtion, die nach dem Schicksal der kulturellen Moderne auch das der Restform besiegelten.

Dennoch: Zu Beginn der Reformperiode verfügte niemand über ein vergleichbar durchdachtes Programm der gesellschaftlichen Entwicklung wie die Regierenden. Sie waren darin der Gesellschaft, all ihren Teil- und Untergruppen eindeutig voraus. Die Mehrheit nahm mit, was sie bekommen konnte, und erfreute sich der vielen kleinen Verbesserungen, Erleichterungen, die im sozialen und alltäglichen Leben eintraten. Die geistige Mitte sprang voller Hoffnung auf den Reformzug auf und versuchte sich als Tempomacher. Sie nahm Anstoß an der Halbherzigkeit der Führung und an gelegentlichen Rückschlägen vor allem auf kulturellem Gebiet; an politische Opposition dachte sie ebensowenig wie das Volk an Aufstand.

Nie konnte die Führungsgruppe ihrer Macht sicherer sein als in diesen Jahren; nie bestand weniger Anlaß zur Sorge; nie war ein Befreiungsschlag so überflüssig wie der sogleich zu erörternde von 1965.

Zwar saßen die Kulturschaffenden mit ihren weiterreichenden Forderungen nach Öffentlichkeit und Demokratie den Regierenden im Nacken; über ein darüber hinausgehendes, wirklich alternatives Reformprogramm verfügten sie nicht einmal im Ansatz.

Im Gegenteil. Was die Wirtschaftsreformen anging, lagen sie mit sich selbst im Zweifel. Führte die weitere Stärkung des ökonomischen Eigeninteresses, von Geld und Märkten, nicht zwingend zur sozialen Differenzierung, zu kleinbürgerlichen Verhaltensweisen, zu Neid und Egoismus? Beschwor der Ausbau der individuellen Konsumtion auf Kosten der gemeinschaftlichen nicht die Isolierung der Menschen herauf, eine neue Entfremdung? Verwirklichte sich die Überlegenheit der neuen Ordnung wirklich nur in höherer Arbeitsproduktivität und nicht vielmehr im Einüben brüderlicher Denkweisen und Gewohnheiten?

Daß die Jungen so schnell aufgaben, als sie unter Beschuß gerieten, hing nicht allein, ja nicht einmal in erster Linie mit ihrem anerzogenen Unterordnungskomplex zusammen; sie streckten die Waffen, weil sie über ein eigenes, in sich stimmiges und allgemein geteiltes Konzept des Aufbruchs nicht verfügten; über nichts, womit sie sich an die Gesellschaft hätten wenden können.

Die 56er besaßen eine *Plattform*, unterbreiteten sie aber nicht dem Volk. Die 65er wandten sich an das Volk, mit ihren Filmen, Büchern, Theaterstücken, laborierten jedoch an der umgekehrten Schwäche: sie hatten viele Ideen, aber kein Programm. Die einen verstanden sich als Opposition und agierten konspirativ, mit beschränkter Reichweite. Die anderen agierten offen und meinten jeden, lebten aber im geträumten Einverständnis mit den Machthabern.

Und beide fanden nicht zusammen, weder in der Sache noch personell. Sofern die Oppositionellen 1965 noch in der DDR lebten, litten sie unter den Folgen der gegen sie gerichteten Strafaktion. Die späteren Reformer wiederum wiesen jeden Verdacht von sich, auf den Pfaden von »Verbrechern« zu wandeln. Das war intellektuelle Außenpolitik, gewiß, für die Ohren der Regierenden bestimmt. Aber es entsprach zu weiten Teilen auch ihrem Selbstverständnis.

Ihr Engagement äußerte sich unter anderen politischen, sozialen und nicht zuletzt territorialen Umständen und blieb davon nicht unbeeindruckt. Wie den 56ern das Bündnis mit dem Volk, war den »Jungen« der frühsechziger Jahre das Bündnis mit den Oppositionellen existentiell verwehrt. Die Möglichkeiten, die ihr Engagement enthüllte, lagen anderswo, auf künstlerischem Gebiet, und dort wieder in einer Naivität, die sich von den Verhältnissen getragen wähnte und deshalb kaum Vorsichtsmaßnahmen ergriff. Daher die Unbestechlichkeit des Blicks und die Echtheit der Schöpfungen. Politisches Scheitern und künstlerisches Gelingen gehörten untrennbar zusammen; auf eine Weise, die noch nichts Romantisches an sich hatte. Das kam erst später.

Noch einmal: Das einzige, was sich durch alle Krisen hindurch fortsetzte, war der Abbruch der Kontakte, Erfahrungen, Verbindlichkeiten.

Der Arbeiteraufstand von 1953 lebte in der intellektuellen Opposition von 1956 ebensowenig weiter wie diese im ästhetisch-kulturellen Aufbegehren der Reformperiode. Die Massenflucht fügte den ohnehin schon disparaten Formen des Engagements nur eine weitere hinzu. Von ihr ging so wenig Verbindendes, Übergreifendes aus wie von allen anderen.

Die ostdeutsche Gesellschaft war notleidend an ermutigenden Gemeinsamkeiten, an positiven Helden, die für mehr als ein Ereignis standen, und auch an wohlverstandener geistiger Treue.

Sie stolperte von einer Krise in die andere, bekam Lektion auf Lektion erteilt und konnte sie doch nicht lernen. Die Teilnahmslosigkeit und latente Feindseligkeit, mit der sich ihre einzelnen Untergruppen, insbesondere Arbeiter und Intellektuelle, begegneten, verhinderte das. Auch der Stab der intellektuellen Stafette fiel immer wieder zu Boden. Die politische Selbstdisqualifikation der Gesellschaft schritt von Krise zu Krise voran.

Die Jungen und die Alten

Warum dieselben Faktoren,
die den Erfolg des Aufbruchs verhießen,
sein Scheitern begünstigten

Wir wollen nicht Vertrauensseligkeit. Wir fordern Vertrauen. Die Männer und Mädchen meiner Generation haben neue Maschinen konstruiert und Wälder gerodet und Kraftwerke gebaut, sie haben Sumpfland entwässert und an den Grenzen auf Posten gestanden, und sie haben Bilder gemalt und Bücher geschrieben. Wir haben ein Recht auf Vertrauen. Wir haben ein Recht, Fragen zu stellen, wenn uns eine Ursache dunkel, ein Satz anfechtbar, eine Autorität zweifelhaft erscheint.

Brigitte Reimann

Am 15. Dezember 1965 entschied sich das Schicksal der ostdeutschen Moderne. An diesem Tag trat in Berlin das Zentralkomitee der SED zu seiner 11. Tagung zusammen. Formell zu Problemen der Wirtschaftsreform und ihrer Weiterführung einberufen, wandte es sich sogleich den Künsten zu. Man zieh sie skeptizistischer, gar pornographischer Tendenzen und schob ihr die Verantwortung für die angebliche Verwahrlosung von Teilen der Jugend zu, für deren »Rowdytum«. Zu der an sich schon schweren Anklage, die auf Verbreitung »westlicher Unkultur« und »Dekadenz« lautete, gesellte sich der schlechtweg vernichtende Vorwurf, Kulturschaffende und Kulturfunktionäre hätten sich gegen die politische Führung verschworen. Wie schon 1956, so geisterte auch diesmal wieder das Gespenst des Budapester Petőfi-Klubs durch Räume und Gänge.

In ihrer Schärfe überraschend und schockierend, kam die Abrechnung doch nicht von ungefähr. Erst kurz zuvor, Ende November, hatte die Führung Schriftsteller zu einer Art Generalprobe in den Staatsrat beordert, die freilich mißlang. Zwar schlug Ulbricht den Tenor des nachfolgenden Plenums schon kräftig an, doch fanden Christa Wolf, Anna Seghers und einige andere den Mut zum Widerspruch. Sie rückten die wirklichen Probleme an die Stelle der vorgeschobenen, fragten nach den gesellschaftlichen Gründen des jugendlichen Unmuts und machten den mangelnden Charme des DDR-Sozialismus direkt für die wachsende Attraktivität der westlichen Kultur verantwortlich. Da die versammelten Politfunktionäre mit derartigem Ungehorsam nicht gerechnet hatten, gerieten sie aus dem Konzept. Die »Aussprache« endete mit einem Schwebezustand.

Desto erfolgreicher war die Premiere. Diesmal funktionierte die Rollenverteilung. Ulbricht hielt sich zunächst zurück und überließ Honecker das Feld. Der hielt ein Referat, das schwerste Beschuldigungen auf kurzschlüssigste Erklärungen gründete und für Einwände keinen Raum ließ. Im weiteren Tagungsverlauf ergriffen dann auch Ulbricht und andere Spitzenfunktionäre das Wort. Sie kanzelten jeden noch so zaghaften Rechtfertigungsversuch ab, nahmen Sünder ins Kreuzverhör und entließen sie erst, wenn sie ihre Schuld bekannten oder schuldbewußt schwiegen.

Unter den anwesenden Angeklagten fand nur Christa Wolf die Courage zu Widerworten. Aber selbst ihr Redebeitrag spiegelte die Defensive, den argumentativen Notstand der Reformer wider. So wies sie gleich zu Anfang jeden oppositionellen Verdacht von sich und den mit ihr verbündeten Schriftstellern und erklärte:

Der »Verband ist nicht in der Gefahr, in irgendeiner Form zu einem Petőfi-Klub zu werden, und ich halte es nicht für richtig, diesen Begriff bei jeder sich dafür bietenden Gelegenheit in die Debatte zu werfen, auch wenn dazu gesagt wird, daß die Gefahr nicht besteht.«

Solchermaßen legitimiert, kam sie zum Thema und drang in die Verantwortlichen, öffentliche Debatten, geistige Auseinandersetzungen auch künftig zu ermöglichen. Denn davon hingen letztlich die Chancen der neuen Ordnung ab, nach außen wie nach innen. Ohne geistige Freiheit gäbe es kein reges kulturelles und soziales Leben; nichts, was westliche Intellektuelle, die mit der DDR im Prinzip sympathisierten, wirklich überzeugen könnte. Ohne die Unterstützung der westlichen Linken bliebe wiederum die internationale Ausstrahlungskraft des deutschen Sozialismus beschränkt, zum Schaden seiner Wettbewerbsfähigkeit. »In diesem Sinne sollten wir weiter offensiv bleiben und die Möglichkeiten, das zu sein, so weit wie möglich halten von unserem Standpunkt aus. Die

Erfahrung zeigt: Welche Bücher, Stücke, Filme haben in den letzten Jahren im Westen ... gewirkt? Die Bücher und Filme und die Stücke, die unser Gesicht zeigen.«

Auch die DDR-Bürger, voran die Jugend, könne man nur durch Offenheit gewinnen, durch Wahrhaftigkeit. Völlig unbegründet sei die Angst, die eigenen Leute könnten das Angebot mißbrauchen und zum Gegner überlaufen:

»Diese Menschen, die hier bei uns gewachsen sind, sind reif dafür, wirklich zu verstehen, worum es geht, reif dafür, solche Literatur, wie sie in den letzten Jahren entstand, zu begreifen, richtig zu verstehen und durch ihre Anregungen, durch ihre Kritik und dadurch, wie sie sich dazu verhalten, weiterzuentwickeln.«

Führt man sich vor Augen, daß die Autorin ihre Rede unter großer innerer Anspannung und aus dem Stegreif hielt, wächst der Respekt vor ihren klaren Worten zusätzlich.

Den gewünschten Erfolg hatten sie nicht. Der kulturelle »Kahlschlag« war und blieb beschlossene Sache. Schon fertige Werke wurden nicht verbreitet, die Arbeit an fast vollendeten abgebrochen und entstehende argwöhnischer geprüft denn je; Arbeitsgemeinschaften wurden aufgelöst und ihre Mitglieder vereinzelt; Verantwortliche in Verlagen und Kulturbehörden wurden gemaßregelt, abgesetzt und mit subalternen Aufgaben betraut.

Im kleinen hatten die meisten der neuerlich Gemaßregelten ihr ganz persönliches Plenum schon durchlaufen. Und dasselbe galt für die verschiedenen Genres. Die bildende Kunst hatte die Kritik durch die bereits erwähnte Akademie-Ausstellung Junge Kunst auf sich gezogen. Die »Junge Lyrik«, die Stefan Hermlin im Dezember 1962 in einer ersten großen öffentlichen Werkschau präsentierte, erfuhr eine ähnlich kompromißlose Ablehnung. Fast zeitgleich kam es im jüngsten Medium, im Fernsehen, zu den ersten Verboten, und auch hier traf es zwei von den Jüngeren,

Günter Kunert und Günter Stahnke. Der kritische Fernsehjournalismus, mit dem Magazin *Prisma* 1963 erst aus der Taufe gehoben, mußte sich im Maße seiner schnell wachsenden Popularität zunehmender Angriffe erwehren. Die jungen Architekten traf das Schicksal, als sie in dem Fachblatt *Deutsche Architektur* unverblümte Kritik an der allzu gedankenlosen Übernahme der sowjetischen Plattenbauweise geübt und überdies deren mangelnde Qualität gerügt hatten. An ihrer »symbolischen Erschießung« konnte auch ihr berühmter Mentor, der 1955 aus der Schweiz in die DDR übergesiedelte Hans Schmidt, nichts ändern. Frühe Sündenfälle auch in der Dramatik: Was sich mit der Uraufführung von Peter Hacks' *Die Sorgen und die Macht* im Jahre 1960 angekündigt hatte, entlud sich nach der Premiere von Heiner Müllers *Umsiedlerin* kurz nach dem Mauerbau. Die Diffamierungs- und Disziplinierungskampagne hielt Künstlerverbände und Akademie monatelang in Atem.

Und so wie Schriftsteller und Künstler waren auch Philosophen und Geisteswissenschaftler vorgewarnt. Es genügt, in diesem Zusammenhang an die »Fälle« Ernst Bloch und Hans Mayer zu erinnern.

Sie waren beispielgebend auch in der Art ihrer Lösung. Gerade für die Älteren, die dergleichen schon mehrfach miterlebt hatten, wurde der neuerliche Ausbruch der Feindseligkeiten nach der Grenzschließung zum letzten Scheidungsgrund. Sie verließen das Land. Andere, wie Peter Huchel, zogen ihren Schlußstrich, indem sie schweren Herzens auf jeden öffentlichen Einfluß verzichteten und ins innere Exil gingen.

Aber auch unter den Jüngeren gab es einige, die schon vor 1965 alle Illusionen verloren hatten.

Günter Kunert, nach seinen gescheiterten Filmprojekten und haltlosen Formalismusvorwürfen am Rande des Selbstmords, erinnert sich in einem Gespräch mit dem Dokumentaristen Thomas Grimm seiner inneren Abkehr:

»Von da an war für mich sozusagen alles gelaufen.«
Er sagt darüber hinaus, was ihn trotz allem noch lange in der DDR hielt:
»Der Grund meines so langen Dableibens war nicht nur familiärer Art, es war nicht nur, daß man Freunde hatte. Es war auch, daß man eine ganze Reihe hochanständiger sogenannter alter Genossen kannte. So ging es mir auch; denen hatte ich viel zu verdanken. Leute, die entweder in der Emigration waren, im KZ gesessen hatten, hochanständige Menschen, die ich auch höchst ungern zurückgelassen habe, muß ich sagen. Die gab es auch. Und mit denen konnte man eigentlich über alles sprechen. Auch über seine persönlichen Schwierigkeiten.«

Damit gibt er das entscheidende Stichwort für die weiteren Betrachtungen. Denn dieselben integren »alten Genossen«, die ihm das Dableiben nach der Enttäuschung ermöglichten, spielten im Kalkül seiner Altersgenossen ursprünglich eine ganz andere Rolle: nicht die des Trösters, sondern die des Mitverschworenen, des Korevolutionärs. Welche Hoffnungen die Jungen auf das Bündnis mit den junggebliebenen Alten setzten, welche Strategien sie dabei verfolgten, wie und warum sie letztlich scheiterten, darüber geben fiktive Texte genaueren Aufschluß als alle gelehrten Abhandlungen. Da diese Hoffnungen, Pläne, Enttäuschungen riskant, heikel, schmerzlich, in jedem dieser Fälle aber »staatsgefährdend« waren, konnten sie nur indirekt formuliert werden, andeutungsweise, verfremdet, metaphorisch, eben künstlerisch.
Den politischen Willen, das weltliche Engagement ganz ästhetische Form werden zu lassen, es zugleich zu verrätseln und preiszugeben, war eine Kunst, die viele Meister hatte, besonders jedoch einen – Heiner Müller. Seine Dramen der frühen und mittsechziger Jahre bewahren das Abenteuer einer ganzen Generation, der »Jungen«.
Der Bau, 1964 vollendet, gehört an den Anfang der fol-

genden kleinen Dramengeschichte. Wie der Untertitel zu erkennen gibt, entstand das Stück »nach Motiven aus Erik Neutschs Roman *Spur der Steine*«. Dieser Roman, der Problematiken des Aufbaus mit solchen des Aufbruchs verband, gab noch zu einer zweiten, diesmal filmischen Adaption Anlaß. Das gleichnamige Kinostück von Frank Beyer mit Bestbesetzung hätte gewiß Kultstatus erlangt, wenn es nicht auf höhere Weisung niedergeschrieen und dann von seinen Schöpfern »zurückgezogen« worden wäre. Die Geschichte machte auch so die Runde und kann, da Film und Vorlage bis heute immer neue Rezipienten fanden, entsprechend kurz zusammengefaßt werden.

Im Grunde sind es zwei Geschichten, die ineinandergreifen.

Die erste Geschichte handelt von Balla. Der ist Brigadier auf einer Großbaustelle und treibt seine Leute unerbittlich zur Arbeit an. Dabei ist sein Ehrgeiz weniger gesellschaftlicher als vielmehr sportiver Natur. Seine Brigade soll die beste sein, die höchsten Prämien abkassieren, und sei es auf Kosten der anderen. Die Verwandlung dieses Egoisten, dieses »sozialistischen Selbsthelfers« in einen durchaus klassenbewußten Vorarbeiter, der auch mit alten Kumpanen abrechnet, ist das Leitthema dieser Geschichte.

Es entfaltet sich in Verbindung mit einem zweiten. Daß die Ballas ihr Unwesen treiben und die neue Ordnung stören können, hängt mit Fehlern dieser Ordnung zusammen. Sie ist selbst gestört. Dabei geht die Störung einerseits von altgedienten Kadern aus, die nicht mehr mitkommen, andererseits von Karrieristen, die ihr Eigeninteresse über das der Sache stellen. Da kommt ein junger Parteisekretär auf die Baustelle und räumt mit dem Schlendrian auf. Ihm zur Seite tritt eine ebenso junge Ingenieurin, in die der verheiratete Sekretär sich unglücklicherweise verliebt. Beide zusammen sorgen zunächst dafür, daß Rationalität und wirtschaftliche Vernunft Einzug halten und die servile Erfüllung sinnloser Planziele verdrängen. Der alte, stets nach oben schielende Werkleiter quittiert den Dienst, die von diesem entmutigten Fachleute, die teilweise aus einer noch älteren Schule kommen, fassen neuen Mut. Und der Querulant Balla kann seine überschüssigen Energien nunmehr sinnvoll verausgaben. Der Aufbruch scheint gelungen.

Scheint, denn die privaten Verstrickungen des Parteisekretärs gefährden den Neuanfang. Solange er noch verheiratet ist, muß sein Verhältnis mit der Ingenieurin geheim bleiben. Die aber wird schwanger und weigert sich, den Namen des Vaters preiszugeben. Nun kommt der Sekretär in die mißliche Lage, die eigene Geliebte öffentlich für ihren Verstoß gegen die sozialistischen Normen zu kritisieren. Aus Angst, abgesetzt zu werden, begeht er die Schandtat und verliert dadurch die junge Frau. Zerknirscht, bekennt er das Verhältnis schließlich doch. Sein Stellvertreter, ein übler Karrierist, wetzt die Messer und leitet das Parteiverfahren ein.

Am Ende arbeitet der einstige Sekretär als einfacher Arbeiter. Die Frau, obschon rehabilitiert, verläßt die Baustelle und sucht sich eine neue Arbeit. Der Aufbruch ist in großer Gefahr. Nicht die jung gebliebenen Alten – die auf alte Weise denkenden Jungen sind auf dem Sprung zur Macht. Neutsch und Beyer schließen mit derselben vagen Hoffnung: Die Weisheit des Parteikollektivs, das sich an den neuen Arbeitsstil gewöhnt hat, und das Engagement parteiloser Aktivisten werden die schleichende Usurpation schon zu verhindern wissen. Zwar sind die mutigsten Reformer nicht mehr im Amt, aber ihr Beispiel hat gewirkt und die Welt verändert.

Damit gibt sich Müller nicht zufrieden. Teils verschärft er die Konflikte, teils fügt er neue hinzu.

Auch seine Sympathie gilt den Mutigen unter den Jungen, den Pionieren; dem Parteisekretär, der Ingenieurin und Balla, der bei ihm Barka heißt. Auch seine Antipathie richtet sich gegen die Karrieristen unter den Jungen; die sind noch schlimmer als die gläubigen Funktionäre, nämlich gewissenlos. Und schließlich zählt auch Müller auf die erfahrenen, der neuen Ordnung loyal gegenüberstehenden Fachleute. Pioniere aller Ebenen im Bündnis mit integren Experten gegen Karrieristen und Funktionäre – das ist die Ausgangsstellung der zu schlagenden Schlacht.

In diese Formation tritt nun eine weitere Figur, um ihren Platz an der Seite der Reformer zu finden – der Partisan.

Müller hat diese Figur nicht erfunden. Sie trat in vielen zeitgenössischen Kunstwerken in Erscheinung, immer dieselbe Erfahrung referierend, dieselben Schlüsselerlebnisse – frühe Erinnerungsspuren an den Ersten Weltkrieg, an heimkehrende Soldaten und Krüppel; deutlichere Reminiszenzen an den Kampf um eine sozialistische deutsche Republik und an die Niederlage; scharfer Rückblick auf die Sozialisation in der Weimarer Republik, auf den noch offenen Kampf gegen die Nazis in Deutschland, Spanien oder anderswo; schließlich individuell verzweigte, aber höchst gegenwärtige Erinnerungen an die Nazidiktatur, an KZ oder Gefängnis, an inneren Widerstand oder Exil. Und stets zieht der Partisan dieselben Schlußfolgerungen für den sozialistischen Alltag, stellt er eigenes Urteil über jede fremde Einrede, Tatkraft und Risikobereitschaft über Pathos und Ritual; so sehr, daß er zuweilen zum unangenehmsten Quälgeist, zum verkörperten schlechten Gewissen seiner willfährigeren, disziplinierteren Altersgenossen, der Funktionäre, wird.

Diese Figur konnte nur vom Leben in die Kunst gekommen sein.

Und so war es. Menschen wie Walter Janka verliehen ihr leibhaftige Gestalt und verschafften ihr zugleich Eingang in den öffentlichen Diskurs über die gemäße Art, in Friedenszeiten Kommunist zu sein.

»Und so tat ich, was ich immer getan habe. Ich handelte auf eigene Verantwortung«, heißt es an einer Stelle seiner

Autobiographie. Sie bezieht sich auf eine der vielen Entscheidungen, die der Kommandeur im Spanienkrieg treffen mußte, bezeichnet darüber hinaus aber eine grundsätzliche Einstellung, eine Lebenshaltung.

Bei manchen kommt die innere Spannung der Altkommunisten direkt zur Sprache.

»Mir schien immer, als ob die Kameraden grosso modo in zwei Gruppen von Menschentypen zerfielen: in Funktionäre und in Partisanen«, schrieb Walter Markov in seiner *Zwiesprache mit dem Jahrhundert*.

Gleich Janka hatte er in der Nazizeit auf sich selbst und wenige andere gesetzt und eine kleine Widerstandsgruppe an der Bonner Universität gegründet. Dafür saß er von 1936 bis zum Kriegsende im Zuchthaus. 1951 wegen »titoistischer Überzeugungen« aus der SED ausgeschlossen, sah er sich wieder in der Minderheit und ungewollt in seiner Daseinsform als »alter Partisan« bestätigt. Daran, Entscheidungen auf eigene Faust zu treffen und zu verantworten, hielt er zeitlebens fest.

Auch in Müllers *Bau* gibt sich der Partisan in einer Szene zu erkennen, die zur Stellungnahme nötigt und programmatisch mit *Ein Kommunist* überschrieben ist.

Donat, der Parteisekretär, sieht seinem Verfahren entgegen. Er steht auf dem Flur vor jenem Raum, in dem sich das Tribunal versammeln soll. Unter den ersten, die kommen, ist ein »alter Genosse«. Er hält dem Sekretär eine kleine Lektion in Sachen Bescheidenheit, läßt bei alledem aber die Sympathie für den jungen Draufgänger deutlich durchblicken. Er selber war nicht anders und fühlt noch immer so.

Da erscheint ein »junger Genosse«. Er schlägt die Hand aus, die der Delinquent ihm entgegenreicht, und fordert ihn zu schamloser Selbstkritik auf; dazu, seinen Elan zu begraben und künftig nur mehr Parteibeschlüsse auszuführen.

Das treibt dem Altkommunisten die Zornesröte ins Gesicht. Er ergreift nun offen die Partei des Sekretärs, gibt ihm Ratschläge, wie er den Kopf am besten aus der Schlinge zieht, und zuletzt demonstrativ die Hand.

»Sie sollten dich öfters zu den Kindern schicken«, sagt der Sekretär, ehe er vor seine Richter tritt.

Handschlag und sprachliche Replik sind durch und durch symbolisch; sie besiegeln vor aller Augen und Ohren das Bündnis zwischen den Generationen, zwischen Pionieren und Partisanen, und bezeugen den gemeinsamen Willen aller Reformer.

Wie zerbrechlich das Bündnis ist, zeigt sich kurz darauf.

Der alte Genosse, seit langem schwerkrank, stirbt und läßt die Jungen doch allein zurück. Auch das ein Vorgang mit Symbolwert. Denn viele dieser alten Genossen standen an der Schwelle des Todes. Und viele junge Genossen dachten karrieristisch.

Das gefährlich dünne Eis, auf dem das Reformprojekt stand, veranlaßte Müller zu einem weiteren und weitreichenderen Eingriff in Neutschs Vorgabe.

Sein Stück endet mit einer Verschwörung der Pioniere.

Im Unterschied zum Roman und auch zum späteren Film offenbaren der Sekretär und die Ingenieurin der Partei ihr privates Geheimnis nicht. Sie wahren es sogar um den Preis, daß die Frau, des Versteckspiels müde, die Beziehung beendet:

»Wer braucht die Sterne? Ich werde also lügen für dich und das ist die Wahrheit: dein Kind wird keinen Vater haben, wir werden uns mit Genosse anreden wie vorher, ich werde den Vogel nicht einscharren, der im Frühjahr singt, du wirst die Sonne nicht aus dem Himmel reißen, der Schnee wird nicht liegenbleiben bis zum nächsten Winter.«

Die Lüge hat ihren Preis – das persönliche Glück. Sie hat aber auch ihren Sinn – das soziale Wohlergehen. Beide bleiben im Werk, auf ihrem Posten und bei ihren Grundsätzen. Der Nukleus des Aufbruchs besteht fort.

Daß privates und öffentliches Glück vorerst nicht in Einklang zu bringen sind, einander nur wechselseitig opfern können, war Müllers Überzeugung. Daß unter den obwaltenden Umständen das private hinter dem öffentlichen Glück zurückstehen muß, damit dieses nicht vor der Zeit verspielt wird, war seine harte Forderung.

Verschwiegene Pioniere im Verein mit Partisanen und integren Experten gegen Karrieristen und Funktionäre – das war die Schlachtordnung, die die vielen lokalen Reformblockaden aufbrechen und die Führung zumindest neutralisieren sollte.

War das ein realistisches Unterfangen?

Es war zumindest kein bloßes Phantasieprodukt. Die energisch zupackenden Jungen fanden sich vielerorts, auf vielen Ebenen, und sie fanden auch zusammen. Betriebs- und Fachdirektoren, die die Dreißig kaum überschritten hatten, waren zu Beginn der sechziger Jahre keine Seltenheit. Sie unterhielten rege Kontakte zu gleichaltrigen Ingenieuren, Städteplanern, Architekten, Kulturhausleitern, leitenden Redakteuren und Journalisten. Letzteren war es vornehmlich zu danken, daß der neue, unprätentiöse, sach- und erfolgsorientierte Stil dieser informellen Kreise Eingang in die umfassendere Öffentlichkeit fand. Der sogenannte *Forum*-Stil galt dabei als vorbildlich; neben der Studentenzeitung verschrieben sich auch andere Blätter wie der *Sonntag* oder die *Wochenpost* der neuen Sachlichkeit. Eine Zeitlang stand sogar die Gründung eines reinen Reportage- und Nachrichtenmagazins zur Debatte; es sollte unter dem Titel *Profil* erscheinen, überlebte jedoch die Nullnummer nicht.

Ein schönes Beispiel für den neuen Stil gibt ein dokumentarisches Porträt, das der Schriftsteller Rainer Kirsch seinerzeit verfaßte. Der Porträtierte ist Direktor eines technologischen Forschungsinstituts und wie sein Gegenüber Mitte Dreißig. Man spürt, daß sich die beiden verstehen; der Praktiker hat Respekt vor dem Ausdrucksvermögen des Autors; dieser wiederum bewundert den zugleich nüchternen und effektiven Leitungsstil des Professors. Der duldet keine Phrasen und unterbindet sogar das Anbringen nichtssagender Wandtafeln und Transparente in den Institutsräumen. Betriebsvergnügen und falsche Vertraulichkeiten mag er nicht, und politischen Pflichtveranstaltungen unterzieht er sich nur ungern. Das alles kostet viel Zeit und trägt wenig Früchte. Seine Mitarbeiter hält er dazu an, öffentlich und regelmäßig, vor allem aber knapp und faktenreich über ihre Forschungsergebnisse zu berichten. Geraten sie ins Schwadronieren, entzieht ihnen der Chef das Wort.

Für die schönen Künste hat er ein Organ, doch nicht genügend Zeit. Nur Kafka behagt ihm nicht; der ist »zu niederdrückend«.

Dennoch: so ungefähr sollte er sein, der neue Typus.

Auch für den Anschluß der informellen Zirkel nach oben, an die Macht, schien Sorge getragen. Die Verjüngungs- und Akademisierungswelle hatte weite Teile des Staats- und Parteiapparats bis hin zum ZK erfaßt. Der 1961 neu eingesetzte Kulturminister hieß Hans Bentzien, war gerade 34 Jahre alt und durchaus kein Sonderfall. Mehrere seiner Amtskollegen hatten die Vierzig noch nicht überschritten. Die Interessen und Temperamente mochten divergieren, aber irgendwie sprach man doch eine gemeinsame Sprache.

Politisch wie kulturell schienen die Jungen auf dem Vormarsch. Konrad Wolf zählte gerade 39 Jahre, als er 1965 zum neuen Akademiepräsidenten gewählt wurde. Künstlerverbände, Hochschulen, Universitäten und wissenschaftliche Akademien schlossen sich der allgemeinen Wachablösung an.

Daß die Nachrücker nicht immer die Kompetenteren waren, zeigte sich vor allem in den Geisteswissenschaften. Hier diente die Verjüngungskur häufig der Umprofilierung bzw.

stillschweigenden Abwicklung ungeliebter Forschungsrichtungen und Institute.

Alles in allem verbanden sich Künstler und Wissenschaftler weitaus häufiger und enger als in der vorhergehenden Periode mit Praktikern und Experten, sei es über den Bitterfelder Weg, sei es über Recherchen, Befragungen, Untersuchungen und Expertisen.

Der intensive Austausch färbte auf beide Seiten ab; die einen überwanden ihre Scheu vor der ungeschminkten Wirklichkeit, die anderen ihren allzu engen Fachhorizont. Die Generation der um 1930 herum Geborenen kommunizierte so regelmäßig, so leidenschaftlich und so öffentlich untereinander, wie es weder davor noch danach auch nur annähernd der Fall war.

Die Jungen glaubten, wenn sie ausreichend Kraft besäßen, die Karrieristen kaltzustellen und Teile der älteren Generation noch einmal mitzureißen, hätten sie auch genug, um die Regierenden vor sich herzutreiben.

Diese Hoffnung war weder bloße Träumerei, noch stand sie im bruchlosen Einvernehmen mit den Gegebenheiten. Weder Verbindungs- noch Trennlinien verliefen eindeutig. Je genauer man die vermeintlichen Lager musterte, desto größere Auflösungserscheinungen zeigten sie.

Da war zunächst der Schulterschluß der politisch engagierten Alten. Gut möglich, daß die Partisanen Lust auf ein Bündnis mit den Jungen verspürten. Und ganz gewiß kamen solche Bündnisse auch hier und da zustande. An Einladungen dazu seitens der Jungen mangelte es jedenfalls nicht. Kein wichtiges, öffentlich diskutiertes Kunstwerk dieser Jahre, das die jung gebliebenen Alten nicht hofiert, ja geradezu zum Hoffnungsträger ausgerufen hätte.

Dennoch und ungeachtet auch der Tatsache, daß die rebellischen Greise auf die gleichaltrigen Funktionäre nicht gut zu sprechen waren – sie teilten dieselben Schlüsselerlebnisse (wenngleich mit anderen Konsequenzen) und sprachen dieselbe Sprache (obschon verschiedene Dialekte).

Die Emotion sprach zugunsten der Jungen, das Gedächtnis für ihre alten Kampfgefährten, und der Verstand schwankte zwischen beiden Voten hin und her. Mal spornten sie die Jungen an, dann ermahnten sie sie wieder zur Geduld; mal überwarfen sie sich mit ihren störrischen Brüdern, mal schwelgten sie mit ihnen in gemeinsamen Erinnerungen.

Und noch etwas kam hinzu: die Sorge um die Macht.

Den alten Einzelkämpfern mißfiel die Art gründlich, in der die Führung die Macht gebrauchte, den Machtgebrauch zelebrierte; ihr Mangel an Feuer und Überzeugungskraft, ihre leeren Formeln und abgestandenen Rituale. Daß die Macht überhaupt in ihren Händen war, beanstandeten sie jedoch kaum oder nur insgeheim. Sie in die Hände von Arbeitersöhnen, ausgewiesenen Antifaschisten und Widerstandskämpfern zu legen, dafür hatten sie schließlich selbst gekämpft. Sie dort zu belassen war allemal das geringere Übel im Vergleich zu der Gefahr, die eine offene Kritik an den Machthabern heraufbeschwören konnte.

Ich habe Partisanen gekannt, die den Nachwuchs zu den kühnsten Manövern überredeten und in quälendes Schweigen fielen, wenn die Kühnheit ruchbar wurde, und ich glaube, den Grund dafür zu kennen:

Die stets mitlaufende, alle verkapselten Sehnsüchte begleitende Angst, wieder zu verlieren, was man so opferreich erobert hatte, gab im Zweifelsfall den Ausschlag, dirigierte den Verstand klammheimlich auf die Seite des kollektiven Gedächtnisses der »Alten«.

Wenige Jahre vor seinem Tod enthüllte Jürgen Kuczynski mit der ihm eigenen Unbefangenheit und Naivität die Gründe für die ausgebliebene Bruderfehde.

»Das ganze Leben war Gnade und Ungnade, und die Gnade war deshalb besonders schön, weil ich mit all den führenden Genossen einmal zusammen jung gewesen war und ihre Zustimmung, ihr Einverständnis genoß, während die Ungnade mir aus demselben Grund doppelt schlimm vorkam, weil sie dann doppelt böse auf mich waren.«

Auch mit den Jungen stand die Sache nicht so einfach wie zunächst gedacht.

Der Streit, den die Pioniere mit ihren karrieresüchtigen Altersgenossen ausfochten, bildete nur den Auftakt weiterer Komplikationen. Sie betrafen zunächst das Verhältnis der aufbruchsbereiten Jungen zu den starrsinnigen Alten, den Funktionärstypen, denen sie allenthalben begegneten.

Sie mußten sie aus dem Weg drängen, von ihren Posten ablösen, wollten sie ihr Ziel erreichen. Aber in die dazugehörige und wohl auch vorhandene Entschlossenheit mogelte sich immer wieder das schlechte Gewissen, Unrecht zu begehen. Schließlich fanden sich unter den Gegnern von heute etliche, die gestern in den Lagern der Nazis gesessen oder gegen dieselben gekämpft und in den Aufbaujahren Großes geleistet hatten, oft über ihre Kräfte hinaus und fast immer zum Schaden ihrer Gesundheit. Sie hatten sich aufgeopfert und sollten, ja mußten nun geopfert werden.

Was Werner Mittenzwei einmal über die aus dem Exil heimkehrenden Emigranten sagte, kann, nur wenig abgeschwächt, auf alle »verdienten« Alten übertragen werden: »Sie waren unsere Lehrer. Und zwar von Anfang an. Sie wurden von uns einfach angenommen, weil ihr Leben anders verlaufen war als das der meisten Deutschen. Ein gespanntes Lehrer-Schüler-Verhältnis, das eigentlich in jeder Generation entsteht, gab es für uns nicht. Für uns, die Jüngeren, war ihre Existenz in der Emigration einfach das andere Leben gewesen, das wir mit Respekt betrachteten.«

Man hat im Zusammenhang ähnlicher Äußerungen wiederholt von der »Antifaschismus-Falle« gesprochen und damit den blinden Fleck dieses Respekts zu bezeichnen versucht. Gerade weil die Jungen den Opfern und Vertriebenen des Hitler-Regimes mit persönlicher Hochachtung begegneten, sahen sie über deren Sachirrtümer, über die Geburtsfehler der von ihnen errichteten Ordnung hinweg und von offener Kritik ab.

Diese Einschätzung mag die unmittelbare Nachkriegszeit und die Aufbauperiode einigermaßen treffen; für die Aufbruchsjahre verliert sie ihre Gültigkeit.

Das Problem und Dilemma der Jungen bestand umgekehrt gerade darin, auch jene Teile der älteren Generation, die sie aufgrund hoher persönlicher Wertschätzung weder kritisieren noch angreifen wollten, furchtlos kritisieren und angreifen zu müssen. Aufbruch und Reform besaßen nicht die Spur einer Chance, wenn sie in der Falle sitzen blieben. Der Vatermord war heikel, aber unumgänglich, der Schlachtplan moralisch fraglich, aber »militärisch« geboten.

Skrupel waren reichlich im Spiel. Aber die Niederlage der Jungen geht auf tieferliegende Ursachen zurück.

Sie tappten in eine ganz andere Falle, saßen einer glücklichen, für die ganze DDR-Geschichte einmaligen Fügung auf.

Nur zu Beginn der sechziger Jahre drängten Führung, Experten, Intellektuelle und auch Teile der Bevölkerung gleichermaßen auf Veränderung, auf Reformen. In allen sonstigen Entwicklungsabschnitten ging der Wunsch nach Veränderung nur von jeweils einer sozialen Gruppierung aus, entweder vom Volk oder von Intellektuellen innerhalb und außerhalb der SED; die Führung wiegelte ab oder mauerte buchstäblich.

Diesmal setzte sie sich zur allgemeinen Überraschung selbst an die Spitze der Bewegung; zwar erst, nachdem sie die Mauer errichtet und in den Wochen danach mit harter Hand regiert hatte, dann aber um so entschiedener. Die Weisheit der Macht gebot, ein seiner äußeren Bewegungsfreiheit beraubtes Volk durch innere Bewegungsfreiheiten loyal und leistungsbereit zu stimmen. Zudem hatte der 22. Parteitag der KPdSU die Abrechnung mit der Stalin-Ära erneut forciert; dem wie 1956 zu erwartenden Überspringen der Funken beugte man am besten durch eine kontrollierte Offensive vor.

Den Anfang machte das Frauenkommuniqué vom Dezember 1961. Es zielte auf eine umfassendere, möglichst vollständige Mobilisierung des weiblichen Arbeitsvermögens und benannte die dafür erforderlichen Voraussetzungen – Entlastung von Hausarbeit und Kinderbetreuung, Zeit für Qualifizierung und Weiterbildung, reale statt nur formale Gleichberechtigung von Mann und Frau.

In dieselbe Richtung wies ein im Oktober 1963 verabschiedetes Jugendkommuniqué. Es appellierte an die Leistungsbereitschaft, an das soziale und politische Engagement der Jugend, kritisierte aber auch Bevormundung und Gängelung der Jungen durch die Alten, ermahnte Tugendwächter und Geschmacksapostel zu mehr Toleranz. Das allein war beachtlich, doch nicht alles.

Schon zuvor war beim ZK der SED eine Jugendkommission installiert und der wiederholt gemaßregelte *Forum*-Mann Kurt Turba zu deren Vorsitzendem ernannt worden. Der beeilte sich, sachlich kompetente und geistig unabhängige Personen zur Mitarbeit zu bewegen.

Im selben Jahr erging ein Rechtspflegeerlaß, der den Akzent auf Vorbeuge, Resozialisation und schiedsgerichtliche Formen der Konfliktlösung setzte.

Die neu ins Leben gerufene Arbeiter-und-Bauern-Inspektion sollte sich der »Bekämpfung und Ausmerzung von Bürokratismus, Schönfärberei, Berichtsfälschungen, Vergeudung von gesellschaftlichem Eigentum und Amtsmißbrauch« widmen.

Ein von der Volkskammer verabschiedetes Wahlgesetz ließ bei Kommunalwahlen formell die Auswahl unter mehreren Kandidaten der Einheitsliste zu.

Soziologie und empirische Sozialforschung sahen sich urplötzlich rehabilitiert und in den Dienst gesellschaftlicher Rationalisierung gestellt. Institute für Jugend- und Marktforschung entstanden und erkundeten Jugendträume und Käuferwünsche.

Zentrierendes Moment und Impulsgeber dieser Innovationskette war natürlich die Wirtschaftsreform, die im Juni 1963 mit einer Konferenz zur *Einführung des Neuen Ökonomischen Systems der Planung und Leitung* auf den Weg gebracht wurde.

Kann es erstaunen, daß sich die Jungen angesichts dieser von oben eingeleiteten Systemveränderungen ermutigt, vom Geist der Zeit getragen fühlten?

Die meisten erinnern es so wie der Schriftsteller und Szenarist Ulrich Plenzdorf:

»Die Zeit, in der wir geschrieben und gedreht haben, war eigentlich nicht schlecht, und in gewisser Weise spielte die Mauer sogar eine positive Rolle. Nun war der Osten der Osten, und der Westen war der Westen. Überdies schien es uns Ermunterungen von oben zu geben, nun endlich loszulegen, an die Substanz zu gehen und zu fragen, was die Ideale besagen und was die Wirklichkeit.«

Nicht anders Rudolf Bahro:

»Ich war damals in Greifswald an der Universität und hatte meine beste DDR-Zeit, das heißt, ich war eigentlich nie so einverstanden und im Rahmen der Umstände zufrieden mit mir wie Anfang der 60er Jahre dort an der Universität.«

Mit Rückblicken dieser Art könnte man lange fortfahren.

Das soll hier unterbleiben, von einer letzten Ausnahme abgesehen. Sie betrifft die für die damalige Zeit charakteristischen Umstände, unter denen Hans Bentzien im Dezember 1961 zu seinem Posten kam:

»Irgendwann erhielt ich eine unerwartete Einladung ins

Politbüro der SED, und Walter Ulbricht bat mich in einem Gespräch, Kulturminister zu werden. Ich hatte große Bedenken. Zum einen war ich gerade 34 Jahre alt, zum anderen hatte ich die Nachfolge eines Mannes wie Becher anzutreten. Ulbricht erwiderte, daß alle anderen verfügbaren Leute zu alt seien, daß die Jugend nun einmal aufrücken müsse und die Künstler ohnehin große Probleme hätten, sachlich, logisch und sachbezogen zu arbeiten. All diese Probleme sollte ich lösen.«

Die Berichte der Zeitzeugen zeigen dreierlei.

Zum einen fühlten sich tatsächlich viele der damals Jungen, Anfang Dreißigjährigen, im Bunde mit den Alten, und zwar nicht nur mit den Partisanen, sondern mit dem engsten Führungskreis, Ulbricht ausdrücklich eingerechnet. Was immer der Patriarch früher angerichtet hatte – jetzt stand er auf der Seite der Neuerer, der Pioniere, forderte er sie ausdrücklich auf, den Platz der erschöpften Alten einzunehmen, selbständig zu denken und zu handeln.

Des weiteren verdeutlicht gerade das letzte Dokument die damit einhergehende Überraschung. Das Angebot der Führung übertraf die Erwartungen, so daß sich viele der zur Mitarbeit Eingeladenen nun sogar ein wenig überfordert fühlten. Unvermittelt mit anspruchsvollen Aufgaben und Funktionen betraut, waren sie nicht sicher, ob sie damit zurechtkommen würden.

Schließlich spürt man trotz dieser Bedenken die Lust am Abenteuer, am Experiment. Wenn die mächtigen Alten plötzlich um die Gunst der Jungen wetteiferten, dann deshalb, weil sie mit ihresgleichen nicht mehr weiterkamen. Deren Not galt es auszunutzen, solange die Zeit günstig, d. h. noch Mangel an fähigem Nachwuchs war. Man mußte »loslegen«, »an die Substanz gehen«, die Grenzen auskundschaften.

Das passierte mit unterschiedlichem Eifer, am konsequentesten in den Künsten und dort wieder im Film. Warum das so war, kann man einem Aufsatz entnehmen, den der Theaterwissenschaftler Klaus Wischnewski für den vor einigen Jahren bei Aufbau erschienenen Band *Kahlschlag. Das 11. Plenum des ZK der SED 1965* schrieb.

Die Filmgesellschaft der DDR, die DEFA, so zeigt er dort, war den gesellschaftlichen Reformprozessen vorausgeeilt. Es gab einen neuen Direktor, einen neuen Parteisekretär und obendrein noch einen neuen Filmminister. Die personelle Erneuerung stieß eine strukturelle an; sie dezentralisierte, demokratisierte und rationalisierte den künstlerischen Produktionsprozeß. Die Funktion des Chefdramaturgen wurde abgeschafft, die geistige und wirtschaftliche Selbständigkeit von Studios und Arbeitsgruppen entscheidend gestärkt. Die größere finanzielle Verantwortung der einzelnen Gruppen förderte das Interesse ihrer Mitglieder an der sparsamen und zweckdienlichen Verwendung der Mittel. Der kulturelle Wetteifer begünstigte die Differenzierung von Stilen und Handschriften. Die Synthese aus ökonomischer Bedachtsamkeit und geistigem Risiko veränderte die Sprache der Filme schnell und nachhaltig. Schon die beiden ersten Vorboten des Aufbruchs – *Auf der Sonnenseite* und *Beschreibung eines Sommers*, jeweils von Ralf Kirsten – zeigten jenen spröden Reichtum, jenen dokumentarischen Zauber, der später ganze Jahresproduktionen prägen sollte.

Auch der Mut, heiße Eisen anzupacken, war hier am weitesten entwickelt. Wenn die Jungen jemals ganz zu sich kamen, in der Sache und in der Form, politisch und ästhetisch, dann im Spielfilm der Jahre 1962–1966.

Um mit der Ästhetik zu beginnen, mit jenen Aussagen und Emotionen, die aus der Form selbst hervorgehen, so kreiste alles – Gesichter, Stadtlandschaften, improvisierte Dialoge, Originalton – um den Leitstern der Echtheit.

Man sah Bilder von Menschen, die mit barer Münze zahlten; die sich gefühls- und verstandesmäßig weder über ihre Verhältnisse erhaben dünkten noch unter sie beugen ließen; die zeigten und gaben, was sie waren; die sich nicht hinter Fetischen verschanzten, Nimbus und Prestige verschmähten; die vorsichtig waren, aber nur selten diplomatisch, aufmerksam, doch nicht eigentlich höflich.

An solchen Synthesen von Echtheit und Würde, Direktheit und Zurückhaltung konnten sich nur Menschen versuchen, konnten nur Menschen Gefallen finden, die vieles verband und wenig trennte, die ihr soziales Gepäck gleichsam abgeworfen hatten und dadurch frei und beweglich geworden waren.

Das höchste Versprechen der ostdeutschen Moderne der sechziger Jahre ist dieses kollektive Experiment mit der *conditio humana*, mit den mitmenschlichen Ausdrucksmöglichkeiten: Unmittelbarkeit, aber keine Tyrannei der Intimität; Unangreifbarkeit der Person, aber nicht auf der Grundlage von Macht, Besitz und Titeln.

Helmuth Plessner, der berühmte Anthropologe, ließ fast das gesamte Repertoire gesellschaftlicher Verkehrsformen aus der Angst vor der eigenen Lächerlichkeit hervorgehen; die Avantgardisten der sozialistischen Moderne hegten für einen kurzen Augenblick die Hoffnung, daß diese Angst vergehen, daß der Mut zur Echtheit (und damit auch zur Schwäche) sozial honoriert, der Hang zur Selbstentblößung dagegen getadelt werden würde, so daß sich die sozialen Verhältnisse und persönlichen Beziehungen auf die Norm respektvoller Vertraulichkeit einpendeln könnten.

Die ungebrochene Ausstrahlungskraft der frühen Versuche beweist, daß diese Hoffnung enttäuscht werden, aber niemals gänzlich aus der Welt verschwinden kann.

Radikal, kompromißlos wie die Art war auch das Anliegen der Filme.

Konrad Wolfs Film *Der geteilte Himmel* von 1964 formulierte dieselbe Bündnisstrategie wie Müllers *Bau* und machte sich allein dadurch verdächtig, selbst wenn er am Ende in ein deutlicheres Bekenntnis zur DDR mündete als das Theaterstück; Kurt Maetzigs *Das Kaninchen bin ich* von 1965 prangerte Strafrecht und Strafvollzug der DDR-Gesellschaft an sowie all jene, die Liberalisierung nur zum Schein betrieben, aus Karrieregründen. Hermann Zschoches *Karla* aus demselben Jahrgang zeigte die Lehrjahre einer idealistischen Junglehrerin, die der Ironie ihrer Schüler, der Gleichgültigkeit und Linientreue ihrer Kollegen mit entwaffnender Wahrhaftigkeit begegnet und dafür schließlich der Schule verwiesen wird.

Von weiteren, hierher gehörenden Werken – *Jahrgang 45*, *Spur der Steine* – war schon die Rede. Andere, wie Günter Stahnkes *Der Frühling braucht Zeit*, Frank Vogels *Denk bloß nicht, ich heule* oder Egon Günthers *Wenn du groß bist, lieber Adam* (alle aus dem Jahr 1965), verdienten weit eingehendere Bezugnahmen als diese bloße Nennung.

Stellvertretend für sie soll noch einmal die junge Frau aus Egon Günthers Film *Lots Weib* herbeizitiert werden. Deren Pioniergeist beschied sich nämlich nicht auf Kleidung und Dekor; sie wollte sehr viel weiter hinaus – auf ein Leben ohne Lügen, privat und im Beruf; auf klare Verhältnisse.

Moralisch rigoros fordert sie von ihrem Mann die Scheidung. Auf sein »Warum denn?« kommt die postwendende Antwort: »Wir lieben uns nicht. Das Leben ist so kurz. Niemand hat Zeit für Unvernunft.« Das konsterniert den Gatten, zumal er Offizier der Volksmarine und auf geordnete Verhältnisse angewiesen ist. »Wie soll ich es meinen Kameraden erklären, meinen Genossen.« Ihre Wahrhaftigkeit läuft auf seine Standesehre auf. Auch sonst versteht niemand ihren »Grund«, weder ihre Bekannten noch der Anwalt, bei dem sie Rat sucht. Untreue ja, Gewalttätigkeiten, das wären respektable Scheidungsgründe, aber fehlende Liebe? Gaben sich die meisten Ehepartner nicht mit weniger zufrieden? Zwang die Rücksicht auf die Kinder nicht zu Kompromissen?

Solche Ordnungsrufe überhört die junge Frau. Da man

ihren wirklichen Grund nicht verstehen will, sorgt sie für einen höchst verständlichen. Sie geht in ein Geschäft, stiehlt ein Bekleidungsstück und läßt sich des Diebstahls überführen. Es kommt zum Prozeß. Nun enthüllt sich ihr Mann. Aus Angst vor Schande und dienstrechtlichen Konsequenzen beantragt nunmehr er die Scheidung. Auch in der Schule wird ein Verfahren gegen die straffällige Lehrerin eröffnet. Alle bis auf einen jungen Parteisekretär versagen, sitzen feige oder gelangweilt oder zynisch am Verhandlungstisch.

Sie aber steht alles durch, Scheidung, Streit um die Kinder, Disziplinarverfahren und gewinnt am Ende sogar Vertrauen zu einigen Menschen, die ihr beigestanden haben. Vor allem aber gewinnt sie etwas, das ihrem biblischen Vorbild, Lots Weib, versagt geblieben war – sich selbst. Statt nur vermittelt etwas zu bedeuten, als Frau eines Mannes, nimmt sie, geschieden, wieder ihren Mädchennamen an und emanzipiert sich dadurch auch symbolisch.

Vielleicht macht dieser Exkurs verständlicher, warum der Film zur Zielscheibe der Reformgegner wurde.

Er sprengte die Grenzen eines nur pragmatischen, auf Nützlichkeit und Effizienz bedachten Aufbruchs am offensichtlichsten und klagte die Umwälzung, die Befreiung aller sozialen und persönlichen Verhältnisse von sinnlosen Zwängen, verstaubten Konventionen und überlebten Dogmen ein.

Obwohl es an Vorwarnungen nicht gefehlt hatte und obwohl die Aufmüpfigen unter den Jungen sicher ahnten, daß sie die ihnen zugewiesenen Freiräume überschritten – als sich die Kunde vom 11. Plenum verbreitete und die ersten Konsequenzen eintraten, war der Schock groß und umfassend.

Einzig die Jungen verbanden mit der Reformperiode ein radikales Engagement. Die Regierenden wollten leichter regieren und erfolgreicher wirtschaften; die Masse der

Regierten wünschte ein Leben mit mehr Vielfalt und Bequemlichkeit. Und beide kamen wenigstens zum Teil auf ihre Kosten. Nur die, die weiterdrängten, unterlagen, vollständig und unwiderruflich.

Gleich vielen anderen erlebte Wischnewski das Plenum als ein einziges »großes Mißverständnis« und weigerte sich, »das faktische Todesurteil« anzuerkennen, das es beinhaltete.

In einer Zeitzeugendokumentation von Thomas Grimm beschrieb Plenzdorf den Überraschungseffekt des parteistaatlichen Angriffs so:

»Es entstand da im Studio eine Lage wie kurz vor dem Bürgerkrieg. Wir waren zunächst einmal ziemlich zerstreut. Es hatte uns unvorbereitet getroffen. Wir waren eigentlich voller Hoffnungen gewesen.«

Demselben Dokumentaristen schilderte Bentzien einen Neujahrsempfang von Anfang Januar 1966:

»Da bin ich hingegangen und saß mit Karl Maron, dem Innenminister, an einem Tisch. Und es war ein Mann, der ungeheuer voller Witze steckte, aber dem waren sie auch steckengeblieben im Hals. Und wir wollten ein bißchen kalauern und so, und es gelang nicht. Und plötzlich setzte sich Honecker an den Tisch, guckte mich an und sagte: ›Siehst du, Karl, so ist das. Die Intellektuellen machen ihren Unsinn, und die Volkspolizei muß dann ran.‹«

Die Jungen waren wie gelähmt.

Sie hatten sich doch nur auf jenem Terrain bewegt, das man ihnen zuvor eröffnet, jene Spielräume genutzt, die man ihnen eingeräumt hatte. Und wenn sie hier und da über das Ziel hinausgeschossen waren, so rechtfertigte das doch nicht den Abbruch der Reformen, den kulturellen Winter, der jetzt Einzug hielt.

Gerade weil sie keine »institutionelle Gegenelite« bildeten, wie Peter Christian Ludz vor vielen Jahren vermutete, weil sie sich nicht als Opposition verstanden, sondern höchstens als vorgeschobenster Posten des gesellschaftlichen Aufbruchs, konnten sie dermaßen überrascht und ohne Gegenwehr besiegt werden.

Weit gravierender als die unmittelbare Verwirrung war die Mutlosigkeit und Vereinzelung, die später um sich griff. Was Plenzdorf über die Filmemacher berichtete, galt allgemein:
»Es hat eigentlich dann nie wieder im Studio eine einheitliche Meinung unter Regisseuren oder Autoren oder zusammen gegeben ... Wir haben uns nicht getroffen und haben gesagt, jetzt müssen wir folgendes machen, sondern wir haben ganz schön die Ohren angelegt. Wir waren ja auch vorher nicht organisiert in irgendeiner Weise. Wir waren uns zwar im Geiste einig, aber organisatorisch in überhaupt gar keiner Weise. Alle abhängig im Grunde von diesem Studio, war ja ein Monopolist. Nirgendwo hätte es andere Arbeitsplätze gegeben. Und das Land war auch schon zu. Seitdem hat sich dann jeder etwas mehr breit gemacht, was so Einzelkämpfertum genannt werden müßte. Jeder versuchte das irgendwie zu packen. Natürlich fiel man sich nicht gegenseitig in den Rücken.

Der eine ging den Weg, der andere ging den Weg. Welche haben es in der Partei gemacht, welche haben es außerhalb gemacht. Das war schon unterschiedlich. Aber es war ein Einzelkampf.«

Die Jungen hatten die Schlacht verloren, und sie wußten es. Sie blieben ihrer alten Überzeugung in gewisser Weise treu, aber das Zutrauen in ihre gemeinsame Kraft war dahin. Sie kämpften noch immer gegen die Karrieristen, fast noch erbitterter sogar, weil diese das Rennen gemacht hatten; aber sie selbst verstanden sich nicht länger als Neuerer, als Pioniere. Lose verbundene Einzelkämpfer, die sie nunmehr waren, deuteten sie ihr Los und ihre Rolle in moralischen statt wie früher in politischen Kategorien. Sie begriffen sich als Ethiker. Und wie allen Ethikern, so schien auch ihnen die Veränderung der Welt mit der Verteidigung von Wahrheit und Wahrhaftigkeit zusammenzufallen. Wenn man der Wirklichkeit nicht beikommt, rettet man den Geist.

Die Abkehr vom politischen und die gleichzeitige Hinwendung zum moralischen Selbstverständnis der Jungen kann am exemplarischsten wieder an Heiner Müllers Dramen abgelesen werden.

Dem *Philoktet* zunächst, im selben Jahr abgeschlossen wie der *Bau*, abgeklärter als dieser, weil er die bevorstehende Niederlage antizipiert.

Worum geht es?

Natürlich um Philoktet, den griechischen Edlen und Krieger, der seinen Kameraden auf der Fahrt nach Troja durch seinen verfaulenden Fuß und seine Schmerzensschreie lästig wurde, so daß sie ihn auf der Insel Lemnos aussetzten. Derweil er dort vegetierte, nahm der Krieg um Troja seinen wechselvollen Lauf. Mal standen die Griechen kurz vor dem Sieg, dann warf sie das Eingreifen der Götter wieder bis zu den Landungsplätzen zurück. Nach einem solchen neuerlichen Rückschlag befragten sie den Seher Kalchas. Der prophezeite Kriegsglück nur für den Fall, daß Philoktet nach Troja käme und seinen von Herakles ererbten Bogen sprechen ließe.

Odysseus, in jeder List bewandert und der Griechen bester Redner, leitet die Mission. Da er selbst Philoktets Aussetzung betrieben hatte und mit dem gewalttätigen Zorn des Gedemütigten rechnen muß, begibt sich Neoptolemos mit auf die Reise. Der »Jungkrieger« soll den Gekränkten spielen und dadurch Philoktets Vertrauen gewinnen. Das fällt dem Sohn des Achill um so leichter, als er sich um die Waffen seines toten Vaters betrogen fühlt, die just Odysseus zugesprochen worden waren.

Der Anschlag gelingt. Nach anfänglichem Zögern befreundet sich Philoktet mit dem Jungen, übergibt ihm seine Waffen und will sich zum ankernden Schiff geleiten lassen. Da erträgt dieser die Lüge nicht länger und offenbart sich jenem. Odysseus erscheint auf der Szene, verschlimmert die Lage aber nur. Philoktet nutzt eine Unachtsamkeit von Neoptolemos und bringt seine Waffen wieder an sich. Er richtet sie auf seinen Erzfeind und wird in diesem Augenblick von Neoptolemos getötet.

Das scheint das unrühmliche Ende der Mission.

Aber Odysseus weiß auch diesmal Rat: Sie werden den Toten mit nach Troja nehmen und ihn dort als Opfer eines heimtückischen Anschlags von Trojanern ausgeben. So erfüllt noch die Leiche ihren Zweck und stärkt die Kampfesleidenschaft der Griechen. Bevor sie aufbrechen, muß der Jungkrieger noch diese Worte seines Meisters hören:

> Vor Troja werd ich dir die Lüge sagen
> Mit der du deine Hände waschen konntest
> Hättst du mein Blut vergossen jetzt und hier.

Müllers Stück geht von Sophokles' Tragödie aus und dennoch ganz eigene Wege. Er übernimmt die Dreiecksgeschichte, aber nicht ihren glücklichen Ausgang. Bei ihm eilt kein Herakles herbei, um den gegen Odysseus rasenden Philoktet zu besänftigen und vom Vorrang des athenischen Staatsinteresses zu überzeugen. Sophokles *braucht* Philoktet vor Troja, Müller nicht. Jener projiziert den Peloponnesischen Krieg auf den Trojanischen und meint mit Philoktets Rückkehr jene des Alkibiades, der zu den Spartanern übergelaufen war; dieser spiegelt die ostdeutschen Verhältnisse im antiken Mythos.

Wenn er Philoktet durch Neoptolemus töten läßt, spielt er das Szenarium vom *Bau* unter umgekehrtem Vorzeichen noch einmal durch: der Pionier beseitigt den Partisan und damit seinen natürlichen Verbündeten in jenem kritischen Moment, in dem dieser Odysseus, dem Führer aller Griechen, nach dem Leben trachtet.

»Ich wollt, ein anderer Weg wär aus dem Krieg / Als unserer Feinde Sieg über die Feinde«, hatte Neoptolemos noch zuvor geklagt.

Aber er weiß keinen anderen Weg.

Erst müssen die Außenfeinde geschlagen werden, dann kann man, vielleicht, die Feinde im Inneren bekämpfen.

Exakt diese Logik des vermeintlich geringeren Übels zwang auch die Jungen in die Knie. Ihr ausgeprägter »Neoptolemos-Komplex« ließ sie die Waffen strecken »vor dem großen Streit«.

Die Folgen dieser inneren Kapitulation reflektiert ein 1968 geschriebener Müller-Text, *Der Horatier*.

Wieder droht ein Bruderkrieg, diesmal zwischen Rom und Alba. Und wieder drohte ein Außenfeind davon zu profitieren – die Etrusker. Um den Zwist abzukürzen, wählte man aus jedem Lager einen aus, der den Kampf stellvertretend für seine Stadt entscheiden sollte. Für Rom kämpfte einer aus dem Geschlecht der Horatier, für Alba einer aus dem Geschlecht der Kuratier.

Der Horatier tötete den Kuratier und bescherte so den Römern den Sieg. Unglücklicherweise hatte er damit zugleich den versprochenen Gatten seiner eigenen Schwester hingeschlachtet.

Er kehrte im Triumphzug heim und traf sogleich auf seine Schwester, die vorzeitige Witwe. Die brach in Klagerufe aus, und zur Strafe für diese unpatriotische Haltung tötete der Horatier auch sie.

Nun war er Held und Mörder in einem, und es erhob sich die allgemeine Frage, wie mit ihm zu verfahren sei.

Zwei naheliegende Möglichkeiten kamen in Betracht.

Man konnte den Helden ehren und den Mörder totschweigen.

Man konnte den Mörder richten und den Helden übergehen.

Die Römer entschieden sich für ein anderes Verfahren.

Sie entsandten Wachen zu den Stadttoren, um den heranrückenden Feind nicht zu verpassen, und versammelten sich sodann zu einer öffentlichen Diskussion des Falles.

Schließlich fand man die Lösung – sowohl dem Helden als auch dem Mörder widerfuhr Gerechtigkeit.

Erst ehrte man den Helden, dann richtete man den Mörder.

Erst bestattete man den Leichnam würdevoll, dann warf man ihn den Hunden vor.

Und man beschloß, daß fortan Held und Mörder stets in einem Atemzug genannt werden sollten:

> Nämlich die Worte müssen rein bleiben. Denn
> Ein Schwert kann zerbrochen werden und ein Mann
> Kann auch zerbrochen werden, aber die Worte
> Fallen in das Getriebe der Welt uneinholbar
> Kenntlich machend die Dinge oder unkenntlich.
> Tödlich dem Menschen ist das Unkenntliche.

Die Aussage ist, glaube ich, klar.

Wenn man die Logik des geringeren Übels akzeptiert, den Kampf nach innen einstellt, ohne ihn innerlich aufzugeben, kann man nur noch eines versuchen – das Bewußtsein dieses Zwiespalts öffentlich wachzuhalten, stets ja und nein zugleich zu sagen, die Verteidigung der eigenen Sache mit der Kritik an ihren Unzulänglichkeiten zu verbinden.

Aus weltlichem Bekennermut wird Wahrheitspathos, ein »Bis hierher und nicht weiter«; aus dem praktischen Engagement ein ethisches, aus dem Schlachtruf ein Appell.

Die appellative Verarmung der ursprünglichen Engagements zeigt ein letzter, hierher gehöriger Müllertext – seine Version von Shakespeares *Macbeth* aus dem Jahre 1971.

In weiten Teilen liest Müller den großen Briten, wie zuvor schon Brecht, plebejisch und berichtigt ihn dementsprechend von unten. Originell ist hingegen der Stückschluß.

Bei Müller tötet Macduff nicht nur Macbeth und rächt damit dessen Mord am alten König Duncan; er läßt Malcolm, den neuen König, nicht nur hochleben; er mahnt ihn zugleich, aus dem Schicksal des Usurpators zu lernen und weiser zu regieren.

> Heil Malcolm
> König von Schottland. Seht wie hoch stieg ders
> Vor Euch war. Lernt aus seinem Beispiel.

Das kostet ihn den Kopf.
Der Nachfolger scheint gewillt, in die Fußstapfen seines blutrünstigen Vorgängers zu treten. Nichts wird sich ändern. Und niemand ist imstande, Veränderungen gegen den Willen des Diktators herbeizuführen. Man kann nur warnen. Aber auch das ist gefährlich.

Zur selben Zeit, als das Stück entstand, ereignete sich in Ostdeutschland eine Thronfolge; Honecker beerbte Ulbricht. Aber gleichgültig, ob Müller sich davon inspirieren ließ oder nicht – sehr viel mehr als gelegentliche Mahnrufe auszustoßen, Randglossen zur Macht zu verfertigen war den unterdessen in die Jahre gekommenen Jungen nicht mehr vergönnt. Ihre Zeit war abgelaufen. Sie waren aus Akteuren zu Zaungästen des politischen Lebens geworden.

Die Reformen, die die schwere Krise beheben sollten, die der Mauerbau nur äußerlich eingedämmt hatte, waren gescheitert; die Krise kehrte zurück. Sie zeigte sich weniger dramatisch, Täler und Wellen waren nicht so deutlich voneinander geschieden; aber in dieser schleichenden, unterirdischen, allgegenwärtigen Form versah sie ihr Zerstörungswerk mit noch größerer Präzision als vordem.

Macht und Würde

Wie sich persönliche Erwartungen
von gesellschaftlichen lösten
und zu neuen Vorstellungen
von Glück und Freiheit führten

Verglichen mit Ulbrichts Zeiten, waren die materiellen Lebensverhältnisse besser, die Überwachungsmethoden zwar perfekter, aber doch leiser geworden. Die Beherrschten hatten gelernt, sich in Genügsamkeit zu bescheiden, und auch die Herrschenden begannen, sich mit dem Volk abzufinden. Sie verkündeten zwar weiter die unantastbare Lehre, weil ihre Legitimation einzig darauf beruhte, sahen aber von ihren kühnen politischen Zielen weitgehend ab. Von Ordnung und Wohlstand war mehr als vom Vorwärtsschreiten und Siegen die Rede. Begeisterung wurde nur noch von jenen verlangt, die aufsteigen wollten, bei den anderen genügte schon Unterordnung. Die wirksamste Agitationsvokabel wurde Geborgenheit. Es gab eine Art Stillhalteabkommen zwischen oben und unten. Wer die bestehende Machtkonstellation anerkannte, wurde weitgehend in Ruhe gelassen.

Günter de Bruyn

Das sogenannte Kulturplenum vom Dezember 1965 stoppte die kulturelle, speziell ästhetische Moderne und halbierte derart die Reformen, beendete sie aber nicht. Manches spricht dafür, daß Ulbricht mit dem Schlag gegen die Jungen den Rücken für eine noch schnellere Gangart bei der wirtschaftlichen Umgestaltung freibekommen wollte. In seinem *Schlußwort* plädierte er für den Ausbau der rechtlich-administrativen Selbständigkeit der Betriebe. Auch sollten sie über weit größere Teile des von ihnen erwirtschafteten Gewinns verfügen können als zuvor, ihren Investitionsbedarf künftig primär aus eigenen Mitteln und nur noch im Ausnahmefall aus dem Staatshaushalt bestreiten:

»Mit diesem Teil des Reineinkommens hat der Staatshaushalt in Zukunft nichts mehr zu tun. Wenn du eine Information haben willst, informiere dich bei der Investbank. Da kann er sich privat informieren.«

Der Vortrag des Ersten Sekretärs veranlaßte den Finanzminister Willy Rumpf zu einer der seltenen Interventionen dieser Tagung, der sich laut Tagungsprotokoll ein kurzer Dialog mit seinem Chef anschloß:

»(Willy Rumpf: ›Darf ich eine Frage stellen? Ich bestehe nicht darauf, daß das [Reineinkommen] Bestandteil des Staatshaushaltsplanes ist, aber es ist doch Bestandteil des Planes?‹)

›Im Rahmen des Planes, nicht des Staatshaushalts.‹

(Willy Rumpf: ›Kein freies Spiel der Kräfte!?‹)

›Nein, nein.‹

(Willy Rumpf: ›Einverstanden!‹) (Heiterkeit).«

Ein freies Spiel der Kräfte stand in der Tat nicht zu befürchten.

Und der geplante, von den Konservativen befürchtete Machtzuwachs der Betriebe wurde entweder von den Werktätigen ausgehebelt oder zu Lohnsteigerungen mißbraucht. Daran änderten auch flankierende Maßnahmen von oben nichts.

Es gelang den Werkleitungen nie, das Einkommen strikt an der Leistung zu orientieren; die althergebrachte Praxis unbegründeter Lohnsteigerungen setzte sich weiter fort, trübte die Wachstums- und Produktivitätsbilanzen. Auch eine umfassende, auf die Verbraucherpreise durchschlagende Preisreform scheiterte am Widerstand der Bevölkerung; im Ergebnis gingen Industrie- und Verbraucherpreise eigene Wege, was jeder Berechenbarkeit zuwiderlief. Dasselbe Schicksal ereilte den 1966 unternommenen Versuch, differenzierte Steuern und kostendeckende Mieten durchzusetzen. Als man Ende der sechziger Jahre einen neuen Anlauf zu einer zielgenaueren Subventionspolitik unternahm, führten Gerüchte, Mißstimmungen und Arbeitsniederlegungen zum sofortigen Abbruch. Die Subventionen stiegen wieder und verwöhnten alle.

Die Gegenwehr der Betriebe konzentrierte sich auf »höherwertige« Produkte mit besseren Gewinnspannen. Dahinter verbarg sich zwar nicht selten bloße Produktkosmetik, also versteckte Preistreiberei; immerhin wurde auf diesem Weg ein Teil des Geldüberhangs abgeschöpft und der konsumtive Verbrauch gesteigert, weshalb die Preisbildungsbehörden derartige Anträge gern genehmigten.

Die einen wußten, woher sie das überschüssige Geld hatten, die anderen, wie sie es in ihre Kassen lenken konnten, und die Regierung war, da sie mehr nicht auszurichten vermochte, des stillen Ausgleichs zufrieden.

So ging die Reform zu Ende.

Ich wüßte aus der Geschichte kein einziges Beispiel zu nennen, das es mit der grandiosen Unvernunft, mit der monumentalen Verschwendung dieser Wirtschaftsweise aufnehmen könnte.

Die Krise kehrte zurück, auf unspektakuläre, aber alles durchdringende Weise.

Um sich ein ungefähres Bild von der Dauerkrise machen zu können, die die ostdeutsche Gesellschaft seit den frühen siebziger Jahren heimsuchte und nicht wieder verließ, seien einige vergleichende Wirtschaftsdaten genannt. Sie entstammen einer Expertise, die der Innovationsforscher Harry Maier der Enquete-Kommission *Aufarbeitung von Geschichte und Folgen der SED-Diktatur in Deutschland* zur Verfügung stellte. Ihr Gegenstand war der Innerdeutsche Handel der siebziger und achtziger Jahre. Der wurde in wechselseitig kommensurablen Verrechnungseinheiten abgewickelt und eignete sich daher bestens zum Vergleich. Hier einige Daten:

1970 mußte der Maschinenbau der DDR das 1,8fache des westdeutschen Aufwands an Ressourcen einsetzen, um eine Einheit Erlöse zu erzielen; 1989 bereits das 5,2fache.

Bei chemischen Erzeugnissen weist die Handelsstatistik für 1970 eine um etwa ein Viertel höhere Wertschöpfung der ostdeutschen Handelspartner aus; 1989 eine vierfach geringere.

Auch in den Zweigen Feinmechanik/Optik behauptete der »Osten« 1970 noch einen kleinen Vorsprung; 1989 beliefen sich die westdeutschen Erlöse auf das 3,5fache der ostdeutschen.

Im Büromaschinenbau trieben die am Austausch teilnehmenden DDR-Betriebe schon 1970 einen ca. 6fach höheren Ressourcenaufwand; 1989 war der 15fache Aufwand gerade genug, um eine Einheit Erlöse zu erwirtschaften.

Die Zahlen dokumentieren zweierlei: die durchaus erfolgreichen Aufholanstrengungen der sechziger Jahre, aber auch deren Grenzen. In den klassischen Produktionszweigen hatte die ostdeutsche Wirtschaft die Außenabstände entweder gehalten, verringert oder sogar zu ihren Gunsten gestaltet; in den zukunftsträchtigen lag sie bereits damals deutlich im Hintertreffen. In den beiden folgenden Jahrzehnten verlor sie den Anschluß bei den Hochtechnologien endgültig und erlitt darüber hinaus auch in ihren einstigen Domänen herbe Rückschläge.

Der Verfall von Infrastrukturen, Häusern und Städten, der Raubbau an der Natur, das fast gänzliche Fehlen kompensatorischer Maßnahmen sowie eine in bezug auf die entwickelten westlichen Nationen relativ abnehmende durchschnittliche Lebenserwartung verstärkten den Abwärtstrend.

Allein diese Tatsachen widersprechen der gelegentlich geäußerten Ansicht, die siebziger Jahre seien die vergleichsweise besten der DDR gewesen, vielleicht sogar ihre einzig glücklichen.

So sah es noch jüngst Lutz Niethammer in seiner *Prolegomena zu einer Geschichte der Gesellschaft der DDR*:

»Die siebziger Jahre sind in der Erinnerung stumm, ähnlich den ›guten‹ Zeiten des Dritten Reiches in der zweiten Hälfte der dreißiger und in den frühen vierziger Jahren, als die proklamierten Erwartungen noch nicht dementiert worden waren und die privaten Rückzüge noch als eher behaglich denn als widerstandsfähig angesehen werden konnten, das Unrecht an Minderheiten noch verdrängt und die ideelle Enttäuschung noch durch materielle Fortschritte aufgehoben werden konnte.

Verstehen wir uns recht: Die DDR hat keine Eroberungsfeldzüge geplant und kein Auschwitz vorbereitet; aber ihr politischer Repressionsapparat kann sich durchaus mit dem der Nazis vor dem Krieg messen. Dieser Sockel allein erklärt aber das Schweigen der siebziger Jahre noch nicht. Aus Mangel an gegenteiligen Beweisen müssen wir vielmehr annehmen, daß sie – ein französisches Sprichwort sagt: ein glückliches Volk hat kein Gedächtnis – die ›guten Jahre‹ der DDR waren.«

Dabei drängen sich die »gegenteiligen Beweise« in großer Zahl auf, sowohl objektiv als subjektiv, Land und Leute gleichermaßen betreffend.

Um mit dem Land zu beginnen:
Ein Staatswesen, das zusehends an Schwung verliert, schon erreichte Positionen preisgibt und im internationalen Vergleich zum ewigen Nachzügler wird, kann nicht glücklich gepriesen werden. Wenn die Annalen dieser Zeit kaum massenhaften Protest und laute Unzufriedenheit verzeichnen, dann deshalb, weil die Menschen ihr privates Glück dem öffentlichen vorzogen, auf das sie nicht mehr hofften, und sich dank dieser erzwungenen Bescheidenheit Enttäuschungen und Klagen ersparten.

Das führt zu den Leuten.

Die Zäsur der endsechziger, frühsiebziger Jahre ist in vielen Erinnerungen präsent. Besonders leitende Wirtschaftskader, aber auch Ingenieure, Techniker, Technologen, Grundlagenforscher datieren den Beginn der allgemeinen Krise der DDR fast durchgehend auf diese Zeit.

Guntolf Herzberg und Klaus Meier haben diesen Einschnitt in einem guten Dutzend Wissenschaftlerporträts exemplarisch, Berufsgruppe für Berufsgruppe, rekonstruiert. So resümierte Hartmut Linde, Jahrgang 1925, von Beruf Chemiker und bis zur Niederschlagung des Prager Frühlings Dozent an der Humboldt-Universität, den innovativen Geist, der zu Reformzeiten auf seinem Fachgebiet herrschte, um resigniert zu schließen:

»Wir wurden international nicht zur Kenntnis genommen, hatten aber – unbemerkt geblieben – für einige Sachen die Priorität. Jetzt werden sie international ausgegraben, und es zeigt sich, daß wir das Know how hatten und mit dieser Verspätung im Ausland ganz gut dastehen.«

Norbert Langhoff, Ingenieur für Elektrotechnik, 1935 geboren und später Direktor des Ostberliner Zentrums für Wissenschaftlichen Gerätebau, äußerte sich zum selben Zusammenhang folgendermaßen:

»Zu dieser Zeit war die Differenz zur bundesdeutschen Konkurrenz nicht sehr groß, aber wir verfügten nicht über den gleichen technologischen Background und über elektronische Baugruppen aus aller Welt. ... In den siebziger Jahren wirkte sich dies noch gravierender aus. ... Das hat uns natürlich frustriert.«

Der 1941 geborene Regelungstechniker Manfred Riedel erinnerte sich wehmütig des ersten Elektronenrechners, der 1963 in der DDR gebaut wurde, und fuhr fort:
»Ich habe 1964/65 große Belegarbeiten und die Diplomarbeit mit dem Rechner angefertigt, wir waren sehr frühzeitig an die modernsten Ausbildungsinhalte herangeführt worden.«
Nach dem Studium ging er ans Ostberliner Institut für Regelungstechnik, »damals ein freies Industrie-Institut, hervorgegangen aus der Raumfahrtforschung«. Dort konnte der junge Absolvent selbstverantwortlich auf einem Gebiet arbeiten, das auch international noch in den allerersten Anfängen steckte – der Digitalen Meßtechnik.
»Als ich 1969 zurückkam, war die voll intakte Struktur des Instituts inzwischen zerschlagen worden. ... Insbesondere war die Arbeit, die ich begonnen hatte, aufgegeben worden.«
Was in den späten Kampagnejahren der Ulbricht-Ära begann, wurde in den beiden folgenden Jahrzehnten berufliche Alltagserfahrung:
»In den siebziger und verstärkt in den achtziger Jahren sah ich auf Grund meiner Erfahrungen, wie das System sich immer stärker gegenseitig verriegelt. Man hat immer mehr Arbeitsstäbe eingesetzt, um irgend etwas zu verwalten. Während es in den sechziger Jahren noch möglich war, spontan Dinge auch relativ schnell umzusetzen, waren solche Möglichkeiten in den siebziger Jahren eingeschränkter, und in den achtziger Jahren war es so, daß z. B. Unterlegscheiben, also Standardnormteile, bilanziert wurden. Es war erkennbar, daß die notwendigen Investitionen, der Rückfluß aus Gewinnen in die Reproduktion von Ausrü-

stungen, das Aufbauen neuer Betriebe usw. ständig geringer wurden und daß die DDR sich im Grunde selbst ›aufgefressen‹ hat. Es wurde konsumiert und nur minimal investiert, die wirtschaftliche Leistungskraft sank rapide ab.«

So wie er interpunktieren die meisten Naturwissenschaftler und wissenschaftlich gebildeten Praktiker die Entwicklung. Die Vorgänge von 1965 spielen für sie eine untergeordnete Rolle, kommen, wenn überhaupt, dann nur am Rande vor. Die Reformära erstreckt sich auf die ganzen sechziger Jahre. In der subjektiven Wahrnehmung erscheinen sie als die mit Abstand beste, produktivste Zeit. Danach begann der Abstieg.

Innerhalb gewisser, allerdings recht enger Grenzen driftet die subjektive Zäsur. Dort, wo die Innovationen der sechziger Jahre länger nachwirkten und den Verfall aufhielten oder Arbeitsgruppen den Wandel unbeschadet überstanden hatten, halten sich persönliche Zufriedenheit und gesellschaftliche Hoffnung länger.

Der 1953 geborene Physiker Christian Rempel, damals an einem Zentrum für Wissenschaftlichen Gerätebau beschäftigt, berichtet:

»Die Krise der DDR war Ende der siebziger Jahre schon zu erkennen: die zunehmende Unordnung, die Werkstätten verfielen langsam, die Mechaniker tanzten einem auf der Nase rum und arbeiteten mehr und mehr nur noch für sich privat. ... Mitte der achtziger Jahre wurde in der Wirtschaft ›auf Teufel komm raus‹ Geld verschleudert. Keiner wußte mehr wirklich, was ein Produkt, was eine bestimmte Arbeitsleistung wert waren. Alles verlor das rechte Maß.«

Diese rückschauenden Betrachtungen fordern nicht nur zu einer differenzierten Periodisierung des ostdeutschen Krisenprozesses auf. Sie belegen darüber hinaus die Existenz einer weiteren Sozialfraktion, der wissenschaftlich-technischen Intelligenz, und beleuchten deren Engagement. Es unterschied sich deutlich von dem der »Kulturschaffenden«, besaß andere Erwartungshorizonte, andere Erfolgskriterien und andere Zeitmaße.

Ein verläßliches politisches Bündnis auch nur dieser beiden Untergruppen der Gesellschaft kam nie zustande. Als die Reform für die kulturell Engagierten unwiderruflich gescheitert war, ging sie für die ökonomisch-technisch Engagierten gerade in die nächste Runde. Als diese das Scheitern der Reformen konstatierten, zeigten sich jene kaum beeindruckt. Erstens kannten sie das Gefühl, und zweitens empfanden sie die halbierte Reform nicht mehr als ihre Angelegenheit. Eine Reform – zwei Lesarten, und das allein unter den »Gebildeten«.

Als wäre der Vielfalt nicht schon reichlich Genüge getan, nötigen die folgenden Äußerungen desselben Physikers zu einer weiteren Modifikation:

»Die Reformen zu Beginn der siebziger Jahre in der DDR sehe ich nach wie vor als einen relativen Fortschritt an. Der Begriff Reformen war verpönt, aber man schenkte den berechtigten Interessen der Menschen mehr Aufmerksamkeit, die praktischen Bedürfnisse insbesondere der jungen Menschen wurden ernster genommen: Jeanskleidung und Jugendmodegeschäfte, westliche Rockmusik, neue Möglichkeiten der Freizeitgestaltung. Auch mit der Entspannung zwischen den Blöcken ging es voran, in Berlin fanden die Weltfestspiele statt. Vorher gab es so etwas wie ein selbstbestimmtes Jugendleben kaum. Nun wurden Jugendklubs gegründet, es gab ›ordentliche‹ Musik im Radio. Diese Zeit habe ich wirklich als positiv empfunden, und wenn es so weitergegangen wäre ...«

Seine Wahrnehmung wird von anderen, Gleichaltrigen, geteilt.

»Und dann kam 1971 bei uns dieser Wechsel von Walter Ulbricht zu Erich Honecker, und alle Zeichen sprachen dafür, daß nun endlich eine Reformära anbricht«, erinnert sich Hans-Peter Krüger, damals auf dem Sprung von der Erweiterten Oberschule zum Philosophiestudium.

»Mein Eintritt in die SED hing mit dieser Reformzeit um 1971 zusammen. Unser Biologielehrer, ein kluger Mann, ... war ein echter Reformer und setzte als Parteisekretär maßgeblich die von uns angestrebten Veränderungen durch. Das imponierte mir. An der Uni herrschte auch gerade so eine Aufbruchsstimmung. 1969 waren im Nachgang auf die Ereignisse in der ČSSR viele exmatrikuliert, gemaßregelt oder strafversetzt worden. Und durch diese ›Kaderselektion‹ hatten oft gerade ausgesprochen dumme und eigentlich nur aus politischen Gründen überlebende Leute eine Dozentur erhalten. Aber die unmittelbare politische Krisenstimmung von 1969 war schon vorüber. ... Es war für mich eine Entscheidungssituation herangereift, und bestärkt durch die Reformzeit, sagte ich mir: o. k., dann lohnt es sich, in die Partei einzutreten. So wurde ich 1973 Mitglied der SED – wirklich aus Überzeugung und in der Hoffnung, daß aus den Reformen etwas wird.«

Beide Stellungnahmen benennen substantielle Gemeinsamkeiten der beiden geistigen Fraktionen, von Natur- und Geisteswissenschaftlern, ein gemeinsames Lebensgefühl zu Beginn der siebziger Jahre.
Sie tragen die aufgeschichteten Grenzsteine zwischen den »Gebildeten« teilweise wieder ab, um damit eine neue Demarkationslinie zu ziehen – die zwischen den Generationen. Es waren die damals Zwanzigjährigen, die um 1950 herum Geborenen, die sich verstanden, ja verstehen mußten, wollten sie nicht vorzeitig in Depression verfallen.
Denn in diesem Alter schon mit den Verhältnissen, den eigenen Hoffnungen abzuschließen ist kaum möglich.
Um sie aufrechterhalten zu können, interpretierten beide die frühen Honecker-Jahre unter Aufbruchs- statt, wie die Älteren, unter Verfallsgesichtspunkten, hoben sie das an ihnen hervor, was auch nur irgendwie ermutigen konnte.
Dem einen gefielen die Lockerung der kulturellen Sitten,

dem anderen die politischen Entkrampfungen, die mit Erich Honeckers Machtantritt kurzzeitig einhergingen; der Physiker übersah geflissentlich die Parallelen zu den frühen sechziger Jahren (oder wußte nichts mehr davon), der Philosoph hielt sich durch seine Wahrnehmung den 68er Schock vom Leibe.

So konnte man in den siebziger Jahren leben, ohne zu verzweifeln, und sein Engagement behaupten.

Konnte man vielleicht sogar glücklich sein?

Und, falls ja, war dieses Glück mehr als das narkotisierende Haschen nach Genuß und Freude in einer an sich freudlosen Welt?

Lassen wir die beiden letzten Fragen einstweilen auf sich beruhen und wenden uns dem sozialen Engagement, zuallererst den Bedingungen zu, unter denen es sich in den siebziger Jahren äußerte.

Die entwickelten sich ungünstig.

»Aber bereits 1974 war mir klar, daß sich an den Herrschaftsstrukturen gar nichts ändern wird, daß eigentlich eine kompensatorische Politik gefahren wird«, erinnerte sich Krüger.

Das stimmte.

Die frühen siebziger Jahre waren entgegen allen anderslautenden Versprechungen eben doch nur eine matte Kopie der frühen sechziger.

Zugegeben: einige der wichtigsten Filme gelangten in dieser Zeit in die Kinos, *Der Dritte* und *Die Schlüssel* von Egon Günther und natürlich *Die Legende von Paul und Paula*, die erfolgreichste aller DEFA-Produktionen. Von dessen hochsymbolischer Ouvertüre wird noch zu reden sein. 1972 erlebten Ulrich Plenzdorfs *Neue Leiden des jungen W.* am Hallenser Theater ihre Premiere und lösten eine erregte Debatte aus. 1974 gelangte Brigitte Reimanns schonungslose Abrechnung mit der Reformperiode unter dem Titel *Franziska Linkerhand* in leicht zensierter Form in die Buchhandlungen.

Doch das waren und blieben Einzelfälle.

Beim ersten Versuch von Autoren, wieder etwas gemeinsam zu unternehmen, kam das Aus. Die geplante Anthologie *Berliner Geschichten* wurde verhindert und erschien mit zwanzigjähriger Verspätung im Jahr 1995. So radikal, wie die dort versammelten Schriftsteller von den heroischen Illusionen der Ulbricht-Ära schieden, sollten sie in der Honecker-Zeit nicht ankommen.

Was sollten diese Geschichten von alleinerziehenden Frauen, die auf Hinterhöfen in Rattenlöchern wohnten; von jungen Leuten, die unbemerkt in den Westen gingen und ebenso unbemerkt wieder zurückkamen, und das alles nur zum Spaß; von Vorgesetzten, die plötzlich alles doppelt sahen und auf diese verwirrende Weise zum Bewußtsein ihrer sozialen Schizophrenie gelangten; von Personen, denen das praktische Verhältnis zur Welt abhanden gekommen war, die nur noch zuschauen, aber nicht mehr urteilen und handeln konnten?

Da half nur ein Verbot.

Ein Jahr nach diesem Verbot zerstoben sämtliche etwa noch verbliebene Resthoffnungen.

Die Ausbürgerung Wolf Biermanns nach seinem Kölner Konzert im November 1976 beendete den kurzen Frühling und beschwor eine heftige politische Krise herauf.

Vor dem Hintergrund der allgemeinen Krise, in die das Land längst geraten war, wirkten die neuen Turbulenzen eher unbedeutend, fast nebensächlich. Dennoch bewegten sie die Geister, besonders die intellektuellen, und lösten die letzte Welle öffentlicher Solidarisierung aus.

Die »Jungen« kehrten als Petitionisten auf die politische Bühne zurück, und das, obwohl der Schreck von 1965 noch immer nachwirkte.

»Wir waren im Grunde genommen auch immer noch düpiert genug von dieser 65er Machtdemonstration«, faßte Ulrich Plenzdorf die allgemeine Gemütslage später zusammen.

Doch nun hatten ihnen die Machthaber die lang ersehnte Möglichkeit verschafft, sich von dem Trauma zu befreien.

Wie die Künstler die sich bietende Chance ergriffen, hatte zunächst etwas Bezwingendes, Mitreißendes, Befreiendes.

1965 hatten sie auf die kollektive Bestrafung mit Vereinzelung reagiert; nun, 1976, reagierten sie auf die Bestrafung eines einzelnen mit Kollektivbildung.

Damals dachten sie nicht im entferntesten daran, Öffentlichkeit zu erzwingen; genau das taten sie jetzt.

Als sie die parteiamtliche Nachrichtensperre umgingen und ihr Protestschreiben westdeutschen Medien zuspielten, sprangen sie weit über ihren alten Schatten; so weit, daß manchen der Schwindel befiel.

Sie setzten sich über ihre alten Skrupel hinweg und gaben zu erkennen, daß sie sich diesmal nicht erpressen lassen wollten. Jetzt galt es, im eigenen Hause aufzuräumen, mochte dabei zusehen, wer immer wollte.

Dieser unerwartete Mut ließ die Parteioberen in einer Art zu Kreuze kriechen, die ein Jahrzehnt zuvor vollkommen undenkbar gewesen wäre.

Statt die Protestierenden nach bewährtem Muster einzeln vorzuladen und einzuschüchtern, entsandten jetzt umgekehrt sie einen Emissär aus ihrer Mitte zu den Wortführern, das Politbüromitglied Werner Lamberz. Der sollte die Lage erkunden und abwiegeln. Um das Maß der Verkehrungen voll zu machen, zeichnete der Gastgeber, Manfred Krug, die seltsame Begegnung auch noch auf Tonband auf.

Seinem der Staatssicherheit abgelauschten Einfall verdanken wir eines der interessantesten Dokumente zur ostdeutschen Krisengeschichte.

Es verzeichnet Wort für Wort, wie zwei geistige Welten zusammenstießen, voneinander abprallten und dann überraschend einen gemeinsamen Außenbezirk bildeten.

Die ganze Manier, in der der Parteiführer die Krise beurteilte und beizulegen gedachte, bot auf den ersten Blick kaum Anknüpfungspunkte für die versammelten Künstler.

Daß beide Seiten dennoch auch einen gemeinsamen Faden spannen, mutet daher unverständlich an.

Und doch war es so.

Die Formen des Engagements deckten sich nicht, aber sie überlappten sich.

Dem politischen Strategen ging es um die Macht, den Künstlern um ihre Würde; das von beiden ausgeschlossene Dritte, das Interesse der Mehrheiten, fungierte als Kuppler in dem Deal.

Derart banal dürften die beteiligten Künstler das Gespräch kaum empfunden haben. Es ging hart zur Sache. Lamberz ließ nichts unversucht, um seine Widersacher zur Aufgabe zu bewegen.

Zunächst erinnerte er an die Opfer der Nazi-Diktatur und an gemeinsame Familiengeschichten:

»Ich weiß, hier gibt es mehrere, die Antifaschisten in der Familie haben. Mein Vater hat sechs Jahre im KZ gesessen, meine Mutter ist durch die Drangsalierungen der Nazis umgekommen. In meiner Familie gibt's mehrere.«

Als er damit zwar allgemeine Resonanz, aber nicht die gewünschte Wirkung erzielte, ging er einen Schritt weiter. Mit der Einbeziehung der Westmedien hätten die Petitionisten ihr Engagement an die Gegenseite verraten und obendrein erpresserisch gehandelt:

»Führt man ein Gespräch, wenn man mit Leuten diskutieren will, über eine Nachrichtenagentur?«

Er traf damit einen durchaus neuralgischen Punkt der Künstler und wühlte eine Entscheidung noch einmal auf, die erhebliche Überwindung gekostet hatte.

Vielleicht wäre er damit durchgedrungen; doch Krug, im Bewußtsein, für die Nachwelt zu sprechen, parierte:

»Wie schizophren das alles ist. Erst rechnen wir mit dem Mißbrauch, damit die Erklärung öffentlich wird und Publizität erlangt, die wir bei uns nicht erlangen konnten, und dann ... Ich glaube, jeder einzelne ist sich hier klar darüber: Wir hätten in Einzelgesprächen, in netter, freundschaftlicher Form mit euch darüber reden können. Jeder schön einzeln. Das wäre alles prima gelaufen. Leise und unauffällig. Nun haben wir uns aber entschlossen, diesen für uns alle sehr schmerzlichen Weg zu gehen. Sehenden Auges, denn wir wußten vorher, daß es mißbraucht werden würde, deshalb haben wir's ja dem Klassenfeind gegeben.«

Wollten die anderen sich nicht nachträglich selbst für unmündig erklären, mußten sie sich diesen offenen Worten anschließen.

So mißlang auch dieser zweite Winkelzug.

Besser stand es um die Aussichten eines dritten.

Wenn das Gespräch schon durch einen »Vertrauensbruch« zustande gekommen sei, so räsonierte Lamberz, dann könnte man doch wenigstens jetzt zur Redlichkeit zurückfinden, die Unterschriftensammlungen sofort einstellen und die noch offenen Fragen einer Reihe von Folgetreffen unter Eingeweihten überlassen.

Diesmal war Stefan Heym unbeugsam genug, auch diese Offerte abzulehnen. Der Fall Biermann sei ein öffentlicher Fall und daher auch nur öffentlich zu lösen, durch Wiedereinbürgerung oder durch einen Prozeß. Solange die angemessene Lösung ausstand, müßten die Künstler Druck machen:

»Wenn Sie etwas gegen Biermann haben und seine Auftritte im Westen, dann ist es an Ihnen, ihm hinterher ein Verfahren zu machen, ein Gerichtsverfahren, ein *öffentliches* Gerichtsverfahren, wo der Staatsanwalt nachzuweisen hat, daß gegen die Gesetze der DDR verstoßen worden ist. Erst dann kann man ihn ausweisen. Das zum Formellen. Jetzt zum politischen Inhalt. Es ist Ihnen offensichtlich nicht ganz klar gewesen, daß wir nicht in einem Land leben, das groß ist, das *ein* Land ist, sondern wir leben in einem geteilten Land in der Mitte Europas, und daß Biermann nicht ausgebürgert wurde aus Deutschland, sondern von Deutschland nach Deutschland. (Leichtes Zucken in einigen Gesichtern). Daß dieser Mann, der Sie von links kritisiert, Ihnen ein Pfahl im Fleische sein wird für viele Jahre, das nenne ich einen politischen Fehler.«

Damit war Heym jedoch spürbar über das hinausgegangen, was die meisten seiner anwesenden Kollegen mitzutragen bereit waren.

Sie wünschten keine weitere Eskalation und übertrafen sich darin, Lamberz von ihrer Harmlosigkeit und Konzeptionslosigkeit zu überzeugen:

»Der Irrsinn liegt darin, daß – bei mir jedenfalls – keine Strategie oder ähnliches vorliegt«, bekannte Plenzdorf.

»Ich mache mir große Sorgen, wohin das führen soll«, ergänzte Jurek Becker. »Ich weiß es nicht. Ich bin völlig ratlos. Und ich möchte das Ding, das gestehe ich Ihnen, vollkommen anhalten.«

Ebenso sprach Heiner Müller:

»Ich überlege einfach, was man jetzt daraus machen kann. Und ich sehe auch ein, daß die Situation blöd ist. Natürlich sollte man alle Leute daran hindern, da weiter zu unterschreiben, das ist ganz klar.«

Christa Wolf brachte die Sache auf den von Lamberz anvisierten Punkt:

»Es ging also hier nicht um irgendeine ›Plattform‹, eine Gruppenbildung oder etwas Derartiges. Ich möchte das in solchen Worten hier mal aussprechen, um das auszuräumen. Das ist das eine. Das zweite ist: Wie die Sache jetzt nun mal gelaufen ist, frage ich ..., ob es eine Möglichkeit gibt, daß Unterzeichner dieser Erklärung, die also diesem Text folgen, sich äußern können, bei uns, und nicht das zurücknehmen, was sie dort gesagt haben. Sich aber ganz scharf distanzieren von dem Mißbrauch.«

Nur keine Plattform, keine oppositionelle Gruppenbildung, nur keine Wiederholung von 1956, darin stimmten Lamberz und die Mehrheit der Künstler überein.

Warum eigentlich?

Für Lamberz beantwortete sich die Frage selbst. Die geistige Fraktion im Keim zu ersticken, ihre Fortbildung zur politischen um jeden Preis zu verhindern, war er schließlich gekommen:

»Ich persönlich bin für eine schnelle Überwindung jeglichen Gruppengedankens und jeglicher Ausweitung.«

Die Motive, die die Künstler bewegten, waren verwickelter.

Bei einigen mag tatsächlich im Verlauf des Gesprächs der alte Komplex wieder aufgebrochen sein, die Angst vor Verrat an im Grunde Gleichgesinnten.

Wenn überhaupt Gruppenbildung vorläge, erklärte der Schauspieler Hilmar Thate, dann handele es sich um eine Gruppe, die absolut für diesen Staat sei, und holte derart den Parteiführer mit ins gemeinsame Boot.

Daß er dort nicht hingehörte, daß Führung und Intellektuelle in essentiellen gesellschaftlichen Fragen einen gegensätzlichen Kurs steuerten, war jedoch gerade der Ausgangspunkt des Aufbegehrens gewesen.

Warum also widerrief sich die Gruppe fortgesetzt selbst, schaufelte sie den Graben zu, den sie eigens ausgehoben hatte? Warum ließ sie sich am Ende der Zusammenkunft auf ein Abkommen ein, das zu wechselseitigem Stillschweigen verpflichtete und in der Sache rein gar nichts bewegte? Lamberz sicherte den Künstlern Straffreiheit sowie das Ausbleiben sonstiger mißliebiger Konsequenzen zu; diese versprachen, keine Unterschriften mehr zu sammeln und andere von Sammlungsaktionen abzuhalten.

Warum diese weitreichenden Zugeständnisse an eine verunsicherte Führung?

Aus Angst? Wohl kaum. Die mag einzelne beherrscht haben, aber nicht die ganze Runde.

Der wirkliche Grund für das Agreement liegt anderswo: die Petitionisten verständigten sich mit Honeckers Abgesandtem, weil sie ihr Ziel bereits vor dem Treffen erreicht und nun nichts mehr durchzusetzen hatten, nichts Unverzichtbares jedenfalls.

Öffentliche Personen, die sie allesamt waren, glaubten sie, es sich schuldig zu sein, dem offiziösen Schweigen und den Lügen etwas entgegenzusetzen.

Sie taten *ihre* Ansicht der Öffentlichkeit kund, schreckten dabei auch vor einem Tabubruch nicht zurück und retteten ihre Seele somit gleich zweifach.

»Ich lege Wert darauf, daß mein Nachbar weiß, ich bin anderer Ansicht«, hatte Jurek Becker, an Lamberz gewandt, ausgerufen und damit wohl seinen Kollegen aus dem Herzen gesprochen.

Denn sie alle hatten etwas gutzumachen, vor allem sich selbst gegenüber. Sie hatten eine Gelegenheit, gemeinsam aufzustehen, verpaßt und sehnten seither die Stunde ihrer moralischen Auferstehung herbei.

Diese gemeinsame Sehnsucht brachte der Regisseur Frank Beyer einige Tage nach Lamberz' Besuch im kleinen Kreis zum Ausdruck; der größeren Öffentlichkeit wurde sein damaliger Gefühlsausbruch erst kürzlich durch seinen Film *Abgehauen* bekannt. In der Adaption von Krugs gleichnamigem Erlebnisbericht legt er den authentischen Text einer Kunstfigur in den Mund:

»Mehr als zehn Jahre hab' ich drauf gewartet, ihnen einmal die Zähne zu zeigen, und jetzt tu' ichs. Ich Idiot hab' mich an der Kandare der Parteidisziplin gängeln lassen. Damit könnt ihr mir jetzt am Arsch lecken. Zehn Jahre hab' ich den Leuten nicht gern die Hand mehr gegeben, weil ich Schweißausbrüche an den Handflächen hatte. Damit ist jetzt Schluß.«

Die gemeinschaftliche Wiedergeburt parteioffiziell zu beglaubigen kam Lamberz gerade recht. Endlich einer, dem man die aufgestaute Wut entgegenschleudern konnte.

Und damit sollte es auch sein Bewenden haben.

Alle Intellektuellen oder gar die Bevölkerung aufzuwiegeln stand nicht auf dem Programm, weder 1965 noch 1976.

Es ging um die Wahrheit sowie um das verbürgte Recht, sie auszusprechen.

Die Künstler engagierten sich nicht gegen die Macht, sondern für ihre Würde und forderten die Machthaber, die das nicht oder falsch verstanden, trotzdem heraus.

Als diese die Herausforderung annahmen, offenbarte sich die beschränkte Natur des intellektuellen Engagements im Handumdrehen.

Die Krise konnte parteistaatlich definiert und entsprechend bearbeitet werden.

Auch bei dieser »Nachbereitung« zeigten sich viele Erst- und Spätunterzeichner recht anstellig. Da es ihnen um ihre öffentliche Würde zu tun gewesen war, um das medial verbreitete Wort, konnten sie halböffentlich oder inoffiziell Abbitte leisten und dennoch mit sich in Eintracht leben.

Sie wandten sich gegen den Mißbrauch ihrer Worte, und indem sie das taten, wiesen sie indirekt noch einmal auf ihren Ungehorsam hin.

So konnte man dementieren und ungebrochen widerspenstig sein.

»Die Protestierer verstanden sich in der Mehrzahl weder als Opposition noch als Gruppe«, faßte der Schriftsteller Günter de Bruyn die damalige Interessenlage im Kollegenkreis zusammen. »Sie hatten sich zu diesem einen Zweck zusammengefunden, ohne die Absicht, Auftakt zu einer Bewegung zu sein. Was die Individualisten verband, war die Ablehnung des Ausbürgerungsaktes, nicht die des Regimes. Die Staatsführung hatte es deshalb leicht, die Gruppe, die keine war, aufzulösen. Sie brauchte den Individualisten nur ihre individuellen Interessen wieder vor Augen zu führen, indem sie individuell vorging und kollektive Bestrafung vermied. Durch differenzierte Behandlung machte sie die sowieso bestehenden Differenzen in Ansichten, Absichten und Bevorzugungen deutlich, so daß keine erneute Gemeinsamkeit durch Strafen oder Benachteiligungen entstand.«

Die Mehrheit nahm das Engagement der Künstler als das, was es war – als ethischen Daseinsbeweis –, und verhielt sich dementsprechend reserviert.

Man fühlte sich nicht angesprochen und verzichtete daher seinerseits auf Stellungnahmen und unbedachte, womöglich sogar unwillkommene Aktionen.

Das gute Gewissen der Künstler, die ein Zeichen gesetzt hatten, übertrug sich auf die Bevölkerung, die es richtig zu entziffern meinte, und das erfreute wieder die Regierenden.

Denn die verzeihen, einer feinen Beobachtung Alexis de Tocquevilles zufolge, »den Regierten gern, daß sie sie nicht lieben; sofern sie sich gegenseitig nicht lieben«.

Einen solchen negativen Liebesbeweis hatten beide, Intellektuelle wie Bevölkerung, ein weiteres Mal erbracht.

Man kann kaum einen größeren Irrtum begehen als den, der Biermann-Affäre allgemeines Reformpotential zu bescheinigen.

In einer elfteiligen *Geschichte des guten Willens* hat Klaus Wolfram, Philosoph und langjähriger Oppositioneller, die bei weitem differenzierteste Version dieses Mißverständnisses vorgetragen.

Biermann, so der Autor, hätte nur illegal in die DDR zurückkehren müssen, und der Autorenprotest wäre in gesellschaftlichen umgeschlagen:

»Wäre Biermann zu Hermlin oder zu Heym in die Wohnung gegangen, hätte er zunächst die erklärte Notwendigkeit einer Beratung der neuen Situation durch die Protestiergemeinschaft hervorgerufen. Bei einer sofortigen Verhaftung hätte der Gastgeber sofort mitverhaftet werden müssen. Deshalb war eine Verhandlungssituation durchaus wahrscheinlich, die bei der klaren und einfachen Anlage des Schriftstellerbriefes in den Augen des Landes auch kaum denunziert werden konnte. Der Kritiker sollte sein Bürgerrecht im sozialistischen Staat zurückerhalten, weil

dieser Staat das nötig hatte. Gegner und Fürsprecher dieses Anliegens hätten sich genau entlang den politischen Konfliktlinien ihrer sonstigen Erfahrungen identifizieren müssen. Alle beteiligten Seiten hätten sich sammeln und erklären müssen. Für den Parteiapparat wäre das mehr als ein, zwei Politbürositzungen und Konfliktbewältigung auf dem Dienstweg geworden. Für die Sympathisanten im ganzen Land hätte das noch wochenlang anhaltende Unterschriftensammeln und die damit verbundene vollkommene soziale Existenzgefährdung ein greifbares, verbindendes, unerwartet kühnes Ziel erhalten, das sich innerhalb des Landes und der Gesellschaft befand, mit allen moralischen Vorteilen gesamtgesellschaftlicher Solidarität auf seiner Seite. Die Gegenabstimmungen, die in parteinahen Institutionen veranstaltet wurden, wären aufgebrochen worden, weil der Widerwille eine öffentliche Achse gefunden hätte ...
Der DDR-spezifische Inhalt der politischen Situation war, daß hier ein regelrechter Vertrag über ein paar Grundbedingungen begrenzter Meinungsfreiheit und Öffentlichkeit hätte ausgehandelt werden können, wie ihn noch keine osteuropäische Bürokratie je unterzeichnet hatte.«

Wie andere mit ihm verkennt Wolfram den Charakter des intellektuellen Bestrebens grundlegend. Die gegen die Ausbürgerung Biermanns protestierenden Intellektuellen wollten nicht die Gesellschaft politisch verändern, sondern sich selbst moralisch unter Beweis stellen; sie hätten sich vielleicht zu mehr bereit gefunden, wenn sie von unten gedrängt worden wären. Aber, und das ist das zweite: gerade dem Nachdrängen von unten hatten sie im Verein mit dem Parteiführer den Riegel vorgeschoben; und von sich aus, ohne willkommen geheißen zu werden, mochte man dort nichts riskieren.

Von außen betrachtet, korrespondierten die Interessen von Intellektuellen und Bevölkerung. Erst ein Blick hinter die Kulissen, auf das die Krise beantwortende Engagement, macht verständlich, warum es zu keinem Bündnis kam.

Es war auf eine existentielle Weise ausgeschlossen.

Andererseits taten die einen nur, was den anderen längst geläufig war.

Gerade mit seiner angreifbarsten Seite, seiner Selbstgenügsamkeit, traf der intellektuelle Protest die allgemeine Verfassung der Gesellschaft.

»Epikureisch« wie die Intellektuellen dachten und handelten nämlich auch die ganz normalen Bürger; sowenig diese das Volk zu repräsentieren gedachten, sowenig sahen sich jene noch im Dienste einer »historischen Mission«.

In erheblich größerem Umfang als früher entwickelte sich das Engagement im Plural, differenzierte und individualisierte es sich, so daß es zusehends schwerer fiel, Gemeinsamkeiten festzustellen, Bündnisse zu schließen.

Was dem einen das öffentliche Wort, war dem anderen seine Familie und wieder anderen ihre Bildung oder ihr Hobby.

Es gab viele Arten, der Macht wenn nicht mit Würde, dann doch mit Anstand zu begegnen, mit Eigensinn.

Die Selbstzufriedenheit des intellektuellen Engagements war, so gesehen, kein Makel und schon gar kein Verrat, sondern eher der Prototyp neuer Formen des Alltagsengagements, neuer Möglichkeiten, neu erwachter Interessen und Bedürfnisse.

Im Scheitern des politischen Bündnisses steckte ein soziales und individuelles Mehrprodukt.

An dieser Stelle kommen nun wieder Glück und Freiheit ins Spiel.

Von beidem ist in den Zeitzeugenberichten über die siebziger und achtziger Jahre oft und mit Wärme die Rede.

Doch noch ein letzter Aufbruch?

Ja, aber ein persönlicher.

»Es klingt unlogisch, aber die achtziger Jahre waren die

Zeit des großen Lernens«, erinnerte sich die 1938 geborene Germanistin Ursula Heukenkamp in der schon erwähnten Sammlung von Herzberg/Meier. »Bis dahin herrschte in meiner Perspektive das bekannte einlinige marxistische Denken vor. Mit großem Vergnügen habe ich erlebt, daß die Germanistik inzwischen zur Kontroverse übergegangen war. Es war ein richtiger Aufbruch: Ich wurde mit neuen Methoden und Theorien bekannt, mit neuen Bildern und Vorstellungen vom Menschen, mit der Erkenntnispsychologie, mit dem neuen Materialismus von Humberto Maturana, mit der westlichen Rezeptionsästhetik – es war ein regelrechter Weltbildwandel auf der wissenschaftlichen Ebene.«

»Die Spielräume waren in den 80er Jahren auf geistig-theoretischem Gebiet sehr weit geworden – solange es nicht praktisch-politisch werden sollte, solange keine Verbindungen zu oppositionellen Kreisen vorhanden waren. Und Beziehungen zu solchen Gruppen haben nicht auf meinem Weg gelegen.«

So erlebte auch Hans-Peter Krüger diese Jahre:

»Ab 1985 wurde allgemein mehr auf Nachwuchsförderung gesetzt. Das Gorbatschow-Phänomen entstand. Zugleich begann die Phase des Dialogs mit dem Westen auch in den Gesellschaftswissenschaften. In dieses neue Konzept paßte ich besser, weil ich etwas über Toulmin und Habermas oder über amerikanische Wissenschaftsphilosophie wußte und versuchte, Brücken zur westlichen Diskussion zu bauen. Es ging damals nicht mehr um ›Kritik der bürgerlichen Ideologie‹, sondern um eine sachliche Auseinandersetzung ...

Wenn heute oftmals vom Phänomen der Stabilität des Systems über 40 Jahre gesprochen wird, verkennt man, daß es unter der Oberfläche gar nicht so stabil war. Es erschien uns nur so. In den 80er Jahren habe ich niemanden mehr getroffen – ob Arbeiter, Handwerker, Verkäuferin oder Kollege, selbst Funktionäre gaben dies unter vier Augen zu –, der noch von der Richtigkeit des politischen Kurses überzeugt gewesen wäre. Also ein totaler Leerlauf, die Maskerade war noch da, aber die Menschen waren alle schon umgekippt und lebten in andern Welten.«

Die neuen Freiheiten, beide deuten es an, waren nicht auf die akademische Welt beschränkt. Im Rückblick der Germanistin taucht die Opposition der achtziger Jahre auf, der Philosoph schlägt den Bogen zur Arbeits- und Alltagswelt.

Das oppositionelle Engagement, der zu Beginn der achtziger Jahre in intellektuellen Milieus aufbrechende Gegensatz von Systemverweigerung und Systemreform, wird noch eingehend zu betrachten sein.

Hier interessiert zunächst die Welt der »gesetzestreuen« Bürger.

Auch in ihr hatten sich einschneidende Veränderungen vollzogen.

Die neu erworbene Fähigkeit bestand darin, Gesetze zu befolgen und selber welche aufzustellen, Objekt und Subjekt der Gesetzgebung zugleich zu sein.

Das soziale Gesetz spannte die Lebensführung jedes einzelnen nach wie vor für Machtzwecke ein, durchdrang sie aber nicht mehr so wie früher. Es gab sich mit äußerlichen Respektbezeigungen zufrieden und überließ die konkrete Ausgestaltung des Daseins der individuellen Gesetzgebung.

Wer die Zeichen sozialer Konformität korrekt geschehen ließ, war nicht nur seines Lebens sicher, das auch: er besaß weitreichende Gestaltungsmöglichkeiten.

Jüngere Philosophen und Wissenschaftler konnten nun die internationale Diskussion verfolgen und an ihr teilnehmen, selbst Kongresse im westlichen Ausland besuchen, vorausgesetzt, sie stellten den Marxismus formell nicht in Frage und waren nicht in »Kaderschmieden« und ideologischen Staatsapparaten beschäftigt. Schriftsteller und Künstler genossen seit je größere Freiheiten, waren im Westen präsent;

jetzt ließen sie sich diese Freiheiten durch Reisepässe garantieren. Die Option, das Land jederzeit verlassen zu können, lockerte die früher geübte innere Zensur mehr und mehr auf.

Selbst die staatliche Zensur geriet ins Grübeln. Bei Fernseh- und Filmproduktionen noch einigermaßen zugriffsicher, zeigte sie auf literarischem und bildkünstlerischem Gebiet unverkennbare Ermüdungserscheinungen. Eine Erzählung wie *Der fremde Freund* von Christoph Hein hätte bei wacheren Instinkten nie erscheinen dürfen. Und das war nur der vorläufige Höhepunkt einer ganzen Kette von Fehlleistungen.

Heiner Müllers Stückfolge *Wolokolamsker Chaussee*, die das Scheitern des kommunistischen Projekts thematisierte, seine Verwandlung in ein Mausoleum, kam zur Überraschung des Autors alsbald auf eine Ostberliner Bühne:

»Ich hatte mit dem Lektor im Henschelverlag um zwei Flaschen Scotsch gewettet, daß der Text von den Behörden nicht genehmigt wird. Der Lektor hat die Wette gewonnen. Der dritte Teil wurde in der Volksbühne im dritten Stock separat aufgeführt, und der Parteisekretär erzählte mir, sie hätten vom Magistrat den Text ohne Kommentar zurückbekommen, kein Nein, kein Ja. Von der Bezirksleitung auch ohne Kommentar, kein Nein, kein Ja. Das Manuskript hätte sogar bei Honecker auf dem Tisch gelegen, niemand wollte mehr entscheiden. Das war Ende 1987, und da wußte ich: Es ist zu Ende. Wenn sie nicht mehr verbieten können, ist es aus.«

Zur selben Zeit hatten sich viele Jüngere schon weitgehend aus dem staatlichen Kreislauf verabschiedet und in Subkulturen angesiedelt. Dort fanden Lesungen, Ausstellungen, Konzerte, Diskussionen und Events aller Art ohne jede Dazwischenkunft offizieller Instanzen statt. Der Staat hatte sich auf eine Beobachterposition zurückgezogen, die allerdings gleich mehrfach besetzt: mit eigenem Personal sowie mit »Freiberuflern« aus der Szene.

Er wollte wenigstens neutralisieren, was er nicht mehr an sich binden konnte, und segnete derart die neuen Freiheiten auf ihm gemäße, durch und durch schäbige Weise ab.

Die Boshaftigkeit und Heimtücke, mit der die Gesellschaft ausgekundschaftet wurde, barg das unausgesprochene Geheimnis wachsender staatlicher Ohnmacht in sich.

Ohne von der staatlich-politischen Ordnung wirklich loszukommen, lösten sich weite Teile der Gesellschaft doch merklich von ihr und kultivierten ihr Eigeninteresse.

Im Unterschied zu den beiden vorhergehenden Jahrzehnten schrieben die siebziger und achtziger Jahre keinen »kollektiven Bildungsroman«, dafür desto mehr gelungene Novellen der Personwerdung.

Wenn die Sozialwissenschaften dieser Jahre verstärkt das Individuum entdeckten, von Lebensweise, Alltag, Freizeit und dergleichen handelten, artikulierten sie mit ihren Mitteln den Wandel der kulturellen Selbstverständlichkeiten.

»In dieser Zeit lief mein Verhältnis zur SED und zum Staat aus, ich meine das wörtlich: es lief wie aus einem undichten Gefäß langsam und stetig aus.«

Mit dieser Metapher faßte Ursula Heukenkamp die damalige Lage auf eine für viele gültige Weise zusammen.

Staat, Politik, offiziöse Verlautbarungen bildeten weniger denn je den Drehpunkt des persönlichen Daseins. Der gesellschaftliche Strom riß kaum noch jemanden mit und lief in ein Delta unabsehbarer Verzweigungen und Rinnsale aus.

Man hat die ostdeutsche Gesellschaft der Honecker-Jahre eine »Nischengesellschaft« genannt und damit einen ihrer Grundzüge zugleich eingekreist und gedanklich verfehlt.

Die in der Bezeichnung anklingende Tendenz zum Rückzug ins Private, zur Individualisierung aller gesellschaftlichen Bezüge existierte, aber sie war nicht so absolut, wie der Terminus nahelegt. Der persönliche Raum dehnte sich auf Kosten des gesellschaftlichen aus, blieb jedoch auf vielfältige Weise an ihn angeschlossen.

Man lebte jetzt mehr für sich, in der eigenen Wohnung oder auf der Datsche und bevorzugte den Individualtourismus gegenüber kollektiven Formen der Urlaubsgestaltung. Aber nach wie vor lud man Gäste in seine Wohnung, zumal es an öffentlichen Räumen für geselligen Verkehr mangelte, veranstaltete gemeinsame Gartenfeste, freute sich darauf, mit Arbeitskollegen Urlaubsbilder und Urlaubserinnerungen auszutauschen. Nach wie vor arbeitete und lebte man in größeren Zusammenhängen. Das Arbeitskollektiv war ein fester Bezugspunkt des persönlichen Wohlbefindens, das Gasthaus nicht minder. Dort fanden sich, besonders in den großen Städten, gemischte Gesellschaften zwanglos zusammen. Der Arbeiter stand neben dem Intellektuellen oder dem Produktionsdirektor an der Theke und hielt mit seiner Meinung nicht zurück. In Miethäusern und Wohngebieten fand man dieselbe soziale Mischung vor. Die feinsäuberliche Trennung der Wohngegenden nach Geldbeutel, sozialem Stand und Renommee gehörte der Vergangenheit bzw. der fernen Zukunft an, und so blieb es nicht aus, daß man auch dort vielfältige Kontakte knüpfte. Da an den Schulen ähnliche Verhältnisse herrschten, gewöhnten sich auch die Kinder zeitig an sozialen Austausch.

So weit man sich innerhalb der Grenzen der ostdeutschen Gesellschaft bewegte, stets begegnete man Menschen, die ähnlich fühlten, dachten und sprachen wie man selber; deren Sorgen und Hoffnungen man teilte oder doch mühelos verstand; die ihre Privatsphäre sorgsam bewachten, aber nie gänzlich gegen die Außenwelt abdichteten.

Die Gesellschaft zerfiel nicht in Nischen, die wie Monaden in sich kreisten; sie erzeugte vielmehr neue Bezirke, die ihre Autonomie, neue soziale Spielarten, die ihren Eigensinn verteidigten und doch ans große Ganze angeschlossen blieben.

Nicht die einzelnen emanzipierten sich von der Gesellschaft, sondern die zur Gesellschaft zusammengeschlossenen einzelnen emanzipierten sich in Grenzen vom Staat. Und nur sofern die Gesellschaft noch verstaatlicht, politisch durchherrscht war, ging man auch ihr gegenüber auf Distanz.

Die Privatisierung blieb sozial gepolt, die Individualisierung egalitär gestimmt.

Diese dosierte, aber doch allenthalben spürbare gesellschaftliche Emanzipation brachte die Freiheiten und das Glück der politischen Stagnationsperiode hervor.

Und die Wende von 1989.

Nur Menschen, die ihren Eigensinn verteidigen, ohne dem Gemeinsinn abzuschwören, die auf egalitäre Weise individualistisch, auf individualistische Weise egalitär sind, können ihr persönliches Engagement im Pluralis Majestatis formulieren, ohne sich gekränkt zu fühlen: »Wir sind das Volk«.

Die siebziger und achtziger Jahre waren die gesellschaftliche Inkubationszeit des ostdeutschen Herbstes.

Und sie waren eine Leidenszeit.

Ihr höchst bewegter Ausklang lag in unbestimmter Zukunft, und so mochte es manchmal scheinen, als wollte die soziale Lethargie, der Stillstand gar kein Ende nehmen.

Darüber tröstete die eigene Bewegung nur sehr bedingt hinweg.

Man konnte sich Bildungserlebnisse verschaffen, gewiß, nur schmerzte dann der Mangel an kompetentem Austausch um so mehr; man konnte seine Wohnung behaglich, halbwegs komfortabel einrichten, aber der Verfall des Hauses ließ sich aus eigener Kraft nicht verhindern; man konnte mit etwas Glück und Geld das flotteste Auto erwerben, doch waren der freien Mobilität immer engere Grenzen gesetzt. Allein die ČSSR war in den letzten Jahren noch ohne Visum zu bereisen.

Was man auch immer anstellte, um Farbe und Abwechslung ins eigene Leben zu bringen: irgendwie stand über allem in großen Lettern »Umsonst« geschrieben.

Man genoß persönliche Freiheiten ungestörter, aber auch lustloser als zuvor. Das private Glück hatte auf Kosten des öffentlichen zugenommen, und dieser Preis war ihm anzusehen.

Hinter dem Glücksstreben lugten Resignation und Verzweiflung hervor. Und nicht selten gewannen sie die Oberhand.

Schreie und Flüstern überschrieb der französische Historiker Alain Corbin einen Abschnitt aus einer umfangreicheren Abhandlung über das bürgerliche Lebensgefühl am Ende des nachrevolutionären 19. Jahrhunderts. In manchen Passagen wähnt man sich direkt in die letzten Jahre der ostdeutschen Gesellschaft versetzt:

»Zu dem Verlust alter Gewißheiten gesellte sich das Bewußtsein der Pflicht zum Glücklichsein, welches die Relation zwischen Sehnsucht und Leid veränderte. Die Langeweile, an der die kultiviertesten Geister der Zeit litten, und der Baudelairesche ›spleen‹ variieren ein neuartiges Schuldgefühl des Einzelnen gegenüber sich selbst, das sich in privaten Tagebüchern und Briefen bis zum Überdruß bekundete und in dem steigenden Bedarf an psychiatrischen Kliniken objektivierte.«

Die Ostdeutschen neigten nicht im selben Maße zur psychologischen Selbstbeobachtung wie die späten Bürger, verhielten sich den modernen Psychotechniken gegenüber weit reservierter als diese.

An der Pflicht zum Glücklichsein und an der Langeweile litten jedoch auch sie in hohem Maße.

Gerade weil man sich im privaten Bereich weniger auf politische Zwänge herausreden konnte, verspürte man den Druck, etwas aus seinem Leben zu machen, intensiver als zuvor; war man es selbst, der diesen Druck erzeugte. Um ihn produktiv zu machen, hätte das Leben nicht nur privat, sondern auch gesellschaftlich gelingen müssen. Und genau das war in einem politisch zur Stagnation, ja zum Rückschritt verurteilten Gemeinwesen unmöglich geworden.

Der Druck entlud sich immer öfter destruktiv.

Die Corbinschen Figuren des bürgerlichen Unglücks – der impotente Mann, die bleichsüchtige Frau, der heimliche Alkoholiker, der melancholisch gestimmte Reisende – bekamen spätsozialistische Leidensgenossen.

Der gestrauchelte Jugendliche, die trunksüchtige Mutter, die ihre Kinder vernachlässigt, der prügelnde Mann, der seine namenlose Wut an seinen Nächsten ausläßt, der imaginäre Reisende, der nur im Traum in die Welt hinausfährt – sie alle bevölkerten den künstlerischen Diskurs seit der Mitte der siebziger Jahre und wären dort nicht hingelangt, wenn das Leben sie nicht zuvor erschaffen hätte.

Die siebziger Jahre waren nicht die »guten Jahre« der DDR und die achtziger schon gar nicht; aber die Menschen gewannen ihnen manches Gute ab. Es war keine glückliche Zeit, doch für die, die damit leben konnten, war privates Glück erreichbar. Und anders als zur Zeit des Nationalsozialismus war es auch kein schamloses Glück. Niemand mußte sich taub stellen, um die Schreie von Verschleppten, Gefolterten und Ermordeten zu überhören.

Das allerdings war wieder ein Glück.

Eine arbeiterliche Gesellschaft

Warum die Arbeiter
in der ostdeutschen Gesellschaft
sozial und kulturell dominierten
und selbst aus der politischen Ungleichheit
Vorteile zogen

Also 'n Spielfilm stell ick mir so vor: Da lernen sich zwei kenn'n und nach 'ner gewissen Zeit gibt's den ersten Krach. Naja, und dann sind se beede zu stolz dazu, daß eener zum andern hingeht und erklärt, daß wieder alles ... sozusagen zur Versöhnung, ne. Traut sich keener. Und dann müßten se och was von der Arbeit bring'n, viel von der Arbeit, was sie macht und was er macht. Naja, und dann lernt sie eines Abends mal 'n Mann kenn'n, also 'n jungen Mann, und dann merkt sie doch nach 'ner gewissen Zeit, daß sie den doch nicht so gern hat wie den ersten, mit dem sie zusamm'n war. Nun muß sie ihm das erst mal erklär'n, wie das ist, ne, und dann kommen sie nachher doch zusamm'n. Und dann dürften sie den Film aber nicht gleich abdrehen. Dann müßten sie weiter zeigen, wie sie leben, wie die Familie wächst und was für Probleme da sind. Und ...Weeß ick nich weiter.

»*Stupsi*« *aus:* »*Leben in Wittstock*« *von Volker Koepp*

Irgendwann in den frühen siebziger Jahren wird in Ostberlin ein altes Haus gesprengt. Es war im westlichen Hinterland der alten Frankfurter Allee stehengeblieben, als diese zur Stalinallee wurde, und hatte sogar ein kleines Kino beherbergt. Nun sackt es unter einer Staubwolke in sich zusammen. Als die sich verzieht, wird der Blick auf einen noch unfertigen Neubau frei, dessen weiterer Ausdehnung es im Wege stand. Es ist einer jener überlangen monotonen Typenbauten, die nur noch entfernt an die schmucken Baukästen der frühen Sechziger erinnerten und daher bald abschätzig »Wohnsilos« genannt wurden.

Nichts an dem Vorgang läßt erhabene Gefühle aufkommen oder auch nur etwas von der Begeisterung der Aufbau- und Aufbruchszeit verspüren. Alles ist melancholisch gestimmt, schmeckt nach unbestimmtem Verlust, und das Lied der Puhdys *Wenn ein Mensch kurze Zeit lebt ...* vervollständigt die trübe Stimmung. Das Neue stürzt das Alte ins Vergessen und wird bald selbst vergessen sein. Was droht, ist ein Gedächtnisverlust riesigen Ausmaßes, kollektive Amnesie. So wie die Häuser und Städte werden sich die Menschen gleichen, und eines Tages wird niemand mehr sagen können, wer er ist und woher er stammt.

Diese Gleichheit befreit nicht; sie macht beklommen.

Ich weiß nicht, ob Heiner Carow sein Publikum gerade dieses Fürchten lehren wollte, als er die *Legende von Paul und Paula* drehte. Aber man kann ihn so verstehen. Dieselbe Periode, die dem Streben nach persönlichem Glück und unverwechselbaren Lebensstilen erst massenhaften Auftrieb gab, schien in Wahrheit einem ganz anderen Projekt verpflichtet – der allumfassenden Nivellierung sämtlicher Lebensformen.

Der Eindruck wachsender Gleichförmigkeit wird durch andere zeitgenössische Quellen bestätigt.

Im selben Jahr, in dem Carows Film in die Kinos gelangte, 1973, brachen Soziologen zur bis dahin größten empirischen Untersuchung der ostdeutschen Arbeits- und Lebensverhältnisse auf. Die Befunde wurden in den Folgejahren unter dem Titel *Über die soziale Struktur der Arbeiterklasse* in drei Bänden zusammengefaßt, doch nie veröffentlicht. Sie trugen die Vermerke »Vertraulich« bzw. »Parteiinternes Material« und erreichten nur ausgewählte Adressaten. Die interessierte Öffentlichkeit mußte sich mit einigen kleinen Broschüren begnügen, die das Material ausschnittartig präsentierten.

Ob sie dadurch auch mit dem folgenden Umfrageergebnis bekannt wurde, konnte ich ebensowenig ermitteln wie Gründe, die zur Geheimhaltung hätten Anlaß geben können.

Aber wie dem auch sei: nach ihrer »Meinung über die Zugehörigkeit zur Arbeiterklasse« befragt, gaben die Beschäftigten, nach Funktionsgruppen geordnet, diese Antwort:

Funktionsgruppe	Ja	Nein	Ich weiß nicht	Rang
Prod.arbeiter in Grundprozessen	92,5	2,5	5,0	4
Prod.arbeiter in technikorientierten Hilfsprozessen	94,8	0,7	4,5	3
Prod.arbeiter in übrigen Hilfsprozessen	91,2	3,3	5,5	5
Werktätige in sozialen und Versorgungseinrichtungen	86,8	5,1	8,2	6
Brigadiere	98,6	0,1	1,3	2
Meister, Obermeister	99,3	0,3	0,4	1
Technische Angestellte	87,2	6,6	6,2	8
Verwaltungsangestellte	87,3	5,8	6,9	7
Ingenieurtechnisches Personal ohne Leitungsfunktion	68,7	17,9	13,4	13

Funktionsgruppe	Ja	Nein	Ich weiß nicht	Rang
Wirtschaftler ohne Leitungsfunktion	77,5	15,9	6,6	10
Leiter der 1. Ebene	84,1	13,6	2,3	11
Leiter der 2. Ebene	84,5	11,3	4,2	9
Leiter der 3. Ebene	79,3	13,2	7,5	12

Es kann hier nicht um eine detaillierte Analyse dieser Tabelle gehen. Aber einen Moment müssen wir bei den Daten doch verweilen.

Zunächst fällt der hohe Anteil an bejahenden Antworten auf.

Ob Produktionsarbeiter, einfache oder leitende Angestellte, Meister oder Leitungskader – sie alle ordnen sich überwiegend der Arbeiterklasse zu. Die »Vorarbeiter«, die Brigadiere und Meister, drängen sich dabei besonders in den Vordergrund, wohl um von vornherein jeden Verdacht zu zerstreuen, sie stünden auf der anderen Seite der Barrikade und den Arbeitern gegenüber.

Dabei gibt es die »andere Seite« eigentlich gar nicht. Daß sich die Leiter der 3. Ebene so bereitwillig unter die Arbeiterklasse mischen, ist bei diesen »Unterführern« des Produktionsprozesses noch verständlich. Die hohe Zustimmungsrate der Abteilungs- und Bereichsleiter der 2. Ebene sowie der auf der 1. Ebene agierenden Kombinats-, Betriebs- und Fachdirektoren verwundert dagegen. Ihre erheblich weitere Entfernung von den Werkbänken, besonders aber ihr Funktionsinteresse, Arbeitskosten zu minimieren, Arbeitsleistung zu maximieren, hätte ein anderes Ergebnis vermuten lassen.

Gebrach es der Leitungsklasse an kollektivem Selbstbewußtsein, um der herrschenden Ideologie zu widerstehen, die unentwegt die »führende Rolle der Arbeiterklasse« wiederkäute?

So könnte man denken, wenn man sich noch einmal die

Antworten des ingenieurtechnischen Personals und der Wirtschaftler vor Augen führt, die keine Leitungsfunktionen innehatten. Tatsächlich verweigerte ein knappes Drittel der Ingenieure und ein knappes Viertel der Betriebsökonomen das Bekenntnis zur Arbeiterklasse. Da sie nicht zur engeren Leitung gehörten, keine Nomenklaturkader waren, mußten sie auch kein falsches Zeugnis ablegen.

Sicher spielte die Mittellage beider Funktionsgruppen, ihre ambivalente Stellung zwischen Arbeiterschaft und Betriebsleitung eine wesentliche Rolle in ihrem Urteil. Weiteres kam hinzu. Die Ingenieure litten unter der geradezu systematisch betriebenen Kränkung und Erniedrigung ihres Berufsstandes, der in der Gesellschaft wenig, im Betriebsalltag so gut wie gar kein Ansehen genoß. Die Ökonomen wurden tagtäglich zur Beschönigung und selbst zur Fälschung der Bilanzen genötigt, trugen nichts als ein schlechtes Gewissen davon und ermunterten überdies die Disziplinlosigkeit der Arbeiter.

Bedenkt man die objektive Lage beider Gruppen und ihre subjektive Gereiztheit, dann überrascht eher die hohe Zustimmung zur Ausgangsfrage.

Wenn sich nicht einmal die Gedemütigten des sozialistischen Produktionsprozesses mehrheitlich der »herrschenden Klasse« gegenüberstellten, dann mußte das mit dem tatsächlichen Bindungsvermögen dieser Klasse zusammenhängen, mit ihrer sozialen und kulturellen Prägekraft.

Und genau das traf zu, wie die Untersuchung Punkt für Punkt bewies.

Dabei ignorierten die Soziologen vorhandene Unterschiede und Spannungen zwischen den betrieblichen und sozialen Gruppen keineswegs, im Gegenteil; sie nahmen ausführlich Notiz von ihnen.

Da war zunächst die differenzierende Wirkung der Qualifikation.

Wie nicht anders zu erwarten, waren die Beschäftigten mit der geringsten Qualifikation in den unteren Einkommensgruppen am stärksten, in den höheren am schwächsten vertreten. Da Frauen gegenüber Männern deutliche Qualifikationsnachteile besaßen und darüber hinaus oft verkürzt arbeiteten, fanden sie sich entsprechend zahlreich am unteren Ende der Einkommensskala ein.

Die der Qualifikation entspringende Ungleichheit allein war noch kein gravierendes Problem; im Grunde handelte es sich hier sogar um wünschenswerte Unterschiede. Sie sollten die minder Qualifizierten zur fachlichen und allgemeinen Weiterbildung stimulieren.

Leider erfüllten sie genau diese Antriebsfunktion nicht.

Die Ausgangsdifferenzen von Bildung und fachlicher Qualifikation verschwanden während des Berufslebens nicht, sondern verstärkten sich fortwährend. Wer schon höhere Bildung erworben hatte, verspürte ein höheres Bildungsbedürfnis als diejenigen, die es eigentlich nötig gehabt hätten.

Mit anderen Worten: betriebliche und gesellschaftliche Weiterbildungsoffensiven liefen sozial ins Leere und folgten dem Prinzip selbstverstärkender Selektion.

Da wußten auch die Soziologen keinen Rat.

Und das waren noch längst nicht alle Probleme, die ihre Feldstudie offenbarte.

Nächst der Qualifikation bildete die betriebliche Entscheidungsmacht den einflußreichsten Differenzierungsfaktor. Wer mehr zu sagen hatte, bekam in der Regel auch mehr Geld. Über ein Mehr an Respekt gebot er scheinbar nebenbei.

Qualifikation und Macht verbanden sich zu einer Art Doppelhelix und erzeugten ein für sozialistische Verhältnisse nicht ganz unproblematisches Einkommensgefälle. Geringstes und höchstes durchschnittliches Funktionsgruppenentgelt standen im Verhältnis 1:3, wobei funktionale Unterschiede im Regelfall auch Geschlechtsunterschiede ausdrückten. Der zumeist weibliche Büroangestellte realisierte 433 Mark, der zumeist männliche Werkleiter dagegen 1261 Mark.

Diese Primärdifferenzen pflanzten sich außerbetrieblich fort.

Das Leitungspersonal wohnte besser und komfortabler als die Masse der Arbeiter, in weit geringerem Maße als diese im Altbau, in weit höherem Maße in Wohnungen, die in den Jahren des Aufbaus und des Aufbruchs entstanden waren.

Auch beim Besitz langlebiger und hochwertiger Konsumgüter war die Leitungsklasse der Arbeiterschaft voraus; zwischen beiden Gruppen bezogen Vorarbeiter, Ingenieure und Ökonomen die gewohnte Mittelposition. Unterhalb der Arbeiterschaft rangierten nur noch die (weiblichen) Angestellten im sozialen und Dienstleistungsbereich.

Kurzum: Nachteile und Vorteile potenzierten sich, und im Ergebnis dieser Logik führten viele kleine Unterschiede, die für sich genommen verschmerzbar waren, zu großen Differenzen, zu markanten Brüchen.

Daran änderten auch die Konsumtions- und Subventionsfonds der Gesellschaft nichts. Denn diese bedienten formell alle, und zwar ohne weiteres Ansehen der Person und ihrer Umstände. Reell bevorzugten sie sogar die Gebildeteren und Besserverdienenden.

Das alles vermerkten die Soziologen mit erkennbarer Sorge:

»Es fällt auf, daß alle positiven oder negativen Abweichungen bei einem Komplex der materiellen Lebensbedingungen sich im anderen wiederholen.

Die Zuweisung einer Wohnung ist aber nicht (oder nur in seltenen Fällen) von der Zahlungsfähigkeit des einzelnen abhängig; die Zuweisung einer Wohnung hat andere Kriterien. Um so auffälliger ist daher: Je größer das ›Defizit‹ im Konsumgüterbestand, desto größer auch das ›Defizit‹ im Wohnniveau. Und ebenso beim ›Plus‹: Je größer das ›Plus‹ beim Konsumgüterbestand, um so größer das ›Plus‹ beim Wohnniveau.

Bei den Gruppen mit dieser Erscheinung bedeutet das, daß sie über ihren (differenzierten) Anteil am gesellschaftlichen Konsumtionsfonds, den sie in Form des Lohnes oder Gehalts erhalten und der sich im Bestand an Konsumgütern widerspiegelt, auch einen verhältnismäßig größeren Anteil aus dem gesellschaftlichen Konsumfondsteil ›Wohnungen‹ erhalten. Und umgekehrt: Gruppen, die weniger Konsumgüter besitzen, sind auch nicht im gleichen Maße an der Verteilung des vorhandenen gesellschaftlichen Wohnungsfonds beteiligt.«

Das war vorsichtig, aber doch unmißverständlich formuliert und noch nicht einmal die ganze Wahrheit.

Die folgte im Resümee des ersten Bandes und ließ von der »führenden Rolle« der Arbeiterklasse nicht allzuviel übrig:

»Soziale Unterschiede heben sich nicht gegenseitig auf, sondern sie haben die Tendenz, sich zu addieren! Insgesamt konzentrieren sich die günstigeren Bedingungen (Einkommen, Wohnung, Besitz an langlebigen Konsumgütern) auf die Gruppen der Intelligenz, die weniger günstigen auf die Arbeiter.«

Die Intelligenz also vielleicht doch und vielleicht auch in der DDR auf dem Weg zur (heimlichen) Klassenmacht?

Allein die Möglichkeit einer solchen Fragestellung mußte die Regierenden beunruhigen und rechtfertigte die »Vertraulichkeit« der Botschaft.

Dabei bestand zur Beunruhigung wenig Anlaß.

Man mußte die mahnenden Worte der Soziologen nur richtig verstehen. Wie alle anderen DDR-Bürger auch besaßen sie einen ausgeprägten Sinn für Gleichheit, hoben daher instinktiv deren Gefährdung hervor und vergaßen darüber beinahe, daß sie sich bester »Gesundheit« erfreute. Ohne sich dessen wohl im vollen Umfang bewußt zu sein, kündeten sie Beweisstück für Beweisstück von der Lebenskraft der Gleichheit, von ihrem erstaunlichen Regenerationsvermögen.

Beginnen wir also noch einmal von vorn, mit der Qualifikation.

So unangefochten, wie zunächst vermutet, beherrschte sie die Einkommensverhältnisse nämlich nicht.

Auf der einen Seite schützten hohe Bildungsabschlüsse nicht per se vor niedrigen Einkommen. Es gab in den Betrieben viele gut qualifizierte Mitarbeiter, aber fast überall zuwenig Arbeitsplätze, die diese Qualifikation auch abforderten. Der geistige »Überhang« mußte mit Stellen vorliebnehmen, die weder den erworbenen Fähigkeiten noch den Gehaltsvorstellungen entsprachen.

Andererseits herrschte stets Mangel an Leuten, die über praktische Erfahrungen, Wendigkeit und spezielle Kniffe verfügten, über jene »Chaosqualifikation«, ohne die kein sozialistisches Unternehmen auch nur einen Tag auskam. Wer sie besaß, konnte auf Bildungszertifikate gut verzichten; er wurde mit verantwortungsvollen Arbeiten betraut und nach seiner Unentbehrlichkeit entlohnt.

So sanken selbst Hochschulkader einkommensmäßig zuweilen bis in die Gruppe der Angelernten ab, wogegen die Spitzen der Un- und Angelernten bis weit in die mittleren Einkommensbereiche von Facharbeitern und Meistern vordrangen. Meister wiederum klagten häufig darüber, daß sie trotz ihrer Zusatzqualifikation finanziell kaum besser gestellt waren als Facharbeiter.

Systematische Verstöße gegen den Grundsatz qualifikationsgerechter Beschäftigung führten zu bunt gemischten Funktionsgruppen, zur teilweisen Verschmelzung von Arbeitern, Angestellten und Intelligenz. Hochqualifizierte versahen oft einfache, Un- und Angelernte dagegen komplizierte Tätigkeiten. Die Einkommensverhältnisse reflektierten die allgemeine »Unordnung« und verankerten sie zugleich im Bewußtsein der Beschäftigten. Einer war so gut wie der andere und daher im Prinzip auch derselben Vergütung wert. Je mehr sich Arbeitsweise und Entgelt in der Praxis anglichen, desto unduldsamer der Angleichungsdrang, desto rechtfertigungsbedürftiger »noch vorhandene Unterschiede«.

Es sei denn, diese Unterschiede privilegierten die Arbeiter.
Daß schwere körperliche Arbeit besser entlohnt wurde als leichte, entsprach ganz ihrer Vorstellung von gerechter Entlohnung und überdies einer Gesellschaft, die in altplebejischer Tradition »wirkliche« Arbeit in Verbindung mit Mühsal, physischer Anstrengung, entbehrungsreichem Tagwerk brachte.
Dem zollten auch die Soziologen Respekt:
»Der Betrieb ist bei Nacht folglich eine sozialstrukturell wesentlich andere Institution als der Betrieb am Tage – fast ausschließlich ein Produktionsarbeiterbetrieb, in dem vorwiegend oder in bedeutendem Maße körperliche Arbeit geleistet wird –, geleitet von Brigadieren und Meistern.«
Schwer- und Nachtarbeitszuschläge »gehörten« einer Klasse, auf der die ganze Last des gesellschaftlichen Wohlergehens lag. Auch liefen sie in der Regel auf schlichte Kompensation für den Mehraufwand an Nahrungs- und Erholungsbedürfnis hinaus, den die größere körperliche Verausgabung forderte.
Ein Unterschied hob den anderen auf.
Das galt auch für den nächsten Fall, den inner- und interfamiliären Ausgleich der Einkommenslagen.
Wie von einer unsichtbaren Hand geführt, verbanden sich besser bezahlte Männer mit schlechter verdienenden Frauen und umgekehrt. Als gälte es, das Ausgleichsbedürfnis möglichst vollständig zu befriedigen, taten sich Mindestlöhner und Spitzenverdiener, Teilzeitarbeitende und Vollbeschäftigte, Bezieher von Durchschnittseinkommen mit ihresgleichen zusammen und reduzierten durch ihre kalkulierte Spontaneität die individuellen Abstände beträchtlich:

»Wenn in der Regel hohe (oder niedrige) Einkommen in der Familie nicht zusammenfallen, dann wirkt dies der Differenzierung nach individuellen Einkommen entgegen; die Unterschiede im Familieneinkommen sind geringer als die Unterschiede im individuellen Einkommen.«
Verhielten sich geringstes und höchstes individuelles Durchschnittseinkommen zueinander wie 1:3, so bezifferte sich die analoge Relation der Familieneinkommen auf nur mehr 1:2.
Selbst schlecht verdienende Männer gehorchten dem allgemeinen Gesetz, bezwangen ihre Eitelkeit und verliebten sich in gut verdienende Frauen.
Eros stand unter dem Befehl der Gleichheit.

Auch jenseits der Berufsarbeit ertönte ihr Kommando.
Hier konnten die Arbeiter gleich einen doppelten Vorteil ausspielen, teils zusätzliche Einkommen realisieren, teils unnötige Kosten sparen. Außerhäusig kamen Feierabend- und Schwarzarbeit in Betracht (die fließend ineinander übergingen), innerhalb des Hauses nahm der Heimwerker dem Handwerker die Arbeit ab. Zu beidem waren spezielle Fähigkeiten, Versorgungstalent und vor allem freie Zeit erforderlich, und all das fehlte der Leitungsklasse. Auch die Ökonomen waren diesbezüglich kaum besser gestellt. Wenn überhaupt eine andere industrielle Funktionsgruppe mit den Arbeitern mithalten konnte, dann waren es die Ingenieure. Tüftler von Berufs wegen, machten sie die Vermögen, die der Arbeitsalltag brachliegen ließ, zum einträglichen Hobby.
Von dieser Ausnahme abgesehen, begegnete den Arbeitern auf dem weiten Feld der lukrativen Eigentätigkeiten nur noch das professionelle Handwerk. Aber das konnte den immensen gesellschaftlichen Hunger nach Dienstleistungen längst nicht stillen.
Keine Statistik weist die sachlichen und monetären Gewinne aus, die die handwerklich und technisch gebildete

Arbeiterschaft in all den Jahren erzielte. Ohne zu spekulieren, darf man eine weitere wesentliche Angleichung der (familiären) Einkommensverhältnisse, ja der Lebensverhältnisse insgesamt in Rechnung stellen.

Denn, wie schon gesagt: die Eigentätigkeiten waren nicht nur finanziell ertragreich, sondern auch sachlich fruchtbar.

Dank des unermüdlichen Heimwerkerfleißes wurden Wohnungen renoviert, modernisiert und mit allen erdenklichen Annehmlichkeiten versehen; wo es irgend ging, hielt man im Verein mit anderen das eigene Haus in Ordnung, und natürlich vergaß man auch Garten und Datsche nicht; knappe Konsumgüter verschaffte man sich im Austausch gegen eigene Raritäten oder Leistungen; teure technische Gerätschaften baute man nach Kräften nach, Autos und Motorräder so geschickt um, daß ihnen das Baujahr kaum noch anzusehen war.

Ohnehin hielt sich der Besitz distinguierender Güter in überschaubaren Grenzen und hing zudem mehr mit dem Geschmack als mit dem Geldbeutel zusammen.

Fernseh- und Rundfunkgeräte besaßen die Arbeiter und kleinen Angestellten annähernd so oft wie ihre Vorgesetzten, Plattenspieler waren unten weniger, Tonbandgeräte dafür mehr verbreitet. Bei Waschmaschinen und Kühlschränken spiegelte die Haushaltsausstattung in etwa die Rangordnung der Funktionsgruppen wider, zeigte aber keine krassen Differenzen. Mittlere und obere Funktionsgruppen stachen die unteren im PKW-Besitz aus, mußten sich aber bei Motorrädern geschlagen bekennen. Rund zwei Drittel aller Gruppen verfügten über einen Garten, Meister und Obermeister sogar zu fast 75 Prozent. Ähnlich egalitär sah es bei Wochenendhäusern aus, die 6 bis 8 Prozent aller Beschäftigten ihr eigen nannten; nur die oberste Leiterschicht war mit gut 11 Prozent signifikant besser gestellt.

Das einzig wirkliche Streit- und Abgrenzungsobjekt war

das private Telefon. Produktionsgrundarbeiter besaßen es zu 3,6 Prozent, Meister immerhin schon zu 14,3 Prozent, die Leiter der 1. Ebene hingegen zu 64,4 Prozent. Diesem »Mißstand«, von unten gesehen, half keine Ausgleichshandlung ab.

Am Gesamtbild ändert das wenig.

Mochten Leiter und Intelligenzler auch größere und komfortablere Wohnungen beziehen, mehr hochwertige und langlebige Konsumgüter erwerben – ihr Vorsprung vor den Arbeitern war weder uneinholbar groß noch von langer Dauer.

Auch darf man die vielen verborgenen Ausgleichsprozesse nicht übersehen, die die sichtbaren begleiteten.

Von den sozialistischen »Heiratsstrategien« war schon die Rede. Nur heirateten oder verbanden sich keine komplementären »Funktionsgruppen«, sondern konkrete Menschen. Es war der Betriebsleiter aus Fleisch und Blut, der die halbtags arbeitende Sekretärin freite; der ökonomische Direktor, der die Kindergärtnerin ehelichte; der Ingenieur, der sich mit der Buchhändlerin zusammentat, und die Küchenhilfe, die den gut verdienenden Facharbeiter wählte.

Sie alle hatten die Liebe im Kopf und dachten nicht im Traum daran, daß ihre wechselseitige Sympathie ein gesellschaftliches Gesetz vollstrecke – die materielle Gleichheit; und so wenig wie ihnen die allgemeine Egalisierung der privaten Haushaltskassen vorschwebte, so wenig stand ihnen die soziale Gleichheit vor Augen, die Verschmelzung von Herkunft und Milieu. Und dennoch diente ihre Leidenschaft auch diesem Zweck.

Die Partnerwahl war weder auf die eigene Einkommensgruppe noch auf die eigene Herkunft oder die momentane soziale Zugehörigkeit beschränkt; sie war in einem umfassenden Sinn exogam. Und diese Exogamie bewirkte über die Angleichung der Lebensbedingungen hinaus auch eine Assimilation der Gefühle, Ansichten und Gewohnheiten.

Formell frei und ungezwungen, war die Partnerwahl der industriell Beschäftigten sozial überaus zweckdienlich. Doch das bedeutete kein Unglück für die Wahlfreiheit, im Gegenteil. Verwirklichte sich der egalitäre Fremdzweck doch gerade in der Aufsprengung der überkommenen Berufs- und Heiratsstände, in uneingeschränkter Wahlfreiheit. Indem die »Werktätigen« davon ausgiebig Gebrauch machten, handelten sie zeitgemäßer, moderner als Mediziner, Lehrer oder Akademiker, die im eigenen Land (wachsende) Enklaven ständischen Lebens, im »modernen« Westen den Normalfall bildeten.

Die Gleichheit betätigte sich noch in anderer Hinsicht als Maulwurf.

Diesmal war es die Gestalt des Heimwerkers, an die sie sich heftete, um ihr weitergespanntes Ziel zu erreichen, auch die sozialen Geschlechterdifferenzen einzuebnen.

Es gehört zu den Gemeinplätzen der empirischen Sozialforschung, den Anteil der Männer an der häuslichen und familiären Reproduktion systematisch herabzusetzen, die weibliche »Doppelbelastung« gegen die nur einfache des Mannes auszuspielen. Befragte Frauen haben sich über lange Jahre so sehr an dieses Stereotyp gewöhnt, daß sie schon von sich aus die gewünschten Antworten geben.

Auch die 73er Untersuchung der ostdeutschen Soziologen förderte zunächst nur allzu Bekanntes zutage:

»Die am stärksten durch den Haushalt Belasteten sind die Frauen. Von ihnen erklärten 59 %, sie seien ›stark‹ (Männer 41 %), und 67 %, sie seien ›sehr stark‹ (Männer 33 %) belastet. Diese Ergebnisse bestätigen das bekannte sozialpolitische Problem der Doppelbelastung der berufstätigen Frauen.«

Immerhin folgten dann einige Einschränkungen.

Die Arbeiter, deren Frauen selbst vollbeschäftigt waren, erkannten Bedeutung und Schwere von Hausarbeit und Kindererziehung weit bereitwilliger an als die Leiter, besonders die der ersten Ebene. Damit nicht genug, nahmen sie auch erheblich größeren Anteil an den häuslichen Pflichten als diese. »Offenbar«, folgerten die Autoren, »hat sich innerhalb der Gruppe der Produktionsarbeiter die Auffassung durchgesetzt, daß die Hausarbeit eine Angelegenheit beider Ehepartner ist.«

Sofern beide Partner nicht nur ganztägig, sondern auch noch in Schichten arbeiteten, unter Umständen sogar in unterschiedlichem Rhythmus, mochten die Männer denken, was sie wollten – sie kamen um eine mehr oder weniger gleichberechtigte Wahrnehmung der Familienpflichten gar nicht herum.

Da der Kernbestand der Arbeiterschaft, die Produktionsarbeiter, und zwar beiderlei Geschlechts, besonders häufig von Schichtarbeit betroffen waren, drängte sich ihnen das partnerschaftliche Modell der Ehe geradezu zwangsläufig auf. Es gab keine Alternative.

Und noch etwas kam hinzu.

Wie jeder weiß, war die ostdeutsche Gesellschaft keine entwickelte Dienstleistungsgesellschaft. Viele der allergewöhnlichsten Reproduktionstätigkeiten, die in westlichen Gesellschaften Spezialisten gegen Entgelt verrichteten, mußte man dort selbst übernehmen. Dazu gehörte die Reparatur des Wasserhahns ebenso wie die Wiederinstandsetzung des defekten Autos, der Bau eines Bücherregals nicht weniger als Maurerarbeiten am Wochenendhaus. Die meisten dieser Arbeiten verwiesen allein durch die dazu erforderliche Kraftanstrengung oder technische Sachkenntnis auf den Mann.

Als bedürfte es dafür keiner weiteren Begründung, ordnet die Familienforschung diese männlichen Reproduktionsleistungen dem Hobby oder der Freizeit zu. Erst versteckt sie den männlichen Anteil an der Hausarbeit in sachfremden Rubriken, und dann klagt sie über das selbstgeschaffene Defizit.

Auch die schon mehrfach zitierte Untersuchung tappte

in diese Falle und stellte folgende, nach Geschlechtern gegliederte Rangordnung der hauptsächlichen »Freizeitbeschäftigungen« zusammen:

Männer	Frauen
1. Haus/Garten	Fernsehen
2. Fernsehen	Spaziergänge, Ausflüge u. ä.
3. Spaziergänge, Ausflüge u. ä.	Beschäftigung mit Kindern
4. Autopflege	Lesen, Rundfunk, Schallplatten
5. Beschäftigung mit Kindern	Handarbeiten
6. Lesen, Rundfunk, Schallplatten	Haus/Garten
7. Sportveranstaltungen	Unterhaltungs- und Tanzveranstaltungen
8. Unterhaltungs- und Tanzveranstaltungen	Theater, Konzert, Ausstellungen
9. Gaststättenbesuche	Treffen mit Freunden
10. Kartenspiel, Schach usw.	Kino

Man sieht, wie die Kategorien durcheinanderpurzeln. »Beschäftigungen«, die zweifelsfrei dem Genuß oder der Entspannung dienten, wechseln mit solchen, die in einer Gesellschaft wie der ostdeutschen eindeutig ins »Reich der Notwendigkeit« gehörten.

Man sieht auch, daß die ganz oder teilweise der unmittelbaren Reproduktionssphäre zuzuschlagenden Tätigkeiten bei Männern weiter oben rangieren (1. und 4.) als bei Frauen (5. und 6.).

Über den Zeitaufwand erfährt man nichts, und manche der früher stichwortartig aufgelisteten männlichen Reproduktionstätigkeiten findet man weder hier noch unter dem Stichwort »Hausarbeit«. Für eine subtilere soziale Differenzierung unter den Männern ist der Schematismus blind.

Man kann aber mit einiger Bestimmtheit davon ausgehen, daß Arbeiter größere familiäre Reproduktionslasten trugen als Leiter, auch in der »Freizeit«. Sie waren im Regelfall handwerklich und technisch versierter als Werk- und

Fachdirektoren und lebten seltener mit Frauen zusammen, die halb- oder ganztags Haus oder Wohnung hüteten und für das Notwendigste sorgten. Nur die »Wirtschaftler ohne Leitungsfunktion«, die Ökonomen auf Abteilungs- und Gruppenebene, traten den Produktionsarbeitern zur Seite. Sie verzeichneten einen noch geringeren Anteil teilzeitbeschäftigter Ehepartner und zeigten die gleiche Bereitschaft bei der Übernahme häuslicher Pflichten.

Die »führende Rolle« der Arbeiterklasse scheint ganz andere Wege gegangen zu sein als die ideologisch vorgezeichneten – eher soziale und familiäre statt politische und organisierte.

Das beweist die folgende, hier abschließend dargebotene Tabelle, die den politischen Organisationsgrad der einzelnen industriellen Funktionsgruppen referiert:

	SED	FDGB	DSF
Produktionsarbeiter in Grundprozessen	19,4	93,8	51,6
Prod.arbeiter in techn. Hilfsprozessen	17,0	94,9	46,8
Prod.arbeiter in übrigen Hilfsprozessen	24,0	94,9	51,4
Werktätige in sozialen Einrichtungen	13,2	95,2	52,3
Brigadiere	48,2	97,2	71,4
Meister, Obermeister	65,3	98,3	80,0
Technische Angestellte	19,6	98,3	74,2
Verwaltungsangestellte	16,8	97,5	75,8
Ingenieurtechnisches Personal	30,7	98,6	76,1
Wirtschaftler ohne Leitungsfunktion	47,0	99,1	91,4
Leiter der 1. Ebene	92,8	98,1	97,4
Leiter der 2. Ebene	69,3	99,5	89,1
Leiter der 3. Ebene	45,0	98,3	85,7

Die Zahlen sprechen für sich und bedürfen nur weniger Erläuterungen.

Die Mitgliedschaft in der Gewerkschaft hielt sich durchgehend auf einem hohen Niveau und läßt keine wesentlichen Differenzierungen erkennen. In einer Gesellschaft wie der ostdeutschen drückten sich Machtgefälle und Interessengegensätze zwischen den unteren und oberen Funktionsgruppen nicht in Form selbständiger Organisationen aus.

Höchstens innerhalb der Organisationen, wie die beiden anderen Spalten zeigen.

Zwar gehörten auch viele Arbeiter und noch mehr Angestellte der Gesellschaft für Deutsch-Sowjetische Freundschaft an, zu ca. 50 bzw. 75 Prozent, die Spitzenwerte der Leiter erreichten sie jedoch nicht. Da sie nicht demselben Konformitätszwang unterlagen wie diese, konnten sie sich der weitgehend formalen Mitgliedschaft in höherem Maße entziehen, mehr Selbständigkeit demonstrieren.

Wie unzureichend es gelang, die Arbeiterschaft und die einfachen Angestellten für die SED zu gewinnen, beweist die erste Spalte. Von einer »Arbeiterpartei« konnte nie die Rede sein. Vorarbeiter, Betriebsintelligenz und vor allem Leiter gaben eindeutig den Ton an. Und offenkundig legte die »herrschende Klasse« nur wenig Eifer an den Tag, auch diese Bastion der Ungleichheit zu stürmen und annähernde Gleichheit herzustellen. Man warb um sie, aber ohne großen Erfolg.

Warum?

Der Grund dafür ist einfach genug: Die Vorteile der Mitgliedschaft waren weit ungewisser als die Nachteile, und daher hielt man sich fern.

Die SED winkte mit Aufstiegschancen, Machtgewinn und Wissensvorteilen. Sie hatte denen wenig zu bieten, die bereits ihren angemessenen Platz in der Gesellschaft gefunden hatten, Macht eher passiv als aktiv gebrauchten und genug wußten, um mit sich und ihrer Umwelt zurechtzukommen.

Und das traf für die Arbeiter und die meisten Angestellten zu.

Um zur Intelligenz- oder Leiterebene aufzusteigen, wären außerordentliche Anstrengungen vonnöten gewesen, langjährige Weiterbildungskurse auf fachlichem und politischem Gebiet. Und das alles nur, um am Ende eine unangefochtene Position mit einem »Schleudersitz« einzutauschen? Dieses Risiko glich auch ein möglicher Einkommenszuwachs nicht aus.

Weshalb sich, ferner, für mehr Entscheidungsmacht bewerben, wenn wirkliche Entscheidungen von der politischen Machtspitze zunehmend beschnitten und von der Basis mißachtet wurden.

Und was das Wissen anging, das in Mitgliedskreisen zirkulierte, in abgemessenen Dosen von oben nach unten drang, so war man darauf am allerwenigsten angewiesen. Für den Vollzug der alltäglichen Arbeitsaufgaben war das »Parteichinesisch« unbrauchbar, im gesellig-gesellschaftlichen Verkehr diskreditierte es sogar.

Dagegen die Nachteile!

Die Versammlungen waren noch das geringste Übel. Da in Wirtschaftseinrichtungen alle genug zu tun hatten, konnten sie sich mit ideologischen Debatten nicht allzu lange aufhalten.

Schwerer wog schon das Mißtrauen der Kollegen, die ironische Art, in der sie das Wort »Genosse« aussprachen und damit eine unüberbrückbare Kluft markierten.

Den Ausschlag für die mehrheitliche SED-Abstinenz der unteren Funktionsgruppen gab jedoch die Einbuße an persönlicher Freiheit, die der Eintritt unweigerlich mit sich brachte, und zwar der Freiheit in ihrem einfachsten, aber auch handfestesten Sinn: tun und lassen zu können, was man wollte. Diese Freiheit nahm kontinuierlich von unten nach oben ab; sie schrumpfte ganz in sich zusammen, wo sich formale Entscheidungsmacht und politisches Mandat paarten. Der Beitritt zur SED bedeutete insofern die Donquichotterie, unten zu bleiben und dort so »unfrei« zu leben, als wäre man oben, nichts zu gewinnen, aber alles einzubüßen, woran einem gelegen war. So viel Unvernunft besaß nur eine Minderheit. Und auch die kam meistens zur

Vernunft, nur war es dann zu spät, um die Entscheidung zu revidieren.

Die Mehrheit ließ die Ungleichheit des parteipolitischen Engagements leichten Herzens auf sich beruhen, buchte die vermeintlichen Gewinne der Genossen als Verlust und als Gewinn, was ihr selbst entgangen war. Sie hielt sich abseits und sparte obendrein noch Zeit und Kraft. Auch trug sie keine künstlichen Probleme mit nach Hause, nichts, was die Gemütsruhe störte.

Die Welt war gerecht; sie entschädigte die, die verzichten konnten, durch ein gutes Gewissen und freie Hände, milderte die sozialen und psychischen Zwänge jener, die den größten natürlichen und physischen Zwängen unterworfen waren. Sie nivellierte jede Ungleichheit, und wenn sie doch einmal eine Bastion stehenließ, dann war sie es auch nicht wert, erobert zu werden. Der Plan der sozialistischen Vorsehung ordnete alles zum Besten der Gleichheit.

Selbst die Einzelheiten.

Die Leiterklasse bemühte sich verzweifelt, der allmächtigen Gleichheit wenigstens kleine Zugeständnisse an die Würde der Macht abzuringen. Zu diesem Zweck ersann sie mancherlei Vergünstigungen, funktionsgebundene Zuwendungen und nicht zuletzt ein System der Prämienvergabe, das sich nach dem jeweiligen Maß der »Verantwortung« richtete. Und die konzentrierte sich, gottlob, in ihren Händen.

Aber wie spärlich nahm sich dieser Amtsbonus gegen den Amtsmalus aus, keine westlichen Devisen besitzen zu dürfen. Denn der schloß sie vom Besitz der wirklich begehrenswerten Güter aus und verwies sie unbarmherzig auf die Landeswährung.

Einzig auf dem Umweg über staatliche Devisen konnte sie einen kleinen Teil dessen erhaschen, was den mit Westverwandtschaft ausgestatteten Normalbürgern leichthin zu Gebote stand. Nur waren diese Mittel knapp, die davon bestrittenen Gratifikationen, Westautos der unteren Mittelklasse etwa, alles andere als preiswert und für Nomenklaturkader auch keine freien Tauschobjekte. Was als Unterscheidungsmittel gedacht war, verwandelte sich in den Augen der Mehrheit in einen Gegenstand des Spottes, in einen »Bonzenschlitten«.

Blieb als letztes Vorrecht die Dienstreise in den Westen. Von vielen begehrt, war sie ein seltenes Gut und noch seltener wirklich erfreulich. Jedes Vorkommnis wurde vermerkt, und nach der Rückkehr warteten umfangreiche Berichtsbögen.

Als sich die Reisebeschränkungen in den späten Honecker-Jahren etwas lockerten, bröckelte auch dieses Privileg. Nun konnten viele die DDR für kurze Zeit aus persönlichen Gründen verlassen, nur die leitenden Genossen und Wirtschaftskader nicht. »Geheimnisträger« waren vom privaten Reiseverkehr ausgeschlossen.

Selten hat ein politisches System seine Getreuen kürzer gehalten, die Kompetenzen seiner wichtigsten Dienstklasse schärfer beschnitten, ihren Idealismus auf härtere Proben gestellt als dieses. Selten aber auch fand eine Machtordnung in der Stunde ihrer schwersten Krise so wenig aktive Unterstützung bei ihren Trägerschichten wie die ostdeutsche im Jahr 1989. Und selten hat eine Herrschergruppe in modernen Zeiten das arbeitende Volk politisch so lange und so konsequent entmündigt, aber auch in größerer sozialer Abhängigkeit von ihm gelebt als die der DDR.

Und nicht nur sie – alle gesellschaftlichen Gruppen mußten soziale Macht wie kulturellen Einfluß der Arbeiterschaft anerkennen, auch außerhalb der Industriebetriebe.

Für das Heer der kleinen Angestellten verstand sich das von selbst.

Klassenständischer Privilegien wie zum Beispiel spezieller Versicherungsanstalten oder Gewerkschaften seit langem beraubt, im Durchschnitt schlechter entlohnt als die Masse der Arbeiter und in ihren Forderungen auf deren Unterstützung angewiesen, hatten sie buchstäblich keine Handhabe, um ein kollektives Sonderbewußtsein zu entwickeln.

Den Akademikern erging es kaum besser.

Sie waren vielfältigsten geistigen Disziplinierungen unterworfen, ideologischer Zensur und Publikationsbeschränkungen, und in weit höherem Maße zur Mitgliedschaft in der SED und anderen staatlich-politischen Organisationen genötigt. Sie machten viele Zugeständnisse und erhielten ihrerseits nur wenige Vergünstigungen.

Sie mußten sogar zusehen, wie die akademischen Verhältnisse auf den Kopf (tatsächlich auf recht plumpe Füße) gestellt, die akademischen Freiheiten mehr und mehr eingeengt wurden. Die ehemals »populären« naturwissenschaftlich-technischen Fächer verzeichneten nur noch einen geringen Zulauf von unten, klassisch-bürgerliche Disziplinen wie Jura und Philosophie wurden dagegen systematisch entbürgerlicht und »proletarisiert«. Die traditionell unpolitischen und systemkonformen Naturwissenschaften boten dem kritischen Geist noch am ehesten Unterschlupf; die Geisteswissenschaften, einst Hort der Kritik, erstickten an dumpfem Gemeinsinn. Statt Mitarbeitern und Assistenten ein Beispiel unabhängigen Denkens zu geben, lebten Dozenten und Professoren dem wissenschaftlichen Nachwuchs im Normalfall geistige Unterwerfung und soziale Anpassung vor. Anforderungen wurden banalisiert, akademische Grade und Titel inflationiert, Hausberufungen, Provinzialismus und Vetternwirtschaft institutionalisiert.

»In der Summe verdichteten sich die Strukturveränderungen des Graduierungs- und Berufungsrechts wie der Hochschul- und Akademiereformen der sechziger Jahre zur Entwissenschaftlichung der Berufskonstruktion des Universitätsprofessors«, faßte kürzlich der Historiker

Ralph Jessen den (in sich differenzierten) Macht- und Bedeutungsverlust der Wissenschaften zusammen.

Daß Abweichlern äußerstenfalls die Strafversetzung in die materielle Produktion drohte, vervollständigte den gesellschaftlichen Rangverlust des *Homo academicus* und symbolisierte ihn zugleich. Jeder Hilfsarbeiter genoß höheres gesellschaftliches Ansehen, besaß mehr Selbstvertrauen.

Das kleinere und mittlere Gewerbe hatte sein soziales Rückgrat spätestens 1972 verloren, als die letzten Privatunternehmen in Staatseigentum übergingen. Aber schon zuvor stand sich der Arbeiter, der wenig verantworten mußte, aber viel durchsetzen konnte, besser als der Mittelständler, bei dem es sich gerade umgekehrt verhielt.

Literaten und Künstler beanspruchten hingegen bis zuletzt gewisse Sonderrechte. Sie konnten sich freiwillig versichern, Gagen und Honorare innerhalb dehnbarer Grenzen aushandeln und in nach Sparten gegliederten Verbänden mitwirken. Sie agierten darüber hinaus am nationalen und auch am internationalen Markt, was ihnen zusätzliche Einkünfte, intellektuelles Renommee und eine gewisse Unangreifbarkeit eintrug. Aber es gab auch Schattenseiten der Freiheit. Die finanzielle Lage war unsicher, die Konkurrenz um staatliche Aufträge und Auflagenhöhen erheblich, und das Verbandsleben verkam zusehends zur Arbeitsbeschaffung für willfährige Mitglieder.

Dennoch: in einer Gesellschaft, in der Arbeiter und rangniedrige Angestellte sozial und kulturell den Ton angaben, setzten sie einen der wenigen Kontrapunkte.

Eine ähnliche Rolle spielten fortexistierende Berufs- bzw. Sinngebungsstände, besonders Ärzte und Geistliche, ohne dabei ihre vormalige Standesmacht in vollem Umfang behaupten zu können. Frei praktizierende Ärzte bildeten nur noch eine verschwindende Minderheit, staatlich Pflichtversicherte die überwältigende Mehrheit der Patienten; Ärztekindern wurde der Eintritt in die elterliche Profession erschwert, Theologen und ihr Nachwuchs an den Rand der Gesellschaft gedrängt; das Kirchenvolk nahm an Zahl ab und an Alter zu.

Nichtsdestoweniger überlebten diese Sozialmilieus. Sie rekrutierten sich in hohem Maße aus sich selbst, behaupteten ihre geistig-kulturelle Eigenständigkeit, und die protestantischen Geistlichen vermochten ihren gesellschaftlichen Einfluß in den achtziger Jahren sogar auszuweiten. Wie der Religionssoziologe Detlef Pollack in einer Langzeituntersuchung nachweisen konnte, erreichte die protestantische Kirche besonders in größeren Städten wieder Teile der gut ausgebildeten jungen Generation, die ihrerseits Druck auf die allzu moderaten Kirchenfunktionäre ausübten.

Dem überragenden gesellschaftlichen Einfluß der Arbeiterschaft tat all das nur wenig Abbruch, im Positiven wie im Negativen.

Wer nicht arbeitete oder nicht so wie sie, lebte im permanenten Begründungsnotstand, wobei die Begründungsnot direkt proportional mit dem Bedürfnis wuchs, dazuzugehören. Der »Asoziale« hatte mit seinem sozialen Status unter Umständen weniger ideologische Probleme als der marxistische Philosoph. Dafür hatte er den Arm des Gesetzes zu fürchten und tat insofern gut daran, »richtige« Arbeit wenigstens vorzuschützen. Seinem Beispiel folgten viele andere Nichtarbeiter und stilisierten ihre Art der Beschäftigung zur Arbeit um. Zuletzt war alles Arbeit – Wissenschaft, Philosophie, Literatur und Kunst. Ja, es fehlte sogar nicht an Versuchen, noch der Arbeit direkt entgegengesetzte Tätigkeiten in Unterarten derselben zu verwandeln. So kamen das Spiel und selbst die Liebe zu Arbeitsehren. Jenes diente der Wiederherstellung des Arbeitsvermögens, diese schuf Neues, dank der »Arbeit« der Natur.

Alles war arbeiterlich gefärbt, die dazugehörige Gesellschaft ihrer innersten Wesensbestimmung nach eine arbeiterliche Gesellschaft.

Aber was ist das überhaupt – eine arbeiterliche Gesellschaft?

Die Frage führt auf den Begriff der Sache.

Soweit ich sehe, wurde er bisher noch nicht mit der erforderlichen Sorgfalt und Schärfe bestimmt. Nicht einmal der Terminus hat sich richtig eingebürgert. Er geht meines Wissens auf den großen Soziologen Norbert Elias zurück, der sich seiner bediente, um die industriellen Arbeitsgesellschaften des zwanzigsten Jahrhunderts von den bürgerlichen und höfischen Gesellschaften früherer Jahrhunderte abzugrenzen.

Tatsächlich liefert die Trias höfisch – bürgerlich – arbeiterlich einen wichtigen Schlüssel zum Verständnis von Begriff und Sache, aber eben nur einen. Arbeiterliche Gesellschaften unterscheiden sich grundsätzlich von höfischen und bürgerlichen Gesellschaften; sie sind aber auch nicht einfach Arbeitsgesellschaften oder Arbeitergesellschaften, und proletarische Gesellschaften sind sie schon gar nicht.

Was aber dann?

Um das herauszufinden, empfiehlt es sich, die möglichen Gegenbegriffe der Reihe nach durchzugehen.

Beginnen wir mit dem semantisch nächstliegenden, mit dem Begriff der Arbeitsgesellschaft.

Dieser Begriff hebt den hohen Stellenwert industrieller Arbeitsprozesse bei der Schaffung des gesellschaftlichen Reichtums hervor. Anders als der Komplementärbegriff »Industriegesellschaft« legt er dabei den Akzent auf jene, die die Arbeit leisten, auf die moderne Arbeiterschaft, die Industriearbeiter. Für die gesellschaftlichen Formen, die Macht- und Eigentumsverhältnisse, unter denen die Arbeiter produzieren, ist der Begriff blind. Industrielle Arbeit kann grundsätzlich in der Privat- oder in der Staatswirtschaft geleistet werden, unter der Vorherrschaft des Marktes oder der des Plans. Privat- bzw. Marktwirtschaften fragen Arbeit in

Abhängigkeit von den Gewinnchancen der Einzelunternehmen nach; Staats- bzw. Planwirtschaften fragen Arbeit unabhängig von solchen Gewinnaussichten nach. Die erste Variante proletarisiert die Arbeitsuchenden, macht sie zu Arbeitnehmern, denen Beschäftigung je nach Marktlage gegeben oder nicht gegeben wird; die zweite Variante hebt genau diese Proletarisierung auf und macht aus Arbeitnehmern Arbeitsbesitzer. Im ersten Fall bestimmt sich die Arbeitsgesellschaft für die Masse der Beschäftigten zur proletarischen, im zweiten zur arbeiterlichen Gesellschaft fort.

Die arbeiterliche Gesellschaft bildet insofern das polemische Gegenstück zur proletarischen und dank dieser Polemik eine Arbeitsgesellschaft *sui generis*; eine Gesellschaft, in der alle arbeiten oder zu arbeiten meinen und die Arbeit jedem einzelnen gehört.

Und genau aus diesem Grunde ist eine arbeiterliche Gesellschaft auch keine Arbeitergesellschaft, diese vielmehr ein Teil jener, und zwar der mit Abstand gewichtigste.

Denn nicht nur die Industriearbeiter verbanden sich für ihr gesamtes Berufsleben mit der Arbeit, mit Arbeit überhaupt, sondern sämtliche Beschäftigtengruppen taten dies: Angestellte, Genossenschaftsbauern, Handwerker, Dienstleistende, Intelligenz, wirtschaftliches, administratives und politisches Führungspersonal. Blickt man allein auf Arbeitsplatzbesitz und soziale Daseinsgarantien, könnte man Gesellschaften wie die ostdeutsche ebensogut, vielleicht sogar mit größerem Recht »Angestelltengesellschaften« nennen. Tatsächlich vermittelten sie zuweilen den Eindruck eines aufs Gesellschaftsganze übertragenen öffentlichen Dienstes. Aber dieser Eindruck berücksichtigt nur die formelle Seite des sozialistischen »Gesellschaftsvertrags« und läßt seinen substantiellen Charakter außer acht.

Entscheidend waren die inner- und außerbetrieblichen Machtchancen, die mit dem Arbeitsverhältnis einhergingen, sowie das davon abgeleitete Selbstbewußtsein der einzelnen sozialen Gruppen. Und diesbezüglich konnte nicht der geringste Zweifel bestehen: die Ostdeutschen lebten in einer Gesellschaft, in der die Arbeiterschaft sozial und kulturell dominierte und die anderen Teilgruppen mehr oder weniger »verarbeiterlichten«.

Es wäre eine Absurdität zu behaupten, die ostdeutschen Arbeiter hätten die politische Herrschaft ausgeübt. Aber das soziale Zepter hielten sie in der Hand. Anschauungen, Meinungen, Konventionen, Kleidungs- und Konsumgewohnheiten und nicht zuletzt die Alltagssitten richteten sich nach den Normen und Idealen der arbeitenden Klasse. Weil es sich um eine arbeitende Klasse handelte, nicht um eine genießende, den körperlichen Kräften eine wesentliche Rolle zukam, besaßen diese Normen und Ideale einen unverkennbar männlichen Einschlag.

Mitglieder aller sozialen Gruppen legten denselben Wert auf nahrhaftes und kalorienreiches Essen, auf hochprozentige Getränke, auf praktische Kleidung, die leicht zu reinigen war, nicht so sehr schmückte als vielmehr vor Witterungsunbilden schützte; sie richteten ihre Wohnungen ähnlich und ähnlich überladen ein, schätzten und teilten die nämlichen Freizeitvergnügungen und bevorzugten dieselben Sportarten. Noch im leiblichen Gestus imitierten Ingenieure, Werkleiter und Universitätsprofessoren den männlichen Arbeiter, wenn sie ungeniert ihren Bauch oder ihre sexuelle Potenz zur Schau stellten. Dabei gewann selbst die maskuline Körpersprache im Bannkreis der arbeiterlichen Gesellschaft eine andere Bedeutung.

Die Literaturwissenschaftlerin Katrin Rohnstock hat den Bedeutungswandel vor Jahren am Phänomen des »Bierbauchs« untersucht und treffend als instinktive Phantombildung gekennzeichnet:

»In einer Gesellschaft, in der es kein Privateigentum gibt und damit keinen Zwang zur Erwerbskonkurrenz und Besitzstandswahrung, bliebe als spezifisch ›männlicher‹ Auftrag ausschließlich der Schutz der Gemeinschaft. Aber wahrscheinlich würden es sich Frauen selbst für diesen Bereich nicht gefallen lassen, dauerhaft ausgeschlossen zu sein.«

Diese Betrachtung ist noch in einem weiteren Sinne aufschlußreich.

Sie zeigt den männlichen Arbeiter als Prototyp und zugleich als Produkt der arbeiterlichen Gesellschaft. Einerseits übernahmen die gesamte Gesellschaft und auch das andere Geschlecht seine Normen und Vorstellungen, kamen Abweichungen von dieser Norm, kulturelle Gegenmodelle, die es durchaus gab, gesamtgesellschaftlich nicht zum Tragen. Andererseits waren diese Normen, genau genommen, gar nicht seine Normen, sondern die Normen einer Gesellschaft, die jedem und jeder Arbeit garantierte und eben dadurch den hart arbeitenden männlichen Ernährer ein für allemal aus dem gesellschaftlichen Zentrum verbannte. Die Gesellschaft war nach jenem Arbeiter-Modell geformt, das sie selbst zuvor geschaffen hatte. Das Umgekehrte gilt freilich auch: Weil die Gesellschaft eine arbeiterliche Gesellschaft war, die ihren Reichtum durch ein hohes Maß physischer Anstrengung erkaufte, erkannte sie sich in der Gestalt des Arbeiters, vorzüglich der des Schwerstarbeit leistenden Mannes, am besten wieder.

Oder noch einmal anders formuliert, aus der Sicht der Männer: Gerade weil die ererbten männlichen Beschützerinstinkte von der arbeiterlichen Gesellschaft weitgehend entfunktionalisiert und durch soziale Garantien ersetzt wurden, klammerten sie sich an den Körper, und zwar auch an den Körper jener Männer, die entweder gar nicht oder nicht körperlich arbeiteten. Gerade weil der Mann nicht mehr Mann war, legte er größten Wert darauf, es wenigstens zu scheinen.

Daß die Wirklichkeit nicht hielt, was der Schein versprach, führte zu Konflikten, die im nächsten Kapitel zur Sprache kommen sollen.

Zunächst wollen wir nach diesen unumgänglichen Differenzierungen wieder eine Verallgemeinerung wagen und behaupten, daß die Arbeiterschaft in der arbeiterlichen Gesellschaft dieselbe Rolle spielte, die das Bürgertum in der bürgerlichen Gesellschaft übernahm, die der Aristokratie in der höfischen Gesellschaft zukam.

Alle drei Großgruppen herrschten sozial und dominierten kulturell; dagegen lag die politische Macht nicht oder doch nicht zwingend in ihren Händen. Die übten in der höfischen Gesellschaft der allein regierende Monarch, in der bürgerlichen Gesellschaft entweder charismatische Führer oder demokratisch gewählte Repräsentanten und in der arbeiterlichen Gesellschaft hohe Parteifunktionäre aus.

Doch damit enden die Gemeinsamkeiten.

Die Arbeiter praktizierten ihre »führende Rolle« ganz anders als Bürgerliche und Höflinge. Sie zeichneten sich nicht nur durch gefestigtes Gruppenbewußtsein, sondern auch durch grenzenloses Selbstbewußtsein aus.

Darüber verfügten Höflinge und Bürgerliche nur in sehr beschränktem Maße.

In ihrem kollektiven Überlegenheitsgefühl anderen sozialen Gruppen gegenüber übertraf die höfische Aristokratie Bürgertum und Arbeiterschaft. Auf Menschen unterer Stände, auf rangniedrige Personen innerhalb des eigenen Standes blickte der Höfling herab; von Mitgliedern unterbürgerlicher Schichten oder Dienern nahm er sozial überhaupt keine Notiz. Kaum war er unter seinesgleichen, schlug die Arroganz jedoch in Angst und Unsicherheit um. Alles, was er hier war und vorstellte, war er durch die Meinung der anderen. Nur solange er in deren Gunst stand, galt er auch in seinen eigenen Augen etwas. Norbert Elias hat den unauflöslichen Zusammenhang von Sein und Wahrgenommenwerden in seinem Buch *Die höfische Gesellschaft* mit höchstmöglicher Klarheit beschrieben:

»Die aktuelle Rangordnung innerhalb der höfischen Gesellschaft schwankte fortwährend hin und her ... Bald kleine und fast unmerkliche Erschütterungen, bald große und sehr merkliche Erschütterungen veränderten ununterbrochen die Stellung und die Distanz der Menschen innerhalb ihrer. Diese Erschütterungen zu verfolgen, dauernd auf dem Laufenden über sie zu sein, war für den höfischen Menschen lebenswichtig. Denn es war gefährlich, sich gegenüber einem Menschen, dessen Kurs am Hofe im Steigen war, unfreundlich zu verhalten. Es war nicht weniger gefährlich, einem Menschen, der innerhalb dieser Rangordnung im Sinken, der etwa gar der Ungnade nahe war, allzu freundlich zu begegnen ... So war dauernd eine genau überlegte Nuancierung des Benehmens gegenüber jedermann am Hofe unerläßlich. Das Verhalten, das die höfischen Menschen jeweils einem anderen gegenüber für angemessen hielten, war für diesen selbst, wie für alle Beobachter ein ganz genauer Anzeiger dafür, wie hoch er augenblicklich nach der gesellschaftlichen Meinung im Kurs stand. Und da der Kurs, in dem der einzelne stand, identisch war mit seiner sozialen Existenz, so erhielten die Nuancen des Verkehrs, in denen man die Meinung über diesen Kurs ausdrückte, eine außerordentliche Bedeutung.«

Die zur höfischen Spitzengruppe gehörenden Menschen waren die sozialsten Wesen, die man sich überhaupt denken kann. Da sie über keine von der allein maßgeblichen höfischen Meinung unabhängige Machtquelle verfügten, aus der sich ihr Selbstbewußtsein hätte speisen können, lieferten sie sich dem Auf und Ab der Meinungskonjunktur ohne innere Reserve aus.

Das Bürgertum befand sich diesbezüglich in einer etwas günstigeren Position.

Bürgerliche konnten sich vom gesellschaftlichen Verkehr mit ihresgleichen dispensieren und in ihre Privatsphäre zurückziehen. Sie konnten, was noch wichtiger für ihr Selbstbewußtsein war, auf ihren Beruf, auf ihren geschäftlichen Erfolg verweisen, wenn man ihren sozialen Wert taxierte.

Auch das hat Norbert Elias richtig gesehen:

»In einem sozialen Felde, in dem die Begründung der sozialen Existenz auf Geldchancen und Berufsfunktionen zur vorherrschenden Form der Existenzbegründung geworden ist, dort ist für den einzelnen seine aktuelle Gesellschaft relativ auswechselbar. Die aktuelle Achtung und Einschätzung durch die anderen Menschen, mit denen er beruflich zu tun hat, spielt natürlich immer eine mehr oder weniger bedeutende Rolle, aber man kann sich ihr doch bis zu einem gewissen Grade immer entziehen.«

»Bis zu einem gewissen Grade«, in der Tat.

Denn derselbe soziale Faktor, der dem Bürger zu größerer Souveränität gegenüber der maßgeblichen Meinung verhalf – sein Geschäft –, bedrohte die Selbständigkeit auch wieder.

Im Unterschied zu Aristokraten konnten bürgerliche Menschen geschäftlich scheitern und gerade dadurch ihre soziale Kreditwürdigkeit im umfassenden Sinne des Wortes verlieren.

So unabhängig der Bürger vom Bürger als Bürger war, so abhängig war er von ihm als Kunden. Verlor er die Anerkennung der »Konsumenten«, büßte er früher oder später auch die bürgerliche Anerkennung ein. Da half auch die Berufung auf das launische Marktglück nichts.

Hegel hat den Doppelcharakter der bürgerlichen Existenz in seinen *Grundlinien der Philosophie des Rechts* wie kein zweiter verstanden und in Worte gefaßt:

»In der bürgerlichen Gesellschaft ist jeder sich Zweck, alles andere ist ihm nichts. Aber ohne Beziehung auf andere kann er den Umfang seiner Zwecke nicht erreichen: diese anderen sind daher Mittel zum Zweck des Besonderen. Aber der besondere Zweck gibt sich durch die Beziehung auf andere die Form der Allgemeinheit und befriedigt sich, indem er zugleich das Wohl der anderen mitbefriedigt.«

Jeder verfolgt sein Sonderinteresse, kann es aber nur auf dem Umweg über die Befriedigung fremder Interessen durchsetzen. Er muß Gegenstände hervorbringen, Dienste offerieren und sich dabei nach den Wünschen und Maßstäben anderer Menschen richten. Arbeit und Kundenfreundlichkeit sind die beiden großen Gegenkräfte, die seinen angestammten Egoismus zügeln, seine Ansichten und Gewohnheiten Schritt für Schritt sozialisieren:

»Dadurch, daß ich mich nach dem anderen richten muß, kommt hier die Form der Allgemeinheit herein. Ich erwerbe von anderen die Mittel der Befriedigung und muß demnach ihre Meinung annehmen. Zugleich aber bin ich genötigt Mittel für die Befriedigung anderer hervorzubringen. Das eine also spielt in das andere und hängt damit zusammen: alles Partikulare wird insofern ein Gesellschaftliches; in der Art der Kleidung, in der Zeit des Essens liegt eine gewisse Konvenienz, die man annehmen muß, weil es in diesen Dingen nicht der Mühe wert ist seine Einsicht zeigen zu wollen, sondern es am klügsten ist, darin wie andere zu verfahren.«

Der Bürger kann nicht nur – er *muß* etwas Objektives zwischen sich und die anderen bringen, um Bürger zu sein; und genau darin liegt seine Freiheit ebenso beschlossen wie seine Abhängigkeit.

Anders als der Aristokrat kann er auf etwas von ihm selbst Geschaffenes zeigen, auf ein produktives Werk, und sich darin bejahen; aber zur wirklichen Selbstbestätigung wird das Werk erst in den Händen der anderen.

Das Werk, das den bürgerlichen Stolz erst begründet, bricht ihn auch und zwingt die bürgerliche Existenz ebenso unerbittlich unter die gesellschaftliche Meinung wie den Höfling. Daß ihn Achtung bzw. Mißachtung nicht unvermittelt treffen, sondern zeitlich verzögert, auf gesellschaftlichen Umwegen, ist demgegenüber Ausdruck seines sozial vermittelteren, reflektierteren Wesens.

Gemessen an beiden, am Aristokraten wie am Bürger, erscheint der arbeiterliche Mensch als wahres Glückskind der Geschichte.

Er mußte nichts sein, um etwas zu werden, nichts werden, um etwas zu sein, denn alles, was er sein und werden konnte, war er bereits: ein anerkanntes Mitglied des Gemeinwesens.

Er war ökonomisch unabhängig, existentiell von vornherein gesichert und wußte vom Kampf um soziale Anerkennung nur vom Hörensagen.

Er konnte eine bestimmte Arbeit nicht bekommen oder wieder verlieren, von einem Arbeitsverhältnis ins nächste wechseln, aber sein Dauerverhältnis zur Arbeit blieb davon unberührt.

Er mochte fremde Meinungen, fremde Interessen respektieren oder mißachten, für seine gesellschaftliche Stellung war das einerlei; er ging allen Bedeutungen, Verwandlungen, Rollen voraus, die er im gesellschaftlichen Verkehr gewinnen, annehmen oder spielen konnte.

Jeder Versuch, seine Stellung in Zweifel zu ziehen, seinen sozialen Status oder auch nur seinen Lebensstandard an Vorleistungen für andere zu knüpfen, traf auf seinen erbitterten Widerstand.

Daß Arbeit zunächst Dienst an fremden Bedürfnissen, Existenzgarantie nur dann ist, wenn diese angemessen befriedigt werden, hielt er für eine boshafte Verdrehung der Tatsachen.

Solange er arbeitete, diente er nicht, sondern herrschte, beugte er sich weder den Weisungen von Vorgesetzten noch Konsumentenwünschen.

In seiner Einflußsphäre wurde das Dienen gesellschaftlich geächtet, die Herrschsucht sanktioniert und das Leben außerhalb der Arbeit all jener Annehmlichkeiten beraubt, die nur der Dienstbarkeit entspringen.

Wer noch soeben als Produzent oder Dienstleister über Konsumenten geherrscht hatte, wurde, kaum daß er selbst in die Rolle des Konsumenten schlüpfte, von anderen beherrscht.

Und weil sich die allgemeine Herrschsucht besonders

den Arbeitsprodukten mitteilte, die keiner besonderen Sorgfalt würdig schienen, tyrannisierten die Dinge am Ende ihre Schöpfer.

Sie waren selbstbewußt und störrisch, unansehnlich und spröde und taten selten, was sie sollten; gegen den aufdringlichen Produktfetisch der arbeiterlichen Gesellschaft wirkte der Warenfetisch der bürgerlichen fast befreiend.

Das Selbstbewußtsein flüchtete aus der Menschenwelt in die Sachwelt, setzte sich dort fest und starrte seine Erzeuger unverbindlich an; die grenzenlose Freiheit wich dem grenzenlosen Erstaunen über ihr eigenes Werk.

»Es klingt paradox, daß gerade in der Planwirtschaft der Raum für das Ungeplante, Willkürliche größer ist als in der sogenannten Marktwirtschaft«, formulierte Georg C. Bertsch 1990 am Ende einer kleinen Studie über die ostdeutsche Produktästhetik und traf damit den Kern der Sache.

Die arbeiterliche Gesellschaft, die gewöhnliche Menschen mit nie gekannten sozialen Freiheiten ausstattete, organisierte zugleich deren Mißbrauch und erschwerte sinnvolle, anderen Menschen nützliche Gebrauchsweisen außerordentlich.

Kurz nach dem 89er Umbruch begab sich der bekannte westdeutsche Fotograf Stefan Moses in die DDR, um prominente Oppositionelle, vor allem aber ganz gewöhnliche Menschen aus dem Werktag abzubilden. Er ließ sie vor einem großen grauen Tuch, das den Inszenierungscharakter der Aufnahme unterstrich, Aufstellung nehmen und fixierte dann den Ausdruck und die Haltung, zu der sie in dieser Kunstwelt fanden.

Wenn man die Bilder der Arbeiter und Arbeiterinnen betrachtet, die zumeist kleine Gruppen bilden, gerät man sofort in den Sog jenes schier grenzenlosen Selbstbewußtseins, von dem soeben die Rede war. Zwar sind die ostdeutschen Verhältnisse zu dieser Zeit schon kräftig ins

Wanken geraten, aber die Porträtierten blicken den Betrachter an, als könnte ihnen das alles nichts anhaben. Sie strahlen eine aproblematische Sicherheit aus, wie sie nur Menschen eigen ist, die das Fürchten sozial nicht gelernt haben. Noch der Hilfsarbeiter posiert vor der Kamera wie ein ungekrönter Herrscher im eigenen Revier. Die innere Erhabenheit über alles Dienstbare spricht in ihrer ganzen Doppeldeutigkeit aus beinahe jedem Bild.

Daß der stolze Gestus in genau dem Moment eingefangen wurde, in dem er historisch kippte, macht den wehmütigen Reiz des Bandes aus.

So werden einfache Arbeiter nie wieder blicken.

Die Dinge und das Leben

Warum die Herrschaft der Dinge
über die Menschen
keine unumschränkte war
und was diese unter Reichtum
noch verstanden

Die Mecklenburger gingen krawattenlos ins Lokal und ließen sich beim Essen gehen und wirbelten mit dem Besteck so fürchterlich laut und schmatzten beim Puddingessen ... Sie kippten die harten Schnäpse. Sie stießen mit Biergläsern an. Und hoben ihre Gläser nicht in Kinnhöhe. Sie schauten sich beim Prosit nicht in die Augen. ... Sie klingelten ungeduldig an ihren Gläsern oder riefen gleich durch die Kneipe nach dem Chef vom Ganzen ...
Wo sie speisten, fand keine gemütliche Zusammenkunft der Gaumenfreunde statt. Es war ihnen nicht gegeben, über ein schönes Buch zu sprechen oder einer Platte Gehör zu schenken. Sie veranstalteten keine Cocktailstunde, hielten nichts von Offenen Abenden. Und Fünfuhrtee. Auch schienen sie nichts von Behaglichkeit und schönerem Wohnen zu halten. Die Flure waren beladene Gerümpelkammern und hinterließen alles andere als einen angenehmen Eindruck. Die Mecklenburgerinnen gingen mit Lockenwicklern im Haar einkaufen. In den Badestuben waren keine besonderen Haken für Gästehandtücher vorgesehen. Ihre Fenster blinkten nur selten im Sonnenlicht. Ihre Verköstigungen wirkten wie primitive Abfütterungen. Sie übergaben einem die Blumen verpackt. Sie entfernten das Preisschild nicht vom Geschenk. Sie überreichten ihre Mitbringsel wie nebenher.

Peter Wawerzinek

In einer arbeiterlichen Gesellschaft wie der ostdeutschen war jeder dem anderen sozial annähernd gleichgestellt, einer unter vielen, und zugleich ökonomisch unabhängig von den anderen, einer für sich.

Seine Gleichheit ließ ihn fühlen, denken und handeln wie alle anderen auch; seine Unabhängigkeit enthob ihn der Not, sich fortgesetzt unter Beweis stellen zu müssen, und wirkte daher in dieselbe Richtung. Fast jeder gab sich mit dem zufrieden, was er war und hatte, und nur wenige wurden von der Unrast gepackt, Gewinn auf Gewinn, Vorteil auf Vorteil zu häufen. Und weil man damit zufrieden war, konnte man sich auch privat auf Menschen einlassen, die weiter nichts mitbrachten als sich selbst. Es sollte einem nicht schlechter gehen als den anderen, besser nur insoweit, als es nicht den berechtigten Neid der Umwelt erregte.

Was man für sich zum Grundsatz erhoben hatte, praktizierte man auch in bezug auf Nachbarn und Kollegen: keiner sollte sich allzu weit über den Durchschnitt erheben, keiner allzu tief unter ihn hinabsinken. Es sollte weder Herren noch Diener, weder Reiche noch Arme, weder Mildtätige noch Bittsteller geben.

Ein jeder blickte eifersüchtig auf die über ihm, voll echten Mitgefühls auf die unter ihm Stehenden, stets darauf bedacht, schroffe Unterschiede zu mildern, wenn möglich auszugleichen, und sei es unter Preisgabe eigener Vorteile.

In den Arbeitskollektiven wachte man gemeinsam darüber, daß niemand begünstigt, aber auch niemand benachteiligt wurde, berücksichtigte alle möglichen Begleitumstände und benachteiligte gerade dadurch die Günstlinge des Glücks. Man neidete dem gut verdienenden Familienvater die Prämie, die er sich durch fehlerlose Arbeit verdient hatte, und sah sie lieber in den Händen der alleinerziehenden Mutter, die sozial bedürftig war. Nächstens kam dann wieder die Leistung an die Reihe.

Der Plan der sozialistischen Vorsehung, von dem früher die Rede war, hatte nichts Geheimnisvolles an sich. Wenn im großen ganzen alles zum Wohlgefallen der Gleichheit geschah, dann deshalb, weil die Menschen, die sich für sie entschieden, schon durch sie geprägt waren und Normen wieder und wieder bekräftigten, an denen sie sich seit je orientierten.

Soziale Gleichheit, gepaart mit ökonomischer Unabhängigkeit und existentieller Sicherheit – das war die Brücke über alle Gräben hinweg, die die Gesellschaft durchzogen; die Rückversicherung des Gemeinwesens für den äußersten Notfall, der keinen inneren Zwist, keine Schuldvorwürfe und kein Beiseitestehen mehr dulden würde; die letzte und wirksamste aller sozialen Garantien; das eigentliche Erfolgsgeheimnis von 1989 und zugleich Hauptgrund für die Verzögerung der Endabrechnung.

Denn die Gleichen an sich sind friedfertig, mit sich selbst beschäftigt und äußerst vorsichtig. Solange sie nicht herausgefordert werden, fordern auch sie niemanden heraus. Sie verlassen nur ungern das Dickicht aus informellen Absprachen, kleinen Kompromissen, zeitweiligen Waffenstillständen und Zigtausenden Kompensationen, in dem sie sich mit großer Sicherheit bewegen. Sie dulden sogar Unrecht und Bedrückung, wenn sie fürchten müssen, daß Recht und Freiheit anderen nützlicher sein könnten als ihnen selbst. Was Tocqueville die »feige Liebe zur Gegenwart« nannte, paßt auf sie im höchsten Maße.

Unter allen sozialen Erfindungen verdient die Gleichheit die höchste Bewunderung und die schärfste Kritik.

Sie ist öffentlichen und politischen Freiheiten gewogen, aber sie bringt sie nicht von sich aus hervor; sie interveniert, wenn anderen Unrecht von ihresgleichen, und sie zögert, wenn es ihnen von oben geschieht. Sie kann sich mit der Tyrannis, die alle vor Armut schützt, unter Umständen leichter abfinden als mit einer Demokratie, die die Menschen sozial spaltet. Sie ist brüderlich und engherzig, weitblickend und provinziell, jederzeit zu Ruhmes-, aber auch zu Schandtaten aufgelegt und Grund zu ungetrübter Freude nur dann, wenn die weiteren Verhältnisse sie nicht in Versuchung führen.

Die ostdeutschen Verhältnisse *führten* sie in Versuchung.

Sie kapselten die Freiheit des Wortes in künstlerische und wissenschaftliche Expertenkulturen ein, hoben politische Freiheiten weitgehend auf und verbannten dadurch den menschlichen Ehrgeiz aus der öffentlichen Sphäre. Der Ehrgeiz verdinglichte, aber er kam nicht zum Ziel. Die Dinge, die er an die Stelle öffentlicher Taten rückte, mauerten nach dem politischen auch seinen privaten Freiraum ein und konnten keinem imponieren. Sie waren aufdringlich, herrschsüchtig, störanfällig, oft häßlich und nicht selten völlig unbrauchbar. Überdies konnte sie jedermann mit einiger Anstrengung um sich versammeln. Prestigeobjekte im engeren Sinn bildeten nur Produkte, die man direkt aus dem westlichen Ausland oder gegen Devisen in eigens dafür bestimmten Geschäften bezog. Doch selbst die traten früher oder später in den allgemeinen Kreislauf des Gebens, Nehmens und Weitergebens ein. Nur ganz wenige verfügten über wohlhabende und großzügige Westverwandte oder über Devisenkonten mit hohen Guthaben. Im ganzen wuchs der Unterscheidungsspielraum wohl geringfügig, aber in der Regel blieb allen alles oder doch fast alles verfügbar.

Das allein wäre vielleicht noch kein Grund gewesen, aus dem Wettlauf auszusteigen. Gerade weil es aussichtslos schien, konnte man seinen gesamten Ehrgeiz aufbieten, um das Gesetz der Serie zu brechen und doch noch einen Vorsprung zu erzielen. Doch sooft man diese Trotzphase durchlief, so oft durchlief man die Enttäuschungsphase: Gerade weil man es mit aller Energie versucht und dennoch nichts erreicht hatte, war die Sache sinnlos.

Wer sich jeweils in welcher Phase befand, wie viele mit dem Ausstieg liebäugelten, konnte niemand mit Bestimmtheit sagen.

Verläßlich war nur der »Phasensprung« selbst. Er ereignete sich zu jedem gesellschaftlichen Zeitpunkt und schleuderte Menschen zeitweise oder für immer aus der Kreisbewegung heraus. Und obwohl es sich nicht beweisen läßt, spricht vieles dafür, daß die Zahl derer, die »auf Entzug gingen«, mit den Jahren zunahm. Die funktionelle Güte der Dinge befriedigte immer weniger, ihr Erscheinungsbild wirkte wie festgefroren; moralisch waren sie bereits verschlissen, ehe sie überhaupt einen Käufer gefunden hatten. Als ihre gesamte Dingwelt 1989 von einem Tag auf den anderen entwertet und wie Müll weggeworfen wurde, hatten die Ostdeutschen die Freude an ihr längst verloren.

Das erleichterte den Ausstieg aus der symbolischen Konkurrenz.

Um wirklich auszusteigen, bedurfte es der zusätzlichen Einsicht, daß man die Dinge gar nicht nötig hatte, um etwas vorzustellen. Diese Einsicht war durch eine gesellschaftliche Struktur vorgeformt, die die Menschen nicht nur gleich, sondern auch unabhängig voneinander machte. Noch ehe das Bedürfnis, sich von anderen zu unterscheiden, überhaupt formuliert werden konnte, war es bereits substantiell befriedigt. Der öffentlich enttäuschte Ehrgeiz mußte gar nicht in die Dingwelt emigrieren; er konnte unter seinesgleichen bleiben und dort nach Glück und Befriedigung suchen. In einer arbeiterlichen Gesellschaft war das sogar seine einzige erfolgversprechende Möglichkeit.

So wie die höfische Aristokratie den repräsentativen Raum eroberte und kultivierte, wie das Bürgertum Beruf und Privatsphäre zu seiner Domäne erhob, verlegten sich die Gleichen auf die mitmenschliche Sphäre. Was den Höflingen Zeremoniell und Etikette, den Bürgern Geschäft und Familie, bedeuteten ihnen Nähe und Ungezwungenheit.

»In jeder Gesellschaftsschicht wird der Bezirk des Verhaltens, der gemäß ihrer Funktion für die Menschen dieser Schicht am lebenswichtigsten ist, auch am sorgfältigsten und intensivsten durchmodelliert«, schrieb Norbert Elias vor Jahrzehnten in seiner Studie *Über den Prozeß der Zivilisation* und faßte damit einen der wichtigsten Grundsätze der vergleichenden Kulturgeschichte in Worte.

Die höfische Zivilisation lebte von der Ungleichheit der Menschen, schuf aus dem Geist der Stände- und Statuskonkurrenz; die bürgerliche Zivilisation entdeckte die formale Gleichheit aller Menschen, verdankte ihre schöpferische Kraft jedoch der Konkurrenz um Märkte; die arbeiterliche Gesellschaft beruhte auf der substantiellen Gleichheit ihrer Bürger und war dann am produktivsten, wenn sie Mensch und Mensch zusammenführte.

Nur sie konnte sich unterfangen, das letzte und dringlichste Problem des Menschen in Angriff zu nehmen, das Problem der Echtheit, und wenn sie es nicht löste, erwies sie seiner künftigen Behandlung doch unschätzbare Dienste.

Solange Menschen noch etwas zwischen sich bringen können, so lange stehen sie diesseits des Problems.

Ob Macht, Rang, Titel, Prominenz, Geld oder eben Dinge dazwischentreten, ist im Einzelfall von Relevanz, ändert aber nichts am Prinzip – stets bleibt der andere sozial auf Abstand, wird er nach dem Wert geschätzt bzw. behandelt, den er innerhalb dieser Ordnungen repräsentiert. Wer über sozial konvertierbare Werte nicht verfügt, kann sich durch achtungsgebietende Selbstinszenierungen wie Nimbus, Prestige und Bluff vor Erniedrigung schützen und unangreifbar machen. Indem er »seiner Individualität für die Abenteuer des praktischen Lebens ein besonderes, einzigartiges Aussehen« gibt, wahrt er sein Gesicht und seine Spielchancen.

Der Anthropologe Helmuth Plessner, von dem diese schöne Formulierung stammt, beschrieb in seinen *Grenzen der Gemeinschaft* von 1924 auch das dazugehörige Menschen- und Gesellschaftsbild:

»Das Individuum muß zuerst sich eine Form geben, in der es unangreifbar wird, eine Rüstung gleichsam, mit der es den Kampfplatz der Öffentlichkeit betritt. Auf solche Art sichtbar geworden, verlangt es entsprechende Beziehung zu anderen, Antwort von anderen. Der Mensch in der Rüstung will fechten. Eine Form, die unangreifbar macht, hat stets zwei Seiten, sie schützt nach innen, und sie wirkt nach außen. Das kann sie aber nur, wenn sie definitiv verhüllt. Ohne irreale Kompensation einer Form in die Öffentlichkeit zu gehen, ist ein zu großes Wagnis ...

Im Anwendungsbereich einer Kultiviertheit der Andeutung, einer Kultur der Verhaltenheit, zeigt der reife Mensch erst seine volle Meisterschaft. Direkt und echt im Ausdruck ist schließlich auch das Tier; käme es auf nicht mehr als Expression an, so bliebe die Natur besser bei den elementaren Lebewesen und ersparte sich die Gebrochenheit des Menschen ... Im Indirekten zeigt sich das Unnachahmliche des Menschen.«

Die Darstellungs- und Beziehungsprobleme, die sich Mitgliedern einer arbeiterlichen Gesellschaft stellten, tauchen in diesen Beobachtungen nicht einmal am Rande auf. Das ist insofern nicht verwunderlich, als Plessners Augenmerk der bürgerlichen Welt galt. Seine Kritik der Echtheit rügte jene naiven Zeitgenossen, die mit anderen um Macht und Einfluß konkurrieren und doch authentisch bleiben wollten. Dabei scheiterten sie natürlich. Oder anders gesagt: Weil sie jederzeit von Konkurrenten bloßgestellt und beiseite geschoben werden konnten, durften sie nicht echt sein und unterlagen insofern einem tödlichen sozialen Irrtum.

Das wirkliche Problem der Echtheit hat nichts mit solchen Mißverständnissen gemein. Es stellt sich überhaupt erst unter Bedingungen, unter denen niemand sozial wirklich scheitern kann und daher auch keine Anstalten treffen muß, um diesem Unglück vorzubeugen. Erst wenn die Menschen nicht mehr vorgeben müssen, etwas zu sein, sondern von vornherein etwas sind, stehen sie dem größten Glück, aber auch der größten aller Gefahren gegenüber: anderen ohne Arg zu begegnen und in der eigenen Arglosigkeit mißbraucht und ausgenutzt zu werden.

Die Ostdeutschen waren über beides im Bilde, über die Versprechen wie über die Risiken der Echtheit, und es gab kaum ein Thema, das sie mehr in Anspruch genommen hätte.

Als Gleiche fanden sie keinen Anhalt, um sich dauerhaft voneinander abzugrenzen. Jeder fühlte und dachte in etwa wie die anderen, besaß denselben Geschmack, verfügte über ähnliche Einkommen und soziale Spielräume wie sie und war jederzeit imstande, fremde Vorteile durch eigene Anstrengungen wettzumachen. Akademische Grade zählten wenig (der »Doktor« war für die meisten der Arzt), staatliche Titel überging man mit Geringschätzung, die formale Rangordnung in Wirtschaft und Gesellschaft spiegelte die effektiven Machtchancen nur sehr unvollkommen wider und wurde schon deshalb nicht besonders ernst genommen. Wer kühn oder verzweifelt genug war, auch noch die Dinge von sich abzutun, mußte sein seelisches Heil im Nächsten suchen, im unmittelbaren Austausch von Mensch zu Mensch.

Und genau das taten die Ostdeutschen immer wieder.

Ich habe verbissene Eigentümer, überzeugte Gegner des Sozialismus gesehen, die ihre kostbarsten Besitzstücke mit wegwerfender Geste an den nächstbesten weitergaben, als handelte es sich um wertlosen Tand; Menschen, die ihre Steifheit von einem Augenblick zum anderen überwanden und eine Spontaneität an den Tag legten, die sie wohl selbst am meisten überraschte; Funktionäre, die sich wie Brechts Puntila zielstrebig betäubten, um ihre Verhärtung periodisch abzustreifen.

Die menschliche Revolte konnte leicht im Affekt, selbst im Exzeß enden wie im folgenden Fall, den der Schriftsteller Peter Wawerzinek in der Rückerinnerung an seine Arbeitserlebnisse im Ostberlin der frühen achtziger Jahre beschreibt:

»Nackte Erregungen kamen am monatlichen Lohntag auf. Wenn ein Kumpel zu kümmerlich bedacht worden war. Sagen wir, eine Zusatzarbeit nicht regelrecht ausgelöhnt wurde. Oh, dann geiferten die Aufgekratzten, daß die Zufriedengestellten den Pausenraum verließen. Sie drohten mit Finessen der brutaleren Selbstverteidigung. Polterten ins Meisterbüro. Pochten auf Prinzipien. Kehrten schimmlig vor Schmach zurück. Warfen Kittel von sich. Verhießen, den letzten Handschlag für die Firma, ja den Staat getätigt zu haben. Denn wechselte Wut. Ingrimm. Amoklauf. Und jeder Anfall war am Umkleidespind vergessen.

Am Geburtstag wurde Schnaps gesoffen. Die Trunkenbolde verbargen sich hinter hohen Stapeln, den Rausch auszuschlafen. Mitunter lag einer dann in der falschen Kiste. Und wurde zum Abfall geschüttet. Oder er verschwand auf unehrlichen Sohlen, um in der nahen Kaschemme dem Arbeitstag vorzeitig Abschied zu geben.«

Unablässig ereignete sich in dieser protestantischen, zugeknöpften, irgendwie stationären Gesellschaft ein Karneval im kleinen, der die Leute aus ihrem dogmatischen Schlummer weckte und die menschlich-sozialen Bezüge scheinbar auf den Kopf, in Wahrheit jedoch auf die Füße stellte.

Denn so *wollten* sie leben, direkt und ohne Verstellung, Junge und Alte, Kinder und Erwachsene, Frauen und Männer.

Im Konkreten gingen die Vorstellungen jedoch zum Teil erheblich auseinander, besonders bei den Geschlechtern.

Es ist durchaus nicht übertrieben, von einem Geschlechterkampf zu sprechen.

Zwei seinerzeit viel gelesene Sammlungen von Tonbandprotokollen können helfen, das Thema etwas zu vertiefen.

1977 veröffentlichte die früh verstorbene Autorin Maxie Wander unter dem Titel *Guten Morgen, du Schöne* einen Zyklus von Tonbandgesprächen, die sie mit ostdeutschen Frauen verschiedenen Alters und vielfältigster Professionen geführt hatte. Knapp zehn Jahre später, 1986, folgte ihre Kollegin Christine Lambrecht mit dem Band *Männerbekanntschaften. Freimütige Protokolle.*

Dort berichtet Georg D., ein damals 36jähriger Soziologe, über seinen mehrfach gescheiterten Versuch, Frauen durch Schwäche und emotionale Bedürftigkeit zu gewinnen:

»Bärbel war selbstbewußt und sicher. Diese Eigenschaften waren bei meiner zweiten Frau noch ausgeprägter, sie war eine ausgesprochen dominierende Person ... Wir waren nur sechs Monate verheiratet. Sie hat dann die Scheidung eingereicht. Sie hatte sexuelle Unstimmigkeiten als Hauptgrund angegeben und daß ich auf den anderen nicht gefühlvoll eingehen könne. Dazu muß ich sagen, daß ich viel Nähe und Zärtlichkeit brauche, aber ein gleichberechtigtes oder gleichwertiges Liebesverhältnis darunter verstehe. Sie war Lehrerin, und es war so, daß ich mich immer als ihr Schüler gefühlt habe, ihr untergeordnet war, und das kann mit mir nicht gut gehen. Die sexuellen Probleme hingen damit unmittelbar zusammen. Sie warf mir vor, daß ich im sexuellen Zusammensein nur mein Vergnügen suche. Sie hatte mir von Anfang an gesagt, daß sie erobert sein möchte, und ich hatte damals noch nicht richtig begriffen, was es heißt, eine Frau zu erobern ... Heute weiß ich, daß man dazu eine Frau begehren muß, sie umwerben und alles dafür tun, um sie in die Stimmung zu bringen, die sie für ein sexuelles Zusammensein braucht. Und das ist etwas,

was mir nicht gefällt. Ich finde, daß eine Frau genauso aktiv sein sollte wie ein Mann, daß es ein gemeinsamer Vorgang sein muß.«

Die alte Wertordnung der Geschlechter, das zeigt sein Bericht, war kräftig durcheinandergewirbelt worden. Stärke, Weltbezug und Abenteuer einerseits, Schwäche, Schutzbedarf und Häuslichkeit andererseits kodierten nicht mehr einfach »Mann« und »Frau«. Oftmals strebten gerade Frauen in die Welt, suchten sie nach Abenteuern und Abwechslung, wogegen die Männer den Haushalt besorgten, ihre Ruhe und Ordnung haben wollten.

Und dann saßen sie allein zu Haus.

»Wir haben uns doch durch die Schichten bei allen Arbeiten abgewechselt«, beginnt ein 29jähriger Masseur sein Klagelied. »Wenn sie Frühschicht hatte, habe ich den Kleinen in die Krippe gebracht, dann aufgeräumt, abgewaschen, Betten gemacht, eingekauft, für ihre Eltern auch ... Ich habe deshalb die Vorwürfe gar nicht fassen können und bin sehr betroffen gewesen. Ich kann es jetzt noch nicht richtig begreifen ...

Ich bin auch zur Ehe- und Sexualberatung gegangen, schon bevor sie die Scheidung eingereicht hatte. Ich habe versucht, sie mitzunehmen. Sie war nicht bereit. Es hat keinen Sinn mehr gehabt ...

Ich denke jetzt natürlich auch mal an das, was mir nicht gefallen hat. Ich hatte immer den Eindruck, daß sie wenig Lust hatte, im Haushalt etwas zu tun. Sie hatte dann schlechte Laune, wenn sie abwaschen mußte, zum Beispiel. Ich brauche Ordnung und verlasse die Wohnung gern aufgeräumt, dafür stehe ich auch eine halbe Stunde früher auf. Das Leben ist viel einfacher und leichter, wenn alles überschaubar ist. Darum ist es jetzt auch ..., die Scheidung ..., das ist irgendwie komisch, ich weiß nicht, wie ich das sagen soll, als ob man Dreck an der Weste hat.«

Auch ein 40jähriger Arzt macht kein Geheimnis aus seinem »Ordnungsfimmel«:

»Ich kann es heute noch nicht leiden, wenn irgendwo auf einem Stuhl etwas liegt oder wenn einer etwas in die Ecke schlenkert. Ich kann fuchsteufelswild werden, wenn einer von meinem Platz etwas nimmt und nicht wieder an die Stelle zurücklegt. Da werde ich ganz saueklig.«
Seine Frau muß die Manie ausbaden.

So geht es durch den ganzen Band.
Robert, ein Gesellschaftswissenschaftler und 55 Jahre alt, hatte sich auf die Hausarbeit spezialisiert, während seine Frau, eine Ärztin, sich weiterbildete. Bei dieser Rollenverteilung blieb es dann auch später. Sie spielte den öffentlichen, er den häuslichen Part. Sie genoß Anerkennung im Beruf, er laborierte an »Problemen mit dem Selbstwertgefühl«.
Der 35jährige Franz, Theaterdramaturg, entdeckte das Theater durch seine Frau, der er ins Engagement folgte. Auf »viel Liebe und Zuwendung« angewiesen, ließ er sich von ihr »bemuttern«, bis ihre fraulichen Instinkte anderswo Auslauf suchten. Nach der Trennung versuchte er, »endlich selbständig zu werden«.
Ein Enddreißiger und Direktor für Ökonomie investiert in Sicherheit und Wohlstand. »Das beruhigt, schafft Freiräume. Ich würde kribbelig werden, wenn ich mir Dinge nicht mehr leisten kann, die Spaß machen.« Seine Frau verweist den allzu geruhsam gewordenen Gatten des gemeinsamen Schlafzimmers. »Dadurch verpassen wir manchmal was. Das macht mich nicht mürrisch, aber es wäre schön, wenn es häufiger wäre ... Sicher vermißt sie es mehr als ich.«
Viele Männer befreien sich von den sozialen Zumutungen ihrer Rolle, schlüpften in die des Umsorgten und Behüteten und enttäuschten gerade dadurch viele Frauen.
Zunächst deshalb, weil auch die sich über Jahrhunderte hinweg an den Schutz und Beistand von Männern gewöhnt hatten. Nun standen sie mit einem Mal auf eigenen Füßen, beruflich und sozial. Durch die veränderten Umstände auf

die eigene Stärke verwiesen, mochten sie in schwachen Momenten gleichwohl das Anlehnungsbedürfnis ihrer Mütter und Großmütter verspüren, das Bedürfnis nach ritterlichen Männern. Doch die konnten sich auf dieselben Umstände berufen und aus der alten Pflicht in die neue Freiheit stehlen. So kam es zu der Paradoxie, daß Frauen, die ihre soziale Emanzipation mit allen zu Gebote stehenden Mitteln verteidigten, nach Rittern Ausschau hielten und ihre Männer von Fall zu Fall ausdrücklich in die alten Pflichten riefen.

Die Auffassung, die Doris, eine 30jährige Unterstufenlehrerin, Ende der siebziger Jahre der Schriftstellerin Maxie Wander anvertraute, war durchaus exemplarisch zu nehmen:

»Ein Mann möchte ich aber nicht sein. Jede Frau kann heute selbst ihren Mann stehn. Trotzdem bleibt sie umschwärmt und im Mittelpunkt. ... Ich glaube, eine Frau, die sich ihre Position erkämpft hat, die hilft schon mit, daß der Mann ein bißchen gedrückt wird und seine Rolle nicht mehr so ausüben kann wie mal im Bürgertum.«

Ute, eine 24jährige Facharbeiterin, ging noch einen Schritt weiter und bekannte unumwunden:

»Ick wollte immer 'n Mann haben, den ick anhimmeln kann. Ralph hat gleich gesagt, er will nich dieser knallharte Typ sein, det stößt ihn ab, weil det unnatürlich und unehrlich ist, genau wie die Unterwürfigkeit der Frau. Aber ick hab det damals nich verstanden.«

So kombinierten Frauen die Vorzüge der sozialen Gleichheit mit den angenehmen Seiten des männlichen Beschützerinstinktes.

Ihr soziales Anspruchsverhalten attackierte die männliche Norm, ihr emotionales Anspruchsverhalten bewahrte dieselbe Norm vor dem Untergang.

Und manchmal agierten sie als die hauptsächlichen Verfechter dieser Norm und verängstigten die Männer geradezu.

Auch dafür gab es Gründe.

Frauen gewannen ihre soziale Unabhängigkeit *von* den Männern, indem sie ihren Lebensunterhalt wie *diese* bestritten, nämlich durch Arbeit. Mehr als das. Viele Frauenberufe schlossen schwere körperliche Arbeit ein. Vor allem im Dienstleistungssektor, aber auch in vielen einst dem starken Geschlecht vorbehaltenen industriellen Professionen arbeiteten Frauen nicht weniger hart als Männer. Das beeinflußte natürlich ihr körperliches Gebaren, ihre Umgangsformen und ihre Sprache. Der Ton war rauh, die Witze waren derb und voller sexueller Anspielungen, die Gesten direkt und »ökonomisch«. Jürgen Böttchers Dokumentarfilm *Wäscherinnen* aus dem Jahre 1972 gab einen guten Einblick in diese weibliche Arbeitswelt und ihren durchaus männlichen Komment. Auf die Frage des Regisseurs, wie sie sich ihre Männer wünschten, antworteten die jungen Arbeiterinnen wie im Chor dasselbe: schlank, groß, sportlich, kräftig.

Man ahnt die Falle, in der sich beide Geschlechter verfingen, verfangen konnten: Viele Männer kompensierten ihren sozialen Machtverlust durch eine Inszenierung körperlicher Macht und versprachen den Frauen dadurch mehr, als sie einzulösen bereit waren. Viele Frauen begrüßten den sozialen Machtverlust der Männer, hielten sich aber desto entschiedener an das emotionale Sicherheitsversprechen, das der männliche Körper ausstrahlte, und bereiteten sich dadurch immer wieder Enttäuschungen.

Beide unterlagen einem Mißverständnis, aber einem notwendigen. Das ist meist der Fall, wenn gesellschaftliche Verhältnisse umgewälzt, alte Gewohnheiten bodenlos werden, aber nicht sofort verschwinden. Sie bilden dann gleichsam das Material für Ausdrucksimpulse, die ihrer selbst noch unsicher sind und daher häufig das Gegenteil dessen signalisieren, was sie »meinen«.

Kaum hatten die Frauen durchschaut, daß hinter dem vermeintlichen Kraftprotz und Abenteurer der nette Hausmann steckte, brachen sie aus der Idylle aus und begaben sich selbst in Gefahr.

So wie Rosi, die 32jährige Sekretärin. Sie liebte ihren Mann, einen Arbeiter, und war auch sexuell glücklich mit ihm. Auf neue Entdeckungen mochte sie deshalb nicht verzichten:

»Ich gehöre nicht zu den Frauen, die sich einbilden, nur mit *einem* Mann glücklich sein zu können«, vertraute sie Maxie Wander an. »Ich treffe ständig Männer, die mir gefallen und denen ich gefalle. ... Konkret gehe ich gelegentlich mit einem Mann ins Bett oder auf die grüne Wiese. Seltsam, daß ich dir das eingestehe. Es ist seltsam, da ein Mann so etwas ohne weiteres eingesteht, es würde sogar sein Prestige aufpolieren. Poliert dieses Geständnis *mein* Prestige auf? ...

Es sind ja immer diese Abenteurertypen unter den Frauen, die ausprobieren wollen, was bisher den Männern vorbehalten geblieben ist. Na schön, und nun erleben wir eben die gleiche Ernüchterung wie die Männer. Mit manchen ist die Liebe genauso öde, wie wenn man mit ihnen heiße Würstchen am Stand ißt.«

Doris, eine 30jährige Unterstufenlehrerin, mit einem Werkzeugschlosser verheiratet, absolvierte ihr Fernstudium, während ihr Mann Haushalt und Kinderbetreuung übernahm. Sie »wollte raus aus der Enge, egal mit welchen Mitteln. Ich bin keine Feine«. Jahrelang stritt sie mit ihrem Mann um die private Führungsrolle, obwohl sie sie längst innehatte:

»Er ist ein ruhiger Partner ... Eigentlich spreche immer ich, und er sagt ja oder: Ach hör auf, du willst immer recht haben. Und damit ist die Auseinandersetzung gelaufen. Es geht mir wie manchem Arbeiter, der seinen Verbesserungsvorschlag macht, und der Chef hat nie Zeit. Dann sagt man sich: Du kannst mich mal.«

Auch die familiäre Außenpolitik lag in ihren Händen:

»Ich bin sehr kontaktfreudig, ich könnte jeden Tag viele

Leute um mich haben. Meinem Mann behagt das nicht so sehr, er mag das Behaglich-Häusliche mehr. Manchmal geht er in den Klub mit, aber da muß er sich sehr überwinden, er hat nicht den Unternehmungsgeist wie ich.

Freunde haben wir eigentlich nur auf meiner Seite. Das hört man oft, daß Frauen die Aktiveren sind.«

Die Männer erregten den Unwillen der Frauen, wenn sie den Ernährer herauskehrten, und ernteten auch als Hüter des gemeinsamen Heims keinen Beifall. Und manchmal sollten sie alles auf einmal sein – gleichberechtigter Partner, Liebhaber, Kindesvater, heimlicher Führer durchs gemeinsame Leben –, und zwar ohne dabei allzusehr aufzufallen.

»Eine bestimmte Vorstellung habe ich von dem Mann, mit dem ich leben möchte«, erzählte eine 21jährige Bibliothekarin. »Er dürfte mir nicht unterlegen sein. Das würde ich nicht aushalten. Ich möchte zu ihm aufschauen, sonst würde ich ihn verachten. Er dürfte kein Muffel sein, der nur zu Hause hockt. Er müßte ein Mensch sein, der mich mitreißt. Ein Kind möchte ich auch haben, nur eins, das dürfte nur für mich da sein. Ein Kind ohne Mann, das wäre auch denkbar. Ich glaube einfach nicht, daß es einen Mann fürs ganze Leben gibt. Wenn Konflikte auftreten, würde ich auf jeden Fall gehen. Ich muß ja nicht gleich zum nächsten gehen, ich kann ja sehen, ob ich alleine damit fertig werde.«

Wenn die Männer es einmal richtig machen wollten und häusliche Gleichheit ohne Wenn und Aber praktizierten, war es wieder ihre »Pedanterie«, die romantische Gefühle kränkte:

»Nein«, protestierte eine 37jährige, »ein Mann muß was auf sich nehmen, der muß von vornherein akzeptieren, daß er der Stärkere ist. Und er muß auch eine Idee besser sein, eine Idee intelligenter sein. Und ich bin der Efeu, der sich um ihn herumrankt. Ich bin so richtig altmodisch, nicht?

Das gefällt mir. Vielleicht ist es auch so, daß ich das extra herausfordere, weil Frank die Lasten gleich verteilen will. Wenn er den halben Garten umgräbt, soll ich die andere Hälfte umgraben, das provoziert meinen Widerspruch.«

Selten dürften Selbstbild und wirkliche Rolle, Wunsch und Realität in einem krasseren Mißverhältnis gestanden haben als bei den ostdeutschen Männern.

An sich Gewinner der neuen Verhältnisse wie die Frauen auch, taten sie sich weit schwerer, die Gewinne einzustreichen; alter Ansprüche verlustig gegangen, neuen nicht gewachsen oder mit beiden zugleich konfrontiert, wirkten sie ein wenig überfordert.

Der Grund dieser männlichen Überforderung sowie der damit zusammenhängenden Konflikte zwischen den Geschlechtern kann nach dem Vorherigen deutlicher bestimmt werden: Männer besaßen im allgemeinen ein schlichteres, unreflektierteres Verständnis von Echtheit und Natürlichkeit als Frauen; wo diese ein Problem vermuteten, mit dem man erst noch umgehen lernen mußte, erblickten jene die Lösung aller Schwierigkeiten.

Lutz S., ein 32jähriger Werkzeugmacher, verlieh der männlichen Naivität beispielhaften Ausdruck:

»Jetzt ist es so, wie ich es immer wollte. Ist doch Blödsinn, auf der einen Seite schläft man miteinander, auf der anderen Seite hat man Komplexe, Gefühle auszusprechen. Also wenn du so willst, auf der einen Seite die Nacktheit des Körpers, warum sich dann nicht auch mal die nackte Seele vor die Beine werfen.

Das entspricht mir viel mehr. Ich denke von mir sagen zu können, daß ich ziemlich geradeaus bin, auch wenn ich mit anderen rede. Ich bin immer ich! Sicher guckt man sich die Leute an, mit denen man auch über Intimes spricht. Aber was ich sage, ist echt. Meistens kann ich mit Frauen besser als mit Männern, weil Männer eher dazu neigen, etwas ins Lächerliche zu ziehen.«

Selbst junge Frauen gaben sich mit dieser simplen Sicht

der Dinge nicht zufrieden, wie die Äußerungen einer 18jährigen Oberschülerin beweisen:

»Wenn ich meinen Charakter verändern könnte, würde ich mir wünschen, nie falsch auf die Menschen zu wirken. Irgendwie spielt im Leben doch eine große Rolle, daß man anerkannt wird. Da kann man schnell falsch werden, anders, als man eigentlich ist, oder anders, als gut für einen ist. Ich möchte immer ich selber sein, ohne die Menschen dadurch zu verletzen. Das ist schwierig.«

Authentisch, aber nicht aufdringlich sein, auf diese Formel könnte man das elementare Verhaltensproblem von Menschen bringen, die in einer arbeiterlichen Gesellschaft lebten; in einer Gesellschaft, die keine sozialen Grenzen zwischen den Menschen errichtete und dadurch zu *ihrer* Aufgabe machte, was in Gesellschaften anderen Typs Standes- oder Klassenschranken übernehmen – für den psychisch und sozial gebotenen Abstand zu sorgen. Auch für das komplementäre Problem, von der Distanz zur Nähe zurückzufinden, mußten sie eine Lösung finden, die ihren sozialen Verhältnissen angemessen war.

Die bei weitem klügste Reflexion, die ich zu diesem Thema gefunden habe, stammt von Lena, einer 43jährigen Dozentin. Sie reichert die Betrachtungen der Abiturientin durch Lebenserfahrung an und hebt sie dadurch auf ein philosophisches Niveau. Das rechtfertigt es, ihre damaligen Äußerungen gegenüber Maxie Wander im Kontext wiederzugeben:

»Ich muß mich jeden Tag von neuem behaupten, weil ich ständig an mir zweifle. Ich bin nicht sicher, ich riskiere sogar zu zeigen, wie unsicher ich bin. Aber die Menschen verlangen Fassade. Nur starke Menschen können ihre Unsicherheit zeigen und gelassen tragen wie einen alten Hut. Sobald ich Menschen näher kennenlerne, habe ich das Bedürfnis, mich privat und unmittelbar zu geben, mich ihnen auszuliefern. Ich will dann diesen ersten Glanz nicht auf-

rechterhalten, weil ich ihn für eine Lüge halte. Ich verringere den Abstand systematisch, bis ich den Menschen ein Vertrauter bin. Diesen ganzen Autoritätszauber halte ich doch für eine Farce, für die kein vernünftiger Mensch Bedarf hat. Diesen Widerspruch gibt es bei allen, die öffentlich wirksam sind. Man wird ständig in Zwiespalt kommen zwischen Autoritätsdenken und dem Sich-selbst-Geben. Autorität ist im Grunde nur eine Rolle, in die man flüchtet, wenn man unsicher ist. Ich möchte mir selber beweisen, daß ich auch mit meinen Schwächen noch jemand bin und daß die andern mich mit meinen Schwächen akzeptieren. Die Menschen ertragen es aber nicht einmal, sich selbst nackt zu sehen. Sie denken und fühlen in Klischees. ...
Natürlich, wenn man sich selbst in Frage stellt, wenn man die schützende Wand der Konvention durchbricht, kriegt man erst einmal Angst. Aber ich mache den andern vor, daß dieses Sich-in-Frage-Stellen der Ansatzpunkt für jede Veränderung ist. Erst wenn man sich vom alten Krempel leer macht, hat man Raum für Neues und Besseres. Sicherlich, es ist eine Gratwanderung, die schiefgehen kann. Aber wenn ich es anders mache, verrate ich mich selber. Ich muß mit Ängsten bezahlen und mit Mißtrauen. Ich muß jeden Tag von neuem den Teufelskreis durchbrechen.«
Der geschichtliche Hintergrund dieser ganz außerordentlichen Betrachtungen bleibt verborgen und ist dennoch in jedem Satz greifbar. Die emotionale Spontaneität von Frauen unterlag seit je einer doppelten sozialen Wahrnehmung: sie wurde gepriesen und gefürchtet, vergöttert und verteufelt, und zwar je nachdem, wo sie sich äußerte. In der privaten Sphäre durfte das Bedürfnis nach Echtheit und Unmittelbarkeit seine Erfüllung in treuer Gattenliebe und in der Kinderaufzucht finden; außerhalb des Hauses verlor es alle Rechte, durfte es allenfalls auf männliche Duldung hoffen. So wie im Fall der Adonia, jener bizarren rituellen Feiern, die die Frauen von Athen einmal im Jahr

nächtens auf den Dächern ihrer Häuser zusammenführten. Dort ehrten sie den Gott Adonis, der den Frauen Lust schenkte, statt die eigene Lust nur an ihnen zu befriedigen. Sie zündeten Kerzen an, sprachen und lachten miteinander und stillten wohl auch ihre erotischen Begierden. Im offiziellen Festkalender des antiken Athen suchte man die Adonia vergebens. »Das Fest war ebenso informell organisiert, wie seine Gefühle spontan waren. Und es sorgte, was kaum überrascht, für Unbehagen bei den Männern«, schreibt Richard Sennett in seiner Studie *Fleisch und Stein*.

Dieses notorische Unbehagen, die Zurückweisung und Diskriminierung, die der weiblichen Spontaneität im gesellschaftlichen Raum wieder und wieder entgegenschlugen, schulte im Gegenzug das weibliche Problembewußtsein für öffentliche Gefühlskundgebungen nachhaltig. Die ostdeutschen Frauen waren Erbinnen dieser langen Vorgeschichte und der in ihr gesammelten Erfahrungen und den Männern insofern weit voraus. In einer gesellschaftlichen Lage, die beide Geschlechter zu emotionaler Spontaneität befreite, auch und gerade im Umgang miteinander, wußten eigentlich nur sie, worum es dabei ging, was auf dem Spiel stand und welches Risiko man lief, wenn man sich ungeschützt authentisch gab. Sofern der ostdeutsche Diskurs zum Thema Echtheit wirklich Neues zu sagen hatte, trug er weibliche Züge.

Wie all ihren Geschlechtsgenossinnen vor ihnen war den ostdeutschen Frauen geläufig, daß emotionale Echtheit verletzbar macht. Und weil sie dieses Erbe in sich trugen, konnten sie auch die Perspektive wechseln und erkennen, daß Echtheit ihrerseits verletzen kann. Wer auf den eigenen »Glanz« verzichtet, duldet auch den der anderen nur widerwillig und strebt danach, den »ganzen Autoritätszauber« zu zerstören. Er beschützt die eigene Schutzlosigkeit, indem er das Schutzbedürfnis der anderen ignoriert und die eigene Angst zur allgemeinen macht. Das ist die Falle der Echtheit. Sie schnappte in der ostdeutschen Gesellschaft schon deshalb häufig zu, weil hier der Mitmensch immer wieder zur Kompensation verweigerter öffentlicher Ausdrucksbedürfnisse herhalten mußte, Ersatzbefriedigung latent stets mit im Spiel war. Während Männer im allgemeinen unbekümmert genug waren, sich in den Fallstricken zu verfangen, antizipierten Frauen mehrheitlich die Krux der Echtheit: sich wechselseitig mit Nähe-Zumutungen zu überfrachten.

Sie wußten intuitiv, daß Echtheit nur dann sozial befreit, wenn sie sich mit ihrem Gegensatz verbindet, mit Reflexion und Strategie. »Ich verringere den Abstand systematisch, bis ich den Menschen ein Vertrauter bin«, lautete die Maxime der Dozentin.

Um die »schützende Wand der Konvention« zu durchbrechen, muß man sie zunächst errichten, um vom »alten Krempel« loszukommen, muß man sich mit ihm ausstaffieren und anderen dasselbe Recht einräumen. Scheinbar kehrt damit alles wieder: Fassade, Maske, Nimbus und Prestige. Man glaubt, die Worte der 92jährigen Julia zu vernehmen. Auch sie stand Maxie Wander bereitwillig Rede und Antwort und erzählte aus einem bewegten Leben, in dem sie sich auch Männern gegenüber manche für die damalige Zeit erstaunliche Freiheiten herausgenommen hatte. Doch es war ein Leben »voller Nimbus«. »Weißt du«, fuhr sie fort«, es fehlt den jungen Leuten heute ein gewisser Nimbus. Wir waren ja vorher auch nicht einwandfrei, aber das Letzte fehlte, das schwebte immer noch vor uns.«

Und dies eben, den Nimbus aufzulösen, ohne in Banalität und Peinlichkeit zu enden, Unmittelbarkeit nicht direkt, sondern auf Umwegen anzusteuern, war das anspruchsvolle Ziel, das viele ostdeutsche Frauen mit großer Energie verfolgten.

Sie machten Anleihen bei der Vergangenheit, aber nur, um schließlich ohne Ballast in der Gegenwart anzukommen und herauszufinden, wieviel Nähe und Unmittelbarkeit sie selbst aushalten und anderen zumuten konnten. Sie bedienten sich überlieferter Konventionen, vorgefertigter Formen und Formeln und unterzogen sie zugleich einem radikalen Funktionswandel. Sie bemächtigten sich des Anstands und der »guten Sitten«, schmolzen die sozialen Abstandshalter ein und bauten daraus Brücken.

Anfänglich durch staatlichen Druck, durch die Streichung von Witwenrenten und von Versorgungsansprüchen, dazu gezwungen, ein eigenes berufliches und soziales Leben zu führen, gewöhnten sich die Frauen bald daran. Mehr als das: sie verbanden ihre neugewonnene soziale Selbständigkeit mit Umsicht und ererbter Lebensklugheit und wälzten die Alltags-, Geschlechter- und Liebesbeziehungen beharrlich um.

Die Disziplinierung und Zivilisierung des Mannes war keine Erfindung von Schriftstellern und Künstlern, auch wenn sie zum Dauersujet von Literatur, Dramatik, Dokumentar- und Spielfilm wurde; sie ereignete sich im Leben, alltäglich und millionenfach.

Frauen bildeten die emotional-praktische Avantgarde der DDR-Gesellschaft, in die Männer eigentlich nur kooptiert werden konnten. Sie lösten das uralte Rätsel, wie man seine Würde wahren und dennoch echt sein kann.

»Ich habe etwas gegen das Enthüllungsspiel. Man kann der Zwiebel alle Häute abziehen, und dann bleibt nichts. Ich werde dir sagen: Man beginnt zu sehen, wenn man aufhört, den Betrachter zu spielen, und sich das, was man braucht, erfindet: diesen Baum, diese Welle, diesen Strand ...« So lautete der Wahlspruch von Rosi, der Sekretärin; derselben jungen Frau, der nichts so sehr zuwider war wie Falschheit und Verlogenheit.

Wenn Helmuth Plessner je grundlegend berichtigt wurde, dann durch die ostdeutschen Frauen und ihre männlichen Komplizen.

Nicht dort, wo er das Tier sicher hinter sich weiß, im

Indirekten, zeigt sich das Unnachahmliche des Menschen mit höchstmöglicher Prägnanz, sondern auf jenem Felde, wo er seine Konkurrenz noch fürchten muß, im Direkten. Erst wenn ihm Direktheit nicht einfach passiert, sondern gefällt, wenn er sie kultiviert, ohne von ihr Abstand zu nehmen, wenn er die Scham wahrt und dennoch nichts von sich verdeckt, hat er den Bereich des ihm Mitgegebenen und Möglichen zur Gänze ausgeschritten.

Form und Seele

Was Ratgeber über Anstand
und wahre Liebe dachten
und was man ihnen glaubte

Schon die Haltung ist für den äußeren Eindruck bedeutsam. Aber wenn man auf der Straße einmal umherschaut – wie bewegt sich doch so mancher durch die Gegend: tief eingezogene Schultern, die Arme wie zwei lose an einer Schiefertafel baumelnde Griffel schlenkernd, mit den Beinen schlackernd oder mit den Hüften wippend wie ein Mannequin. Andere haben die Hände tief in den Hosentaschen, wiegen sich wie Seeleute durch den Verkehr und starren geistesabwesend auf die Steinquadern des Gehwegs. Jeder für sich ein Original; sie gehen nicht, sondern lassen sich gehen.

Karl Smolka

Mit demselben Elan, mit dem andere Völker politische Streitfragen diskutierten, verschrieben sich die Deutschen dem pädagogischen Diskurs. Statt aus Flugschriften und Pamphleten bezogen sie ihre Aufklärung aus Lehr-, Benimm- und Anstandsbüchern. Statt sich über ihre Interessen aufzuklären, klärten sie sich über ihre Gesinnung und Gesittung auf. Statt die Welt zu verändern, veränderten sie lieber sich selbst. Das erschien ihnen seriöser, gründlicher und auf Dauer erfolgversprechender als der unbedachte Sturm auf die Institutionen.

Wie ihre westdeutschen Landsleute, so hielten auch die Ostdeutschen die sozialpädagogische Tradition in Ehren. Ratgeberliteratur aller Art gehörte zu ihrer Lieblingslektüre. Broschüren und Bücher, die intime Gegenstände behandelten, waren besonders gefragt. Die Ratgeber spielten, zumindest anfänglich, die ganze Überlegenheit des Experten aus, belehrten die Laien, verängstigten sie mitunter sogar zielgerichtet und streuten die Normen bürgerlicher Respektabilität wie Brosamen unter das wißbegierige Volk. Mit dem Überzeugungstalent eines Maklers pries die populäre Aufklärungsliteratur der neuen Ordnung das gute Alte an.

Die Kulturhistorikerin Anna-Sabine Ernst, die sich als erste zusammenhängend mit diesen Texten beschäftigte, wagte eine noch allgemeinere Behauptung und schrieb:

»Da die west- als auch die ostdeutsche DDR-Forschung zumeist die radikale Zäsur von 1945 in den Vordergrund stellte, geriet weitgehend aus dem Blick, wieviel Kontinuität es auf verschiedenen Ebenen des politischen und gesellschaftlichen Lebens gab. Tatsächlich blieben bis in die 1960er Jahre hinein insbesondere Elemente von Bürgertum (als sozialer Formation) und Bürgerlichkeit (als Lebensweise und Habitus) unter der Hand erhalten und waren kulturell prägend.«

Das scheint mir etwas zu weit gegriffen.

Wie sich die Menschen selbst verhielten, woran sich Erwachsene und Jugendliche, Frauen und Männer tatsächlich orientierten, kann man den einschlägigen Schriften höchstens indirekt entnehmen. Ob das, was sie zur Norm erhoben, auch die Norm des Alltags war, wird sich nie sicher beweisen lassen. Daß *Normverstöße*, die sie ausdrücklich benannten und wortreich kritisierten, an der Tagesordnung waren, kann man mit hoher Sicherheit annehmen. Nicht an die Wünsche der Experten, sondern an ihre Klagen müssen wir uns halten, wenn wir herausfinden wollen, wie die Menschen wirklich dachten und handelten.

Und das Klagen nahm kein Ende.

Selbst Künstler nahmen sich zuweilen der guten Sitten und der Volksgesundheit an.

1948 kam unter dem Titel *Straßenbekanntschaften* einer der ersten DEFA-Filme in die Kinos. Er erzählte Geschichten von verwitweten Frauen, heimkehrenden Soldaten und jungen Leuten beiderlei Geschlechts, die nach langen Jahren von Angst und Entbehrung endlich ihren Lebenshunger stillen wollten. Im verständlichen Übereifer, vertane Zeit mit einem Schlage aufzuholen, lassen sie die nötige Vorsicht vermissen und gehen unbekümmert sexuelle Beziehungen zu ihnen kaum bekannten Menschen ein. Sie infizieren sich mit Geschlechtskrankheiten, scheuen aus falsch verstandener Scham den Arztbesuch und lösen dadurch eine Kettenreaktion aus. Die Obrigkeit reagiert mit Razzien auf das Übel, wird dadurch aber nur der Spitze des Eisbergs Herr.

Damit nicht zufrieden, forderte der Film eindringlich zu mehr sexueller Umsicht auf und empfiehlt prophylaktische Reihenuntersuchungen.

Die Warnung vor sexueller Unordnung, vor den Gefahren, die mit allzu zeitigem oder unbedachtem Geschlechtsverkehr einhergehen, verstummte auch in den Folgejahren nicht, was uns zu der Annahme berechtigt, daß die frühe DDR-Gesellschaft weit weniger sittenstreng und prüde war, als man vielfach zu glauben geneigt ist.

1955 veröffentlichte der renommierte Sozialhygieniker Rudolf Neubert sein viel gelesenes Buch *Die Geschlechterfrage*, das sich vor allem an die Jugend wandte. Auch er sparte nicht mit Kritik.

Er vermißte bei den Jugendlichen Höflichkeit und Zurückhaltung und beobachtete eine bedrohliche »Renaissance des Körperlichen«. Sie reduziere das Werbeverhalten der Geschlechter zunehmend auf das Ausstellen »körperlicher Vorzüge« und gipfele in »seelenloser Liebe«, die einzig um das Vergnügen kreise, um den Genuß:

»In der Verwilderung der letzten 20 Jahre sind die Feinheiten körperlichen Ausdrucks für innere menschliche Beziehungen vergessen worden. Jede Zärtlichkeit scheint nur noch auf die völlige Hingabe hinzuweisen, wird nur noch als Vorstufe gewertet. Das ist die betrübliche Kehrseite der Tatsache, daß unter jungen Menschen heute die körperliche Vereinigung, die letzte Hingabe viel zu leicht genommen, viel zu rasch und bedenkenlos gewährt wird.«

Auch an der Maskenhaftigkeit des Gebarens vieler junger Leute nahm der Autor Anstoß. Sie führe geradenwegs zu Mesalliancen:

»Will wirklich jedes junge Mädchen, das in unseren Straßen mit roten Fingernägeln, rotem Riesenmund umherläuft, mit ihrer ganzen Persönlichkeit hinter dieser Maske stehen? Kann die Betreffende auch halten, was sie verspricht? Was kommt heraus, wenn ein Mädchen, irgendeiner allgemeinen Mode folgend, falsch signalisiert? Es stellt sich der falsche Mann ein. Er geht, sobald er hinter die Maske geschaut hat. Der richtige aber, der gerade das sucht, was hinter der Maske lebt, wird von vornherein abgeschreckt.«

Schließlich kanzelte er die zur Schau getragene Gefühlskälte der ostdeutschen Rockgeneration ab:
»Was mir nicht gefällt, das sind diese gelangweilten, blasierten Gesichter der Tanzenden. Wozu geht man tanzen? Um sich zu unterhalten, um mit dem Freund oder der Freundin zusammen zu sein und, geführt von Melodie und Rhythmus, sich zu bewegen – aber das wollt ihr offenbar nicht, das ist euch zu sentimental. Schön, zappelt meinetwegen, aber macht dabei nicht so entsetzlich maskenhafte, sture Gesichter, sondern lacht wenigstens. Beim Menuett hat man gelächelt, beim Rheinländer hat man sich angelacht; warum könnt ihr beim Tanzen nicht fröhlich sein? Irgend etwas scheint mir bei eurer Tanzerei nicht zu stimmen, da sie euch so traurig macht.«

Der Ratgeber predigt in der Wüste, und er weiß es. Er will den Jugendlichen die eigenen Werte nahebringen. Die aber münzen die sozialen Freiheiten der neuen Ordnung in kulturelle um und nutzen für diesen Zweck auch die Angebote der westlichen Popkultur.

Man erweist den ehemaligen Machthabern zu viel Respekt, wenn man ihnen nachträglich zugesteht, sie hätten die Ostdeutschen, namentlich die ostdeutsche Jugend, im Geist des Puritanismus erzogen. Sie selber waren anderer Ansicht und empörten sich über die Verwestlichung der jungen Generation, über deren »Dekadenz« und »Unkultur«. Auch diese Formel übertrieb und war zudem zur Rechtfertigung staatlicher Sanktionen gegenüber sogenannten Rowdys bestimmt.

Dennoch: das Alltagsverhalten der Menschen widersprach den Vorgaben des politischen Systems. Es war eigensinnig, unordentlich und von oben kaum zu steuern. Die Anstands- und Aufklärungsbücher bezeugen die Kluft zwischen Wunsch und Realität besonders eindrucksvoll. Sie wollten den Nachwuchs zu bürgerlichem Biedersinn bekehren und vergraulten gerade dadurch Heranwachsende, die Gleichheit, auch in sexuellen Dingen, über alles stellten und Förmlichkeiten dispensierten.

Vielleicht waren die Experten doch besser beraten, wenn sie den Erzeugern ins Gewissen redeten und die junge Schar auf diesem natürlichen Umweg ansprachen.

So dachte offenbar der Frauenarzt Wolfgang Bretschneider, als er 1957 sein Buch *Sexuell aufklären – rechtzeitig und richtig* veröffentlichte. Es richtete sich an die Eltern pubertierender Kinder und bemühte sich nach Kräften, Schuldgefühle zu verbreiten.

Kaum ein sexueller Unglücksfall blieb ungenannt.

Da war vom Mißbrauch der Heranwachsenden durch Verwandte oder von der Nötigung jüngerer Schüler durch ältere die Rede. Anhand von Prozeßakten schilderte der Autor, wie unwissende Mädchen von Banden junger Männer vergewaltigt wurden, warnte er vor der Verführung Minderjähriger durch Homosexuelle: »Abnormes homosexuelles Verhalten und kriminelle Vergehen sind häufig miteinander verbunden«, und nicht minder drastisch vor dem »Steckenbleiben in Onanie«. Dem »vorehelichen Verkehr« widmete er ein ganzes Kapitel und wies dadurch unfreiwillig auf dessen Verbreitung hin. Abschließend warnte er vor den seelischen und körperlichen Risiken der Prostitution und empfahl zur Prophylaxe gegen alle Formen »geistloser Sexualität« frische Luft und sportliche Betätigung.

Die Sexualität erscheint als ein Reich des Grauens und der allgegenwärtigen Gefahr, das man am besten nur mit verhaltenem Atem betritt. Der Autor schafft eine Projektionsfläche für elterliche Ängste und belastet gerade dadurch die zwanglose häusliche Kommunikation von Eltern und Jugendlichen.

Wieder eine andere Aufklärungsstrategie verfolgte das Buch *Ein offenes Wort*, das ebenfalls 1957 erschien und mehrere Auflagen erlebte. Seine Verfasser, ein Mediziner und ein Psychologe, machten Erwachsene und Jugendliche gleichermaßen für den Verfall der Sitten verantwortlich. Obwohl der Untertitel ein *Buch über die Liebe* ankündigte, breiteten sie eine Fülle abschreckender Beispiele vor dem Publikum aus, wobei sie zu derben Worten griffen:

»Nicht vergessen werden darf die Auswirkung des Säufertums auf die ganze Gesellschaft. Bei Gewohnheitssäufern gibt es keine glücklichen Ehen. Die Frau wird zum Geschlechtstier herabgewürdigt, ein großer Teil des Arbeitseinkommens wandert in die Kneipe, und notwendige Anschaffungen unterbleiben. Selbst am Essen wird gespart. Die Arbeitskraft des Säufers ist herabgesetzt, er wird häufig arbeitsscheu ... Das Verantwortungsbewußtsein gegenüber der Allgemeinheit und der Familie verschwindet so gut wie vollständig, und in letzter Konsequenz endet das Säufertum im Irrenhaus.«

Daß die Trunksucht der Älteren auf die Jüngeren abfärbt, bildete ein stehendes Sujet der frühen Aufklärungsliteratur.

Jugend in Gefahr lautete der Titel einer Broschüre, in der Karl Kleinschmidt, Sozialdemokrat und sozialistischer Domprediger in Schwerin, schon 1954 auf den verbreiteten Alkoholmißbrauch unter Jugendlichen hingewiesen hatte. 1958 folgte der erwähnte Rudolf Neubert mit *Jugend und Alkohol* und leitete so gut wie alle gesellschaftlichen Laster aus dem maßlosen Trinken ab.

Auch die beiden Koautoren reihten Laster an Laster, gingen vom Alkohol- zum Nikotinkonsum und von dort zur aufreizenden weiblichen Bekleidung über. Resigniert konstatierten sie das ungebrochene Interesse vieler Menschen an »Schund- und Schmutzproduktionen aller Art, besonders aber Büchern und Filmen«:

»Auch die Seele kann schmutzig sein, wie ein vier Wochen altes Handtuch.«

Am härtesten gingen sie mit den Halbstarken ins Gericht:

»Wer kennt sie auch nicht, die Typen, die mit stumpfsinnigem Gesicht in ihrer Freizeit nichts Besseres zu tun wissen, als in Lokalen herumzuhocken und auf Tanzböden zu ›scheuern‹, die Mussorgski für eine Schnapsmarke und Strindberg für einen Ausflugsort halten. Fragt sie nach ihren Lebensinteressen, und euch werden die Augen übergehen vor so viel Beschränktheit. Das sind die typischen ›Halbstarken‹, und zu ihnen gehören ist weder schick noch jugendgemäß, sondern dumm und geschmacklos. Es sind nämlich gar keine typischen Jugendlichen, sondern typische Fehlentwicklungen, bedingt durch vorzeitige Konzentration des Bewußtseins auf geschlechtliche Dinge.«

So spricht man nur zu Menschen, die man aufgegeben hat.

Gefahr für die öffentlichen Sitten geht aber auch von denen aus, um die zu kämpfen sich noch lohnt. Sie neigen zum Exzeß, sind Modetoren, jagen billigen Vergnügen nach und erliegen primitivsten Reizen.

Zu den wenigen Benimmbüchern, die dem Arbeitsleben umfangreichere Betrachtungen widmeten, gehörte Karl Kleinschmidts Standardwerk *Keine Angst vor guten Sitten*. Es stieß, wie Anna-Sabine Ernst ermittelte, nach seiner Erstveröffentlichung 1957 auf die Kritik von Johnannes R. Becher. Zähneknirschend habe sich Kleinschmidt den geforderten Umarbeitungen gefügt, auf jede positive Erwähnung der Bundesrepublik verzichtet und beim Thema »Auslandsreisen« jegliches Fernweh unterdrückt.

Das Kapitel *Tages Arbeit* war falscher Ansichten unverdächtig.

Erneut schien die Wirklichkeit kräftig durch die Folie des Normativen, des Wünschbaren hindurch.

Kleinschmidt forderte die Unterordnung des einzelnen unter das Kollektiv und gab damit indirekt zu verstehen, daß es an dieser Bereitschaft haperte; er ernannte die Werktätigen zu Besitzern ihrer Fabriken und brachte auf diese Weise doch nur das unentwickelte Eigentümerbewußtsein zum Ausdruck. Er forderte zu ehrlichem Wettbewerb auf und kritisierte »Scheinwettbewerbe«, die das Einkommen der einzelnen auf Kosten des Volkseinkommens erhöhten, und legte genau dadurch den Finger auf die Wunde. Daß »echte Kollegialität« mit offener Kritik an Kollegen, selbst an Freunden durchaus verträglich sei, war ein schöner Grundsatz, aber eben nicht die Alltagsnorm. Und dasselbe galt für die Behauptung, daß Arbeiter und Vorgesetzte derselben Sache verpflichtet seien, keine gegensätzlichen Interessen hätten, sondern gemeinsame und auch eine »gemeinsame Ehre«.

Wenn er den »Proletkult« der Arbeiterschaft rügte, bewies er dessen Überlebenskraft:

»Es ist wirklich keine Heldentat, Mannesstolz vor Fürstenthronen zu zeigen, die es nicht mehr gibt. Dennoch trifft man gelegentlich Zeitgenossen, die in Verkennung gegebener oder entschwundener Tatsachen meinen, durch Formlosigkeit eine Art von Demokratentrotz demonstrieren zu müssen … Man kann seinen Chef auch dann kritisieren, wenn man ihn mit ›Herr Direktor‹ oder ›Herr Abteilungsleiter‹ anredet. Gewiß, man duzt sich heute mehr und leichter als früher. Aber das braucht keine Inflationierung des Du zu bedeuten.«

Der »Demokratentrotz«, den der Autor aus der sozialen Welt verbannen wollte, hielt sich hartnäckig in ihr, blieb die Domäne der Arbeiterschaft. Kluge Vorgesetzte wußten, was sie an ihm hatten.

Man konnte Arbeitern begegnen, die sich aus Wut über Mißwirtschaft und Schlamperei den »Kapitalisten« zurückwünschten und die diesen Wunsch sofort vergaßen, wenn ihr oberster Chef sie duzte.

Ob sie Generations-, Geschlechter- oder Arbeitsbeziehungen berührten – stets sprachen die Sozialpädagogen zwei Sprachen zugleich: die der Ordnung und die des Alltags. Als Experten standen sie der Ordnung näher als dem Alltag. Das Alltagsleben in eine umfassende, rationale Lebensordnung einzufügen, die sozialen Beziehungen berechenbar zu machen, Reibungsverluste einzuschränken, für Hygiene und gesunde Nachkommen zu sorgen, Epidemien zu verhindern, Volkskrankheiten vorzubeugen war ihre eigentliche Bestimmung. Um das Gute und Gesunde durchzusetzen, mußten sie fortwährend das Schlechte und Kranke anprangern, das Übel beim Namen nennen, Chaos und Unordnung heraufbeschwören.

Daß sie zur Übertreibung neigten und Gespenster an die Wand malten, war Teil ihrer sozialhygienischen Mission. Für den Kulturhistoriker sind ihre Abhandlungen dennoch von unschätzbarem Wert. Sie gewähren bei aller Überspanntheit zuverlässigere Einblicke in das Alltagsleben, in alltägliche Gewohnheiten und Überzeugungen als die meisten rein akademischen Darstellungen. Denn im Unterschied zum Akademiker wendet sich der Ratgeber und Lebensexperte an ein Massenpublikum. Um dessen Vertrauen gewinnen zu können, muß er selbst mit den Problemen und Nöten gewöhnlicher Menschen einigermaßen vertraut sein, den Anschein erwecken, als wäre er einer von ihnen. Und nichts befestigt diesen Anschein besser als die Rede von privaten Dingen, von Untreue und Redlichkeit, Liebe und Haß, Sex und Heimlichkeit, Exzeß und Gewalt.

Darin konnten sich bei allem Vorbehalt auch die Ostdeutschen wiedererkennen.

Sie wußten, daß sie kein Volk von Alkoholikern, Sexualverbrechern, Arbeitsscheuen und Sozialschmarotzern waren. Aber in der negativen Überzeichnung erkannten sie sich immer noch weit besser wieder als in allen Ruhmesreden auf den neuen Menschen. Zu Recht. Sie waren gedankenloser, egoistischer, kleinlicher als die ideologischen Ikonen, die man offiziell gern an ihre Stelle setzte, aber auch spontaner, offenherziger, genußfreudiger und leidenschaftlicher, als es die westliche Gegenideologie wahrhaben wollte.

Wenn die Experten auch übertrieben, so waren ihre Warnungen doch nicht völlig aus der Luft gegriffen. Volks- und Geschlechtskrankheiten waren in den Nachkriegsjahren und bis weit in die fünfziger Jahre hinein ein echtes Problem. Die familiäre Sexualaufklärung lag weithin unter einem Schleier von Tabu und Geheimnis, die Aufklärung der Straße befriedigte die Neugier und hemmte die Vorsicht. Unerwünschte Schwangerschaften waren keine Seltenheit, Schwangerschaftsabbrüche nur im äußersten Notfall möglich, die Pille noch nicht in Sicht. In einer Gesellschaft der Gleichen, die Menschen beiderlei Geschlechts früh und dauerhaft zusammenführte und in ihrer Partnerwahl von Standes- und Klassenschranken unabhängig machte, schien falsche Scham und überlanges Warten fehl am Platz.

Gesellschaftliche Sanktionen existierten, aber sie waren recht unterschiedlicher Natur. Oberschüler und Lehrlinge, die wilder sexueller Beziehungen überführt wurden, konnten der Anstalt verwiesen werden; Parteimitglieder, die ihre Gatten betrogen oder uneheliche Kinder gezeugt hatten, mußten mit Ausschluß und Funktionsenthebung rechnen. In sensiblen Positionen konnte sogar eine Scheidung zu mißlichen Konsequenzen führen. Wer allerdings diese Konsequenzen auf sich nahm, mußte weder lebenslang für den verlassenen Partner zahlen noch unzumutbare Unterhaltszahlungen für gemeinsame Kinder leisten. Frühreife Mütter genossen dieselben Sozialleistungen wie erwachsene. Nur hatten sie sich ihren Weg ins berufliche und soziale Leben selbst erschwert.

Und das war der entscheidende Punkt.

Die alten Disziplinarmechanismen waren außer Kraft gesetzt, die neuen wirkten punktuell und in der Regel erst, wenn das Unglück schon passiert war.

Was not tat, war ein selbstbewußter, besonnener Umgang mit der neuen Freiheit. Um wirklich ein eigenes Leben führen zu können, mußten die Jungen aus eigener Kraft sexuelle Selbstzwänge entwickeln, eine ganze komplizierte Selbststeuerungsapparatur. Ihre kollektiven Eltern, mehrheitlich noch an stabile Fremdzwänge gewöhnt, konnten ihnen dabei kaum zur Seite stehen.

Das war auch den Experten nicht entgangen. Sie ergriffen die sich bietende Chance, doch noch Einfluß zu gewinnen, und bestärkten die Jugendlichen in ihrem Gefühl:

»Die Erwachsenen sind sich oft über das, was zur Neuordnung der Beziehungen zwischen den Geschlechtern notwendig ist, nicht im klaren, und so ist die Jugend mehr oder weniger auf sich selbst gestellt.«

So war schon im Klappentext zu Neuberts *Geschlechterfrage* zu lesen. Obwohl er im allgemeinen keine »Verirrung der Liebe« unerwähnt ließ, Sadismus, Masochismus, Homosexualität in einem Atemzug als Krankheiten abhandelte, besaß er doch ein Restgespür für die neue Zeit. Zwar bemaß er die legitime sexuelle Vereinigung von Mann und Frau an der ernsthaften Absicht beider, Vater oder Mutter eines gemeinsamen Kindes zu sein; sofern diese Absicht existiere, dürften sie jedoch den »Selbstwert« der Lust ohne Scham genießen. »Wahres Glück gewährt nur freiwillige Hingabe.«

Er attestierte beiden Geschlechtern das Recht, umeinander zu werben, und propagierte das partnerschaftliche Modell der Ehe.

Alleinerziehende Mütter waren nicht nach seinem Geschmack; wirklich verurteilenswert seien dagegen Eheleute, die einzig der Kinder wegen zusammenblieben.

Gerade weil Ehen nicht mehr von fremder Hand gestiftet würden, müßten die Betreffenden mit Umsicht zu Werke gehen:

»Je mehr unsere Ehe eine echte Liebesgemeinschaft wird, frei von äußeren Eingriffen, frei von Rücksichtnahme auf Stand, Geld, Beruf, desto notwendiger ist es, daß die beiden sich vor der Eheschließung ausreichend kennenlernen und daß sie einen solchen Grad von Bewußtheit erlangen, daß sie beurteilen können, ob der andere ›der Richtige‹ ist.«

Wie man zu einem solchen Urteil gelangen könnte, sagte er nicht.

Darüber sprach sich das *Buch über die Liebe* deutlicher aus, wobei es »dumpfen Trieben« von vornherein eine Absage erteilte: »die wollen wir den Tieren überlassen, die es nicht besser können«.

»Wahre Liebe« sei im wesentlichen geistig-seelischer Natur.

Uneingeweihten gäbe sie sich durch Selbstlosigkeit des Empfindens, gesteigerte Leistungsfähigkeit, weltanschaulichen Gleichklang der Gemüter und nicht zuletzt durch Dauerhaftigkeit der Gefühle zu erkennen. Ihr Prüfstein sei »der Alltag mit allen seinen kleinen Widerwärtigkeiten, Schwierigkeiten und Reibungsmöglichkeiten«.

Das vermeintlich Erste und Wichtigste stünde bei einer vernunftgeleiteten Partnerwahl hintan:

»Erst an allerletzter Stelle steht – sowohl der zeitlichen Entwicklung als auch der Bedeutung nach – die Sexualität.«

Das klang ein wenig pedantisch und in bezug auf die Prioritäten der jungen Leute wohl auch nach Wunschdenken.

Aber einiges an dieser Merkmalsliste war durchaus zeitgemäß, modern.

Im Unterschied zum romantischen Liebesideal plädierte das Buch für ein werktätiges Modell der Liebe, im Unterschied zur bürgerlichen Versorgungsehe setzte es auf die partnerschaftliche Ehe zweier arbeitender Menschen.

Kontrollierten Lüsten stand es aufgeschlossen gegenüber.

In Grenzen rehabilitierte es sogar die Liebe auf der Schulbank. Anders als Lehrer und Eltern befürchteten, beeinträchtige sie die schulischen Leistungen nicht, sondern stimuliere sie sogar:

»Ein liebender Mensch erlebt einen Leistungsanstieg. Er entwickelt sich schneller und besser und konzentriert sich auf seine wichtigsten Aufgaben.«

Da wahre Liebe der Gemeinschaft stets zum Nutzen gereiche, habe sie »keinen Grund, gegen derartige Beziehungen einzuschreiten«.

Ein für die damalige Zeit mutiger, nach vorn weisender Gedanke.

Das galt erst recht für die Empfehlung, die Liebesbücher der klassischen Autoren zu studieren, besonders den Ovid:

»Häufig wird einfach behauptet, der Geschlechtsakt brauche nicht erlernt zu werden. Das ist rundweg falsch. Unwissenheit schadet!«

Die Unterwerfung unter die Lüste war das Problem – nicht ihr vernünftiger Gebrauch:

»Jahrhundertelanger Kämpfe hat es bedurft, ehe die Jugend die ihr gebührende Freiheit bekommen konnte. Und darum, ihr jungen Menschen, nutzt diese Freiheit verständig, aber nutzt sie nicht aus!«

Der Appell an die sexuellen Selbstzwänge mochte der jungen Generation nicht behagen, aber er entsprach genau der gesellschaftlichen Konstellation, in die sie hineinwuchs.

In einer arbeiterlichen Gesellschaft muß die Liebe dem Alltag gewachsen sein, müssen die Liebenden die Alltagssorgen miteinander teilen. Um in eine solche Gesellschaft zu passen, muß die Lust zugleich gedämpft und reziprok sein. Freischwebende Lüste sprengen das emotionale Volumen, ungleiches Begehren zersetzt den sozialen Gehalt werktätiger Intimbeziehungen. Den sexuellen Austausch seelisch einzubetten war keine Forderung von puritanischen Moralaposteln. Es war die Forderung der Gleichheit an die Liebe. Die gesamte frühe Aufklärungsliteratur machte sich zu ihrem Anwalt, und damit traf sie den gesellschaftlichen Nerv:

»In dem allgemeinen Zugehörigkeitsgefühl, also dem reichen seelischen Anteil der geschlechtlichen Liebe, finden wir sehr viele Bausteine, die erst den ganzen Bau ausmachen und ihn zusammenhalten. Diese Bausteine sind die ständige Bereitschaft zur Fürsorge für den anderen, Kameradschaft, Mitleid, Rücksichtnahme, Achtung seiner Persönlichkeit und das Pflichtgefühl dem anderen gegenüber. Dem Zuneigungsgefühl des Liebenden entspringt die Sorge um das Wohl des geliebten Menschen.«

So schrieben Gerhard und Danuta Weber in ihrem Buch *Du und Ich*, das seine erste Auflage 1957 erlebte.

Wir dürfen davon ausgehen, daß sich Erotik, Lust und Sexualität mit den Jahren stärker von diesem Pflichtkanon emanzipierten, in höherem Maße in ihrem Eigenwert wahrgenommen und praktiziert wurden. Aber die Tuchfühlung zum seelischen Unterbau blieb erhalten.

Dafür sorgte der egalitäre Grundzug der ostdeutschen Gesellschaft.

Sosehr er die Abneigung gegen Formen begünstigte, so sehr begünstigte er auch die Wertschätzung des Seelischen. Nur wo sie den Vorhang der Formen zerreißt, zum inneren seelischen Gehalt vordringt, ist die Gleichheit ganz bei sich. Und nur wo die Experten auf der Wellenlänge der Gleichheit sendeten, drangen sie gesellschaftlich durch.

Ihre Regeln des guten Benehmens wurden aus demselben Grund verworfen, aus dem ihre Regelkunde wahrer Liebe Zuspruch fand.

Keine Frage: die jungen Ostdeutschen hatten manches gegen die stiefmütterliche Behandlung des Sexuellen im Katechismus wahrer Liebe einzuwenden. Pioniere der neuen Freiheit und der Renaissance des Körperlichen ebenso zugetan wie die Jugend in Westeuropa, entwickelten sie eigene Normen und Gepflogenheiten. Auch waren sie im ersten Nachkriegsjahrzehnt häufig auf sich allein gestellt. In vielen Familien fehlte der Vater. Die alleinerziehenden Mütter waren in die Organisation des Alltags eingespannt und darauf bedacht, selbst noch etwas Lebensglück zu erhaschen. Den Töchtern und Söhnen den Weg ins Leben zu weisen, fehlte es ihnen oftmals an Zeit und Kraft und nicht selten auch an Verständnis.

Gerhard Kleins Spielfilm *Berlin – Ecke Schönhauser* aus dem Jahre 1957 gibt einen guten Einblick in die damalige Situation Jugendlicher, besonders in den großen Städten. Die Mutter des Protagonisten hat ihren Mann im Krieg verloren und tröstet sich gelegentlich mit Herrenbesuch. Aber die abendlichen Besucher sind gewalttätig, verheiratet oder beides zugleich. Ersatzväter können und wollen sie nicht sein. Der fast erwachsene Sohn verlegt sein Leben auf die Straße, wo er eine Jugendgang anführt und auch seiner ersten Liebe begegnet, einem Mädchen von nebenan, das aus ähnlichen Verhältnissen kommt. Tag für Tag treffen sich die 16-, 17jährigen an derselben Stelle. Mal gehen sie ins Kino, mal tanzen, mal in den Westen. Und mit Vorliebe provozieren sie Erwachsene und Ordnungshüter. Der Weg ins gesellschaftliche Abseits oder in die Auffanglager Westberlins scheint vorgezeichnet. Daß der Held vor dem Schlimmsten bewahrt wird und am Ende im sozialistischen Alltag ankommt, mochte der Überzeugung des Regisseurs oder Zugeständnissen an die Zensur geschuldet sein. Dem Realismus des Films tat das nur wenig Abbruch.

Zu diesem Realismus gehörte auch, daß der junge Mann sein Mädchen nicht als Kraftprotz, sondern als gleichberechtigter Partner erobert, auf der Grundlage wahrer Liebe. Modische Signale, körperliche Reize und sexuelle Metaphern bahnen die Beziehung an, ratifizieren sie aber nicht. Das vermögen allein geistig-seelische Korrespondenzen.

Die Jugendlichen übernahmen den sozialen Pragmatismus ihrer Eltern, aber in ihren Gefühlen und Leidenschaften waren sie nicht zu Kompromissen aufgelegt. Die Ratgeber unterstützten sie in ihrer Konsequenz:

»Mutterschaft«, dekretierte das *Buch der Liebe*, »ist allein noch lange kein ausreichendes Motiv zum Heiraten, zumal nicht in unserer Zeit und unserem Staat, in dem alle die unverheiratete Mutter und ihr Kind benachteiligenden Gesetze aufgehoben sind. Eltern können in solchen Dingen raten und helfen, aber nicht bestimmen.

Auch die diesbezüglichen Ehrbegriffe sind verbesserungsbedürftig. Über die Ehrenhaftigkeit einer Verbindung entscheidet nicht die staatliche Sanktionierung durch die Ehe, sondern die Motive sind maßgebend. Eine wirkliche Liebesverbindung ist nie unehrenhaft, auch wenn es keine legale Ehe ist. Wohl aber kann es eine Ehe sein, die um materieller Vorteile willen geschlossen worden ist. Wir sind der Meinung, daß eine Frau, die einen ungeliebten Mann nur um der guten Versorgung willen heiratet, sich von einer Prostituierten nur in der Anzahl der ›Kunden‹ unterscheidet. Im übrigen läßt sie sich das Versprechen, nur mit *einem* geschlechtlich zu verkehren, auch entsprechend bezahlen, nämlich mit lebenslanger Versorgung.«

Für die fünfziger Jahre ein wahrhaft revolutionäres Bekenntnis zum Primat der Liebe über alle scheinmoralischen, rechtlichen, ökonomischen und staatlichen Rücksichten.

Wer sich das Bekenntnis zu eigen machte, konnte leicht an Grenzen stoßen, besonders in den Anfangsjahren, in denen sich der Staat ein Mitspracherecht in privaten Angelegenheiten anmaßte und das sozialmoralische Klima noch von den Normen und Vorstellungen der Älteren geprägt war.

Aber davon ließen sich die jüngeren Jahrgänge nicht einschüchtern. Sie bestanden auf ihren Freiheiten, experimentierten mit neuen Formen von Partnerschaft und Ehe, gaben ihre Erfahrungen an ihre Kinder weiter, brachten die öffentliche Meinung auf ihre Seite und zwangen schließlich auch den Staat zur Kapitulation.

»Also es ist schon erstaunlich, wie in einem doch sehr rigiden System mit einer zentralistischen Struktur gerade auf dem Gebiet des Partner- und Sexualverhaltens eine sehr liberale Situation entstehen konnte«, äußerte der renommierte Sexualforscher Kurt Starke 1995 in einem Interview mit der Publizistin Uta Kolano.

Genau besehen ist das gar nicht so erstaunlich.

Ich muß mich an dieser Stelle ausnahmsweise wiederholen und in gedrängter Form rekapitulieren, was ich früher zu diesem Thema geschrieben habe.

Für den gewohnten Blick steht eine Gesellschaft wie die ostdeutsche in jeder Hinsicht für das glatte Gegenteil von Freiheit und »liberalen« Sitten: für die Abschottung der Menschen vom Weltverkehr; für eine die Initiative und Selbständigkeit fesselnde Staatskontrolle; für das Ausufern von Strafsanktionen sowie eigens dafür geschaffener Tatbestände; für die Überwachung der sozialen und privaten Beziehungen und selbstverständlich auch für eine Industriemoderne patriarchalen Zuschnitts, die die Leute sozialstaatlich versorgte und dafür politisch mundtot machte.

Daß sich die Menschen dennoch von staatlichen Zwängen und Verhaltensdiktaten lösten, kulturell emanzipierten, mutet wie eine Legende an. Aber es ist keine.

Die kulturelle Emanzipation faßte auch im Osten Fuß, und man übertreibt nicht, wenn man sagt, daß sie dort in manchem dramatischer und nachhaltiger ablief als im reichen und demokratischen Westen. Durch Modernisierung von oben, auf dem Wege einer hochbeschleunigten Industrialisierung und Kollektivierung, sollte der Anschluß an westeuropäische Produktions- und Lebensniveaus in kürzester Zeit vollzogen werden. Das galt für die Sowjetunion nach 1917 ebenso wie für die Volksdemokratien nach 1945. Um das Ziel zu erreichen, bedurfte man beliebig verfügbarer Menschen, die sich auf den Verschiebebahnhöfen des gesellschaftlichen Umbaus hin und her rangieren ließen. Gewachsene Gemeinschaften, nachbarschaftliche, familiäre und Glaubensbindungen, durch den Krieg schon schwer erschüttert, wurden aufgelöst oder auf Verfügbarkeit umgepolt, um dem Prozeß der nach- bzw. aufholenden Modernisierung möglichst alle Ressourcen, Frauen, Jugendliche, selbst arbeitsfähige Alte, zuzuführen.

Dieser gewaltige und gewalttätige Umgestaltungsprozeß

ereignete sich erstmals im nachrevolutionären Rußland, vor allem in den spätzwanziger und dreißiger Jahren.

Allein von 1928 bis 1935 wanderten etwa 18 Millionen Menschen vom Land in die Städte oder in die aus dem Boden gestampften Industriestandorte. Erweitert man den Zeitraum um ein geringes, bis zum Jahr 1939, muß man wenigstens 25 Millionen veranschlagen, die die Machthaber in Bewegung setzten. Im selben Jahr empfingen 30 Millionen Frauen Lohn und Gehalt, eine Steigerung um das Zehnfache, versetzt man sich an den Anfang des Prozesses, ins Jahr 1927 zurück. Die Altersgrenze für die Vollerwerbsfähigkeit Jugendlicher sank bis auf 14 Jahre ab. Im selben Zuge verwandelte sich die Arbeitswoche in eine ununterbrochene, vermehrten sich die täglich zu absolvierenden Arbeitsstunden und die jährlich abzuleistenden Arbeitstage auf Kosten von Freizeiten, Urlaubs- und Feiertagen.

Demselben Zweck frei verfügbarer Individuen diente der Ausbau der staatlichen Daseinsfürsorge bis hin zur umfassenden Betreuung, oft genug Verwahrung von Alten, Invaliden und Kindern sowie die umfassende Revision des Jugend-, Familien- und Scheidungsrechts und schließlich auch des Abtreibungsverbots.

Und spätestens an dieser Stelle schlug staatlicher Zwang ungewollt in persönliche Freiheit um.

Vor allem Frauen gerieten in den Sog der neuen Freizügigkeit. Der Umkreis der für sie zugelassenen Berufe erweiterte sich ständig; werdende und stillende Mütter konnten nach der Entbindung problemlos ins frühere Arbeitsverhältnis zurückkehren; ein Scheidungsfall setzte sie, dank Mütter- und Kinderbeihilfen, weder dem Wohlwollen der Männer noch dem ihrer Familien aus. Dasselbe galt für Jugendliche, die früh ins Erwerbsleben eintraten, statt Hilfsarbeiten ordentliche Lehrberufe ergriffen und so davor bewahrt wurden, die Lebensweise- und Laufbahnmuster ihrer Eltern nur zu kopieren.

Bezieht man die Alphabetisierungs- und Urbanisierungsprozesse, Bildungsreformen und die allgemeine Säkularisierung der Weltbezüge in die Betrachtung ein, dann muß man die staatliche Beschäftigungsgarantie gar nicht eigens ins Feld führen, um zu sehen, daß das der Not einer stürmischen Aufholjagd geschuldete Auf-sich-Gestelltsein der Menschen auch einen positiven Inhalt besaß. Sie schüttelten überkommene Zwänge, althergebrachte Autoritäten im Himmel wie auf der Erde samt den von ihnen geheiligten Verhaltenstradtionen ab und bekamen einen Vorgeschmack auf eine befreitere Art des Menschseins, der um so bitterer ausfiel, je rabiater sich die neuen Herrscher in die gerade erst geschaffenen Freiheiten und Freizügigkeiten einnisteten.

Das geschah im nachrevolutionären Rußland, namentlich unter Stalin, mit großer Brutalität. Aber auch in Ostdeutschland setzten die Regierenden alles daran, die gesellschaftliche Modernisierung in politisch beherrschbaren Grenzen zu halten, ungewollte Modernisierungseffekte möglichst auszuschließen.
Sie hatten damit noch weniger Erfolg als ihre sowjetischen Genossen.
Systematische Grausamkeiten wie in der Stalinzeit gehörten der Vergangenheit an. Zudem war die ostdeutsche Bevölkerung mehrheitlich durch Industrialisierung und Urbanisierung schon hindurchgegangen, kulturell gebildet und hochqualifiziert. Bis zum Mauerbau konnte sie sich dem staatlichen Druck durch Abwanderung entziehen, nach 1961 war sie zu höheren Leistungen nur durch weitere Zugeständnisse an persönliche Freiheiten und Genüsse zu bewegen. Die lange deutsche Sozialstaatstradition hatte das »Anspruchsdenken« ohnedies tief in der kollektiven Psyche verankert. Und gerade auf diesem Gebiet gedachten sich die Machthaber vor ihren politischen Konkurrenten im Westen auszuzeichnen. Mit jeder neuen »sozialpoliti-

schen Maßnahme« stärkten sie das Selbstbewußtsein und den persönlichen Bewegungsspielraum der Menschen, machten sie sich immer abhängiger von dem, was die Mehrheit wollte oder nicht wollte. Wenn ihnen in ihrer Bevölkerung auch lange kein ernsthafter Konkurrent um die politische Macht erwuchs, konnten sie doch nur im stillen Einvernehmen mit der Mehrheitsmeinung herrschen, je spätere Zeiten man betrachtet, desto mehr.

Sie wollten verfügbare Menschen und bekamen es mit Personen zu tun, die sich ihrer Sache zunehmend sicher waren und offene Interventionen in ihre Privatsphäre nicht mehr duldeten.

Nacktheit, Sexualität und Partnerschaft

Warum die These von der sexuellen Liberalisierung
für Ostdeutschland
nur von begrenztem Erklärungswert ist

Also Männer und Frauen konnten sich in der Regel gut leiden, und Frauen konnten auch mit manchen Ruppigkeiten von Männern ganz gut umgehen. Sie waren selbstbewußt genug, um daraus nicht ein Drama zu entwickeln. Und vielleicht hätte nach heutigen Maßstäben sogar mancher Mann Grund gehabt, Beschwerde einzulegen. Viele neuzeitliche Diskussionen um die Anmache im Büro und um die Tatsache, daß es schon sexuelle Belästigung sein soll, wenn einer mal charmante Blicke wirft oder vielleicht einem Mädchen hinterherpfeift, sind ja auch sehr aufgepfropfte Diskussionen. Das spielte in der DDR überhaupt keine Rolle. Natürlich konnte auch hier ein Chef über seine Sekretärin stolpern, meist zuungunsten seiner selbst. Ansonsten gab es auch einen erotischen Umgang zwischen Männern und Frauen im Arbeitsprozeß, was mitunter dazu führte, daß sich gerade aus diesem Arbeitsprozeß sehr intensive Beziehungen und Bindungen entwickelten. Also unerotisch ging es da nicht zu, aber sicher mit einer größeren Normalität als heute.

Jutta Resch-Treuwerth

In dem Bereich, den die Individuen der Obrigkeit abgerungen hatten, leisteten sie wirklich Erstaunliches, wagten und entdeckten sie Neues.

Wie alle Neuerer zahlten sie Lehrgeld.

Der Kulturwissenschaftler Dietrich Mühlberg hat in einem bemerkenswerten Aufsatz über *Sexualität und ostdeutschen Alltag* einige der Probleme benannt, mit denen die Ostdeutschen rangen.

Ihre ganze soziale Lage ermutigte sie zu früher partnerschaftlicher Bindung. Das durchschnittliche Erstheiratsalter der ostdeutschen Männer lag zu Beginn der DDR bei etwa 26 Jahren, sank zu Beginn der siebziger Jahre auf 24 Jahre ab und erreichte 1989 in etwa wieder seinen Ausgangswert. Die weibliche Heiratskurve zeigte denselben Verlauf, setzte jedoch tiefer an. Sie schlängelte sich von anfangs 24 Jahren auf 21 hinunter, um in den spätachtziger Jahren ebenfalls zum Ausgangswert zurückzukehren. Die ostdeutschen Männer heirateten erstmals ungefähr zur selben Zeit wie die westdeutschen Frauen und im Durchschnitt zwei Jahre früher als die westdeutschen Männer. Die Tiefstwerte in den siebziger Jahren lassen unschwer die Auswirkungen von legalisierter Abtreibung und Pille erkennen.

So schnell und unbekümmert, wie sich die Ostdeutschen verheirateten, so schnell und häufig traten sie auch vor den Scheidungsrichter, meist auf Betreiben der Frauen. »1989 betrug die durchschnittliche Ehedauer zum Zeitpunkt der Scheidung etwa 9 Jahre (im Westen 12.1 Jahre); von den aufgelösten Ehen waren 38% durch Scheidung beendet (im Westen 31%).«

Sozial gleich, ökonomisch unabhängig und existentiell

gesichert, waren Bindung wie Trennung weitgehend frei von beziehungsfremden Rücksichten. Man heiratete oder zog zusammen, weil man sich liebte, und ging auseinander, weil man sich nicht mehr liebte. Der Partner wurde weder zu Beginn noch am Ende der Beziehung als Versorgungsleistender wahrgenommen. Er sollte weder das gemeinsame Leben allein finanzieren, noch mußte er den geschiedenen Partner langfristig unterhalten. Die Unterhaltspflicht trat überhaupt nur in Sonderfällen ein, bei anhaltender Krankheit etwa, und beschränkte sich auch dann auf die Dauer von zwei Jahren. Weitergehende Ansprüche mußten eingeklagt werden, wobei die Gerichte angehalten waren, die dafürsprechenden Gründe »besonders sorgfältig zu prüfen«. Im Prinzip verfügte das Familienrecht, »daß die Ehescheidung grundsätzlich die Beziehungen der Ehegatten beendet, damit jeder Ehegatte seine Zukunft unabhängig von materiellen Verpflichtungen gegenüber dem geschiedenen Ehepartner gestalten kann«.

Auch die Alimentierung von Kindern bot keinerlei Anlaß, eine Beziehung aufrechtzuerhalten. Die Unterhaltssätze waren maßvoll und überforderten Durchschnittsverdiener auch dann nicht, wenn mehrere Kinder zu versorgen waren. Die letzte diesbezügliche Regelung erfolgte im Jahr 1965 und blieb trotz aller Nettolohngewinne bis zum Ende der DDR in Kraft.

Ehe- und Lebenspartner im Osten Deutschlands konnten und wollten sich auf nichts anderes berufen als auf ihre wechselseitige Zuneigung.

Selten war die Liebe sozial unbefrachteter.

Und selten warf sie mehr Probleme auf.

Menschen verändern sich, und das Tempo der Veränderung ist besonders in jenen Jahren hoch, in denen sie sich sozial und beruflich erst noch finden, orientieren, etablieren müssen. Wer sich, kaum daß er die Zwanzig überschritten hat, an einen anderen bindet, geht ein schwer kalkulierbares Risiko ein. Der gewählte Beruf mag sich als Fehlschlag erweisen, Arbeitsplatzwechsel, Umschulungen oder Weiterbildung können zur Herausbildung neuer Interessen führen, ein Studium kann abgebrochen werden oder nahtlos in eine Hochschullaufbahn überleiten – und all das kann dem Partner auch oder nicht oder ganz anders widerfahren.

In modernen Gesellschaften, in denen die Ausbildungswege lang, die Entscheidungsmöglichkeiten groß sind, in denen man einmal getroffene Entscheidungen mehrmals revidieren und neu ansetzen kann, erlangen Menschen soziale Gewißheit selten, ehe sie das dritte Lebensjahrzehnt abgeschlossen haben.

So war es auch in der DDR.

Nur war hier die Kluft zwischen sozialer Bindung und emotionaler Gewißheit, zwischen Reife und Treue besonders groß. Die erhebliche zeitliche Vorverlegung des menschlichen Treueversprechens vor den sozialen Reifungsprozeß der Partner baute die Untreue systematisch in die Beziehung ein, wobei Untreue hier im weitesten Sinn zu nehmen ist: Hingezogensein nicht nur zu anderen Partnern, sondern auch zu anderen Ideen, Interessen, Vorlieben, Wünschen.

Aber natürlich wog die emotionale, sexuelle Untreue am schwersten. In einer am Modell der Zweisamkeit ausgerichteten Umwelt stellte sie die ganze Beziehung in Frage, das Verhältnis zum Partner und zu sich selber auf den Prüfstand.

Weil die Ostdeutschen früher und anhaltender mit diesem Problem konfrontiert wurden als Westdeutsche und viele Westeuropäer, investierten sie auch mehr in seine Lösung.

Zunächst übten sie sich zeitig in sexueller Toleranz.

Tatsächlich blieb ihnen auch gar nichts anderes übrig, als großzügig mit sogenannten Seitensprüngen umzugehen. Die Logik der Verhältnisse drängte sie dazu.

Männer und Frauen begegneten sich tagtäglich im beruflichen und sozialen Leben; sie gehörten Kollektiven an, die auch über die Arbeitszeit hinaus gemeinsame Aktivitäten initiierten, Sportveranstaltungen, Theaterbesuche oder Brigadefeste. Die Dichte der sozialen Kontakte, die Fülle der Gelegenheiten luden zur Paarbildung geradezu ein und führten auch Verheiratete in Versuchung. Arbeitskollegen reagierten auf solche formell illegitimen Verbindungen in der Regel mild und verständnisvoll. Jedem und jeder war Ähnliches passiert. Wenn die beiden sich liebten und ihre angestammten Partner nicht belogen, war dagegen nichts einzuwenden.

Alle Last der Beziehungsarbeit lag auf den Schultern der »Betrogenen«.

Da sie keine Versorgungs-, sondern eine Liebesehe eingegangen waren, mußten sie den Partner davon überzeugen, daß sie dessen Liebe mehr verdienten als der Konkurrent oder die Konkurrentin. Wer mit rechtlich-ökonomischen Konsequenzen drohte, hatte schon verloren. Die Konsequenzen waren viel zu geringfügig, um Wirkung zu zeigen, und zudem alles andere als ein Liebesbeweis. Und allein darum ging es.

Verlorene Liebe war nur durch Liebe zurückzugewinnen, Untreue nur durch Liebenswürdigkeit zu bekehren, Gefahr nur durch vermehrte Risikobereitschaft abzuwenden.

Die Ostdeutschen versprachen sich früher die Treue als Menschen bürgerlicher Gesellschaften. Sie ließen sich bereitwilliger und furchtloser auf sexuelle Abenteuer ein als diese. Sie touchierten die Scheidungsgrenzen häufig und vergleichsweise unbekümmert. Sie verfügten über keine wirksamen Druckmittel, um Treue zu erzwingen oder wenigstens den Schein zu wahren. Und deshalb lernten sie, mit der Untreue umzugehen, in gewissem Sinn mit ihr zu leben. Sie hoben die Toleranzschwellen kräftig an, so daß normale Seitensprünge sie passieren konnten, ohne sogleich die Scheidungsgrenze zu berühren.

In Zahlen ausgedrückt, war die Dauer der ostdeutschen Ehen und Lebensgemeinschaften eher gering. Setzt man diese Zahlen jedoch ins Verhältnis zu den äußerst instabilen, Untreue begünstigenden Voraussetzungen für Partnerschaften, muß man sich eher darüber wundern, daß Frauen und Männer so lange miteinander lebten. Um so mehr, als Frauen dasselbe Recht auf Untreue beanspruchten wie Männer, Beziehungen also nicht nur ein-, sondern beidseitig bedroht waren.

Nur ihrer Lern- und Anpassungsfähigkeit ist es zu danken, daß auf so unsicherem Grund Zweisamkeit überhaupt gedeihen konnte.

Auch mit komplexeren Formen der Partnerschaft experimentierten die Ostdeutschen, besonders in den siebziger und achtziger Jahren. Man trennte sich, ohne sich scheiden zu lassen, ging eine neue Beziehung ein, betreute und erzog Kinder aus verschiedenen Partnerschaften, pendelte zwischen mehreren Partnern hin und her oder führte ein Singledasein mit gelegentlichen Unterbrechungen.

»Im Osten könnte die nach 1970 einsetzende Tendenz zur ›Patchworkfamilie‹ stärker als im Westen gewesen sein«, formuliert Mühlberg mit der gebotenen Vorsicht und verweist in diesem Zusammenhang auf die Impulsfunktion fortgeschrittener städtischer Milieus.

Das mag so sein.

Nur sollte man Menschen aus der Mitte der Gesellschaft nicht von vornherein aus dem Kreis der Neuerer ausschließen.

Wie man selbst bescheidenen ländlichen Verhältnissen ein aufregendes Leben abringen konnte, haben Winfried und Barbara Junge mit ihrem Dokumentarfilmzyklus über die *Kinder von Golzow* eindrucksvoll belegt.

Nehmen wir nur die Geschichte von Willy, dem Landarbeitersohn.

Mit geringer kultureller Mitgift ausgestattet, tut er sich

beim Lernen schwer. Nur der Biologielehrerin fällt er durch sein Interesse an Tieren auf. Nach acht Jahren geht er mit nur sieben Klassen von der Schule ab und lernt Traktorist. Auf die Frage, ob der Beruf schön sei, zuckt er verständnislos die Achseln und fügt dann noch hinzu, daß er anderen Menschen gerne nützlich ist.

Mitte der siebziger Jahre lebt er, nun Anfang Zwanzig, mit einer Frau zusammen, die als Melkerin bei der LPG arbeitet. Zwei Kinder stellen sich ein, und alles scheint geordnet.

Da meldet er sich zu einem Schweißerlehrgang, und als er zurückkommt, hat er nicht nur schulterlange Haare, sondern auch eine Affäre mit einer Lehrgangsteilnehmerin hinter sich.

Er repariert nun sämtliche Landmaschinen, entwickelt erstaunliches Geschick und Improvisationstalent und macht sich einen Ruf als Selbsthelfer im sozialistischen Arbeitsalltag.

Zu Beginn der achtziger Jahre hält er es zu Hause nicht mehr aus. Seine Frau ist ihm zu bequem, zu unbeweglich. Er verliebt sich in eine andere Frau und betreibt die Scheidung. Da das neue Paar keine gemeinsame Wohnung hat, lebt er wie ein Untermieter in der alten. Fast scheint die Macht der Umstände die erste Beziehung doch noch zu retten.

Wieder ein paar Jahre später ist er ins Sächsische umgezogen. Die Neue ist studierte Diplomingenieurin und arbeitet als Schichtleiterin in einer Produktionsgenossenschaft. Auch seine Talente sind dort gefragt.

Er bekommt ein Kind mit der neuen Frau, und sie ziehen in eine Wohnung in der Kreisstadt.

Sie möchte gerne heiraten, aber er ist noch nicht bereit dazu. Irgendwie fürchtet er feste Verhältnisse.

Nach dem 89er Umbruch werden beide arbeitslos. Sie schult auf Betriebswirtin um, er findet Beschäftigung als Fahrer bei einem Fuhrunternehmen.

Dann heiraten sie doch noch.

Nach vielen Jahren besucht er seine Frau und seine Söhne in Golzow. Aber für die ist er nur noch der »Onkel Willy«.

Und auch er hat dieses Leben hinter sich gelassen und findet keine Anknüpfungspunkte mehr.

So einer hat die Welt nie gesehen und dennoch nichts verpaßt.

Seine Klassenkameradin Elke steht ihm in nichts nach.

Sie verläßt das Dorf beizeiten und lernt Technische Zeichnerin in Frankfurt an der Oder.

Mit 18 bekommt sie ein Kind und heiratet umgehend.

Schon nach einem Jahr ist sie geschieden und lebt mit einem neuen Mann zusammen, einem Ingenieur.

Aber er ist ihr zu ruhig, zu nachgiebig, mehr guter Kumpel als Geliebter.

Dennoch kommt zu Beginn der achtziger Jahre das zweite Kind.

Die Ringe für die Hochzeit sind schon gekauft, und irgendwie hat sie es auch geschafft, eine große Neubauwohnung zu ergattern.

Da beschließt sie, mit dem Heiraten doch noch zu warten.

Und kurz darauf verläßt sie den Ingenieur und verliebt sich in einen Hauptmann der Nationalen Volksarmee.

Doch auch diese Liebe ist nicht von Dauer. Wieder ist der Mann der Gebende, sie die Empfangende, und das genügt ihr nicht.

Zwei Jahre nach der Wende verliert sie ihre Arbeit als Bauzeichnerin, die sie über all die Jahre ohne große innere Anteilnahme ausgeübt hat.

Zu dieser Zeit lebt sie schon getrennt von ihrem dritten Mann.

Dann lernt sie einen Westdeutschen aus Frankfurt am Main kennen, der im Osten auf Immobiliensuche ist, und diesmal, hat es den Anschein, verliebt sie sich wirklich.

Sie arbeitet in der Firma des Geliebten, und beide beziehen am Ende des Films ein luxuriöses Heim.

Mit jedem Wendepunkt ihres bewegten Lebens ändert sich ihr Äußeres. Zu Beginn trägt sie lange Haare und sieht wie ein Teenager aus, später wirkt sie wie eine Bibliothekarin, und zuletzt ähnelt sie in Kleidung und Haartracht einer westdeutschen Geschäftsfrau in den besten Jahren.

Als sie sich vor laufender Kamera von den Dokumentaristen trennt, äußert sie noch einmal ihre Verwunderung darüber, daß die sich über mehr als drei Jahrzehnte für ihr Leben interessiert haben, »ein ganz normales Durchschnittsleben«.

Auch Marieluise ist ein Kind aus Golzow.

Sie stammt aus einem protestantischen Elternhaus und genoß früh eine ausgesprochen musische Erziehung. In einer der ersten Einstellungen sehen wir ein hübsches junges Mädchen mit Pferdeschwanz und feinen Gesichtszügen daheim am Klavier.

Nach der Schule geht auch sie nach Frankfurt an der Oder und beginnt im dortigen Halbleiterwerk eine Lehre als Laborantin.

Mit 20 Jahren wird sie von Torschlußpanik erfaßt. Als einzige aus ihrer alten Klasse hat sie noch immer weder Mann noch Kind.

Doch sie befreit sich vom Druck der Konvention und entschließt sich bewußt, ein eigenes Leben zu führen.

Mitte der siebziger Jahre besucht sie erstmals Berlin und spaziert mit einem Freund durch das Stadtzentrum.

Nach ihrem Beruf gefragt, gesteht sie, daß sie ihn nicht besonders liebt. Aber das Kollektiv findet sie gut.

Sie träumt davon, Stewardeß zu werden, und sieht am Ostberliner Flughafen Schönefeld den startenden Flugzeugen zu.

Sie stillt ihre heimliche Sehnsucht auf Umwegen und

heiratet einen Offizier, der als Navigationsspezialist bei der Regierungsstaffel in der Nähe von Berlin arbeitet.

1980 kommt das erste Kind, ein paar Jahre später das zweite.

1989 hofft sie auf einen dritten Weg der DDR, glaubt aber selbst nicht ernsthaft an diese Möglichkeit.

Sie weiß, daß sie ihre Arbeit nicht behalten wird, und trifft Vorkehrungen für die neue Zeit.

Wir sehen sie in einem Westberliner Schminkstudio, wo sie die nötigen Handgriffe zur Selbstdarstellung erlernt.

Bald darauf hat sie eine Anstellung als Zahnarzthelferin gefunden.

Ihr Mann wird von der Bundeswehr übernommen und in mehreren Schulungen mit der westdeutschen Technik vertraut gemacht. Schließlich soll er sogar Leiter einer Navigationseinheit in der Nähe von Köln werden.

Die beiden beraten sich und fällen den Entschluß, in der Mitte ihres Lebens noch einmal von vorn anzufangen, ohne die vertrauten Menschen und in einer fremden Landschaft.

Wir erleben ihre Ankunft in der neuen Wohnung und den ersten Spaziergang durch die aufgeräumte Siedlung.

Dann wird sie noch gefragt, mit welchen Erwartungen sie aufgebrochen sei.

»Ich möchte als Mensch behandelt werden«, lautet die letzte Auskunft.

Natürlich, drei Leben beweisen nichts.

Aber sie fordern zur Behutsamkeit auf.

Vielleicht muß man nur lange genug zuhören und fragen, um hinter dem Gewöhnlichen das Ungewöhnliche aufzuspüren.

Vielleicht war gerade das ganz normale Leben der Ostdeutschen das eigentlich aufregende, verblüffende, originelle und das scheinbar originelle nur Nachahmung westlicher Verhaltensmuster.

Vielleicht barg die soziale Mitte den innovativen Kern der Gesellschaft.

Vielleicht muß man das, was wirklich neu war, bei den Mehrheiten suchen.

Wir können das Thema Sexualität und Partnerschaft nicht verlassen, ohne einige Worte über das Verhältnis der Ostdeutschen zum Körper, besonders zum nackten Körper zu verlieren.

Dabei gibt erneut die Kunst den ersten Fingerzeig.

Eine flüchtige Bekanntschaft mit Belletristik, Dramatik, Fotografie, bildender Kunst und Film genügt, um sich davon zu überzeugen, daß die Schilderung und Darstellung des menschlichen Körpers von Jahrzehnt zu Jahrzehnt freizügiger wurde. Sprache und Bilder machten weniger Umschweife, wurden direkter und fleischlicher, zur Schau gestellte Nacktheit erregte unten weniger Aufsehen und oben weniger Anstoß, Liebesszenen, in denen die Protagonisten »zur Sache gingen«, gehörten zunehmend dazu. Selbst pornographische Sujets fanden Eingang in den künstlerischen Diskurs. Heiner Müllers *Quartett* trieb das Spiel mit den Köperöffnungen und perversen Lüsten zu Beginn der achtziger Jahre in terroristische Höhen.

Das Fernsehen generalisierte diesen Trend und trivialisierte ihn zugleich, wenn es barbusige Ballettdamen aufmarschieren ließ oder »Erotisches zur Nacht« offerierte.

Oberflächlich gesehen vollzog die DDR mit dem Vordringen von Nacktheit, von sexuellen Metaphern und Stimulanzen in Kunst und Massenmedien nur den Anschluß an westliche Selbstverständlichkeiten.

Doch die Rede von der nachholenden Liberalisierung wird den Tatsachen nur unzureichend gerecht.

Sie läßt das Entscheidende außer acht – die unterschiedliche gesellschaftliche Kodierung von Nacktheit und Sexualität.

Die Kulturwissenschaftlerin Ina Merkel hat anhand von

DEFA-Spielfilmen eine allgemein aufschlußreiche Beobachtung gemacht:

»Fragen wir nach der dramaturgischen Funktion der höchst unterschiedlich gestalteten Liebesszenen, drängt sich der Eindruck auf, daß körperliches Liebesverlangen, solange es nicht durch die ›Liebe‹ geheiligt ist, sehr viel offener und sinnlicher dargestellt wird als die ›wahre Liebe‹. ›Wahre Liebe‹ verlangt nach behutsamer, romantisierender und verklärender Darstellung. Das lediglich körperliche Liebesbegehren wird zwar nicht mehr verurteilt, aber es ist auf der Sittlichkeitsskala viel weiter unten angesiedelt. Die Nacktheit, gekoppelt mit profanen Gesten, soll am Ende enterotisierend wirken, die Verkleidung hingegen steigert den erotischen Effekt ...

Auch wenn die DEFA im Verlaufe der Jahrzehnte zu immer offeneren Darstellungen von Liebesbeziehungen findet, bleibt dieses Grundmuster bestehen. Wenn zwei nackte Körper miteinander im Bett zu sehen sind ..., dann handelt es sich nicht um wirklich echte Liebe, sondern es wird gerade fremdgegangen, d. h. die Fleischeslust siegt über das Liebesversprechen.«

Wenn Ina Merkels Beobachtung zutrifft, und das scheint mir der Fall zu sein, muß die Liberalisierungsthese erheblich relativiert werden.

Nur wenn er als Antipode des unter Formen und Konventionen begrabenen Körpers in Erscheinung trat, signalisierte der nackte Körper »Liberalisierung«. Und nur in dieser Eigenschaft fungierte er als Bote der »sexuellen Revolution«, verhieß er Befreiung von Vorurteil, Tabu und Fremdzwang.

In seinem zweiten Oppositionsverhältnis trat er dem seelisch Schönen gegenüber. Und in dieser Funktion dämpfte er den Selbstlauf des Begehrens, stimmte er die ungezügelte Sprache der Triebe auf das Vokabular wahrer Liebe ab.

Indem die Künstler das Terrain rein körperlicher Liebe sondierten und in die Gestaltung einbezogen, eroberten sie neue Ausdrucksmittel, um alte Differenzen prägnanter bezeichnen zu können.

Der animalische Körper provozierte den sozialen Kadaver und unterstand dem beseelten Leib.

Dank seiner doppelten Frontstellung zu Form und Seele wurde er zum Träger ambivalenter, ja gegensätzlicher Bedeutungen, Bestrebungen, Verweisungen.

Wer sich aus der allgemeinen Erstarrung in Sex flüchtete, befreite sich, jedoch auf Kosten seines Partners. Er floh die politische Herrschaft und übte im Privaten selber Herrschaft aus. Wer wirklich liebte, verzichtete auf sexuelle Herrschaft und akzeptierte freiwillig die Grenzen des erotischen Gemeinsinns.

Das war die sexuelle Dialektik der arbeiterlichen Gesellschaft.

Die soziale Gleichheit gebot maßvolle Genüsse, an denen jeder und jede teilhaben konnte. Der politische Druck lud zu maßlosen Genüssen ein, zu sexueller Kompensation von Ohnmachtserfahrungen. Der Liebende lag mit dem Libertin im Streit.

Daß dieser Streit eher in den Gedanken und Wünschen als in der Praxis ausgetragen wurde, kann nicht verwundern. Wo die Mitte der Gesellschaft fast den gesamten sozialen Raum in Anspruch nimmt, nur kleine Ränder übrigläßt, ist auch nur wenig Raum für Eskapaden. Da kaum jemand von ihm abweicht, hört der Durchschnittsgeschmack auf, nur eine statistische Größe zu sein, und verwandelt sich in eine reale. Stärkere Ausschläge nach oben und unten kommen vor, bleiben aber eine Angelegenheit von wenigen Außenseitern. Um die gesellschaftliche Mitte zu spalten, hätte der Herrschaftsdruck das Festhalten am gewohnten Alltagsleben unmöglich machen müssen. Solche Erschütterungen auszuschließen war jedoch das gemeinsame Interesse von Regierenden und Regierten.

Die wirkliche Provokation der sogenannten Problemfilme lag nicht in ihrer vermeintlichen Pornographie. Das politische Verdikt verdeckte etwas anderes bis zur Unkenntlichkeit – den Mut junger Frauen, sich mit verheirateten Männern einzulassen oder ihre Ehegatten zu verabschieden, weil sie diese nicht mehr liebten. Was die politischen Zensoren verstörte, war die Unbedingtheit des Gefühls, also gerade das Nichtpornographische. Sie fanden sich mit der Schamlosigkeit viel leichter ab als mit dem Ende der Doppelmoral.

Die Mehrheit dachte genau umgekehrt.

Sie verwarf die Lüge, aber nicht die Scham. Sie befreite sich von überlebten Zwängen und funktionslos gewordenen Tabus, löste aber nicht alle Schamgrenzen auf. Das galt auch und besonders für die Jugend, wie Kurt Starke in langjährigen empirischen Untersuchungen herausfand:

»Die Enttabuisierung bedeutete aber nicht, daß die Scham verlorenging. Die Scham wurde anders betrachtet. Und sobald die Schamschwelle überschritten wurde, als zum Beispiel in den 80er Jahren bei Betriebsfesten Striptease vorgegaukelt wurde, empfanden das insbesondere junge Leute nicht nur als peinlich, sondern sie haben sich davon abgewendet. Oder wenn im Fernsehen in irgendwelchen Filmen kitschige Scheinerotik gezeigt wurde oder in der Werbung plötzlich Frauenkörper wieder benutzt wurden, da haben sich viele junge Leute sehr dagegen gestemmt. Nicht aus Prüderie, sondern weil das einer echten Liberalisierung entgegenstand, ihre Gefühle verletzte und ihrem Selbstverständnis nicht entsprach.«

Was die Jugendlichen abstieß, stieß auch viele junge Künstler ab. Anfang der achtziger Jahre beschäftigte sich ein Dokumentarfilm mit einer Fotografin, die kurz vor dem Diplom stand. Sie hatte sich auf Aktfotografie spezialisiert und dabei zunehmend von den Vorstellungen ihrer Lehrer entfernt. Sie wollte weder makellose Körper zeigen noch weniger vollkommene Körper retuschieren oder durch kompositorische Tricks vollkommen erscheinen lassen. Auch rieb sie sich an den idyllischen Sujets, den immergleichen Wäldern und Seen, die Nacktheit legitimieren sollten. Sie strebte ungeschminkte Nacktheit an und verzichtete bewußt auf die Stützen des Milieus:

»Man ist dann nicht konzentriert auf eine bestimmte Tätigkeit, die einen zu einer bestimmten Körpersprache zwingt, sondern man steht mit dem, was man insgesamt ist, mit seiner ganzen Vielschichtigkeit, da.«

Gibt man dem nackten Körper nur Zeit und Ruhe, sich ungehindert auszudrücken, versammelt er sich zu seelischer Präsenz. Die alte Anstandsregel: wenn der Körper nackt ist, sind die Blicke bedeckt, erfährt eine Erweiterung: wenn der Körper nackt, aber beseelt ist, sind offene Blicke erlaubt.

Zwei Gründe waren dafür verantwortlich, daß Schamgefühle entrümpelt, aber nicht auf den Müll geworfen wurden: der soziale und sexuelle Status der ostdeutschen Frauen und die Abwesenheit einer Sex-Industrie.

Noch einmal Starke:

»Die Frau ließ nichts mehr mit sich anstellen, was ihr nicht wirklich gefiel. ... Ich sehe jetzt viel deutlicher als früher, daß die Entscheidung darüber, ob es zu einer sexuellen Handlung kommt, sehr stark von der Frau getroffen wurde. Der Mann hatte die unausgesprochene Norm internalisiert: Ich möchte gern, aber wenn meine Frau nicht möchte, ist das zwar unangenehm und frustrierend für mich, aber zwingen kann und will ich sie nicht; meine Frau soll sich wohl fühlen; ich möchte sie nicht verletzten, sie soll Lust empfinden und einen Orgasmus haben. Die Frau hat aber nicht genauso gedacht. Die hat diese Haltung des Mannes entgegengenommen, aber eigentlich mehr selbstbestimmt über ihre eigene Lust verfügt.«

Da die eigene sexuelle Befriedigung auf verinnerlichte Weise an die Befriedigung des Partners gebunden war, löste die Mißachtung dieser Norm Scham- und Schuldgefühle aus. Die soziale Gleichheit der Partner setzte sich in der Gleichwertigkeit und Gleichzeitigkeit des sexuellen Erlebens fort.

Da es keinen Sex-Markt gab, konnte auch niemand dorthin ausweichen bzw. von dort mit unerfüllbaren Erwartungen in die Beziehung zurückkehren:

»Daß Sex in einem verhältnismäßig entwickelten Industrieland nicht zur Ware wurde, kann man als ein wichtiges, historisches Experiment ansehen. Die meisten Menschen sind damit hervorragend zurechtgekommen. Sie mußten nicht ihre Haut als Frau oder auch als Mann zu Markte tragen. Es stellten sich zwangsläufig andere Beziehungen zwischen den Geschlechtern und innerhalb der Partnerschaft her. Es macht einen Unterschied, ob ein Mann die schnelle und verantwortungslose Lust im Bordell kaufen kann oder nicht. Ob der Blick der Männer pornographisch geschult ist oder nicht.«

Mann und Frau waren sexuell gleichberechtigt, verhielten sich auch so und orientierten sich zudem an eigenen Erfahrungen, eigenen Maßstäben des sexuellen Gelingens. Sie überforderten weder den anderen noch sich selbst und waren weitgehend frei von sexuellem Leistungsdenken.

All das trug zu hoher wechselseitiger Erfüllung bei.

Schon 1980 ermittelte Starke mit seinen Mitarbeitern Orgasmusraten und -fähigkeiten, die »international einfach nicht geglaubt wurden«. Danach waren zwei Drittel der 16jährigen orgasmusfähig, bei 20jährigen lag der Anteil sogar bei 98 Prozent. »Die jungen Frauen jener Zeit konnten sich überhaupt nicht mehr vorstellen, sich mit einem Mann einzulassen, ohne etwas davon zu haben. Wenn ich diese Befunde den Jugendlichen selbst vorgestellt habe, haben sie nur die Schultern gezuckt und gesagt: ist doch klar.«

Die diesbezüglichen Unterschiede zwischen Ost- und Westdeutschen wirken bis in die Gegenwart nach und werden auch von anderen Autoren bestätigt, auf die sich Mühlberg bezieht:

»Täglich mindestens einmal werden nur vier Prozent der Westdeutschen sexuell aktiv, im Osten dagegen sind es dreizehn. Werden dazu diejenigen addiert, die ›vier bis sechsmal pro Woche‹ sexuell kommunizieren, so machen die sexuell Aktiven im Westen 19% aus, im Osten dagegen sind es genau doppelt so viele: 38% der Befragten. Überdies bleiben nur 2% der Männer und 4% der Frauen ohne Orgasmus.«

Ob die größere sexuelle Aktivität und Zufriedenheit der Ostdeutschen mit geringerer sexueller Phantasie und einer »wenig erfindungsreichen Sexualpraxis« einherging, wie westdeutsche Sexualforscher vermuten, scheint mir zweifelhaft.

Sicher gab es weniger Anregungen durch erotische Literatur, einschlägige Magazine und Pornographie. Doch schleichen sich auf diesen Wegen nicht eher standardisierte Phantasien in die Intimssphäre zweier Menschen ein? »Wir werden ihrer Phantasie nichts zu wünschen übriglassen«, warb kürzlich ein pornographischer Verlag für seine Produkte und bekannte damit stellvertretend den allgegenwärtigen erotischen Totschlag.

Und was die Praxis anbetrifft, so war sexuelle Unzufriedenheit mit dem Partner der am häufigsten genannte Scheidungsgrund der Ostdeutschen. Das spricht für entwickeltere Ansprüche und dafür, daß sie sich mit sexueller Einfalt auf Dauer nicht begnügten.

Freilich, in einer Gesellschaft der Gleichen mußten sich Phantasie und Praxis einer Stilistik zu zweit anbequemen, und das mochte ihre Flügel vielleicht doch etwas stutzen.

Aber wie dem auch sei: ostdeutsche Frauen und Männer besaßen im ganzen ein entspanntes, selbstverständliches und selbstbestimmtes Verhältnis zum Körper. Frei von theologischen Mucken und pornographischen Fremdbildern war auch ihr Umgang mit der Nacktheit. Die ostdeutsche FKK-Bewegung bietet dafür das beste Beispiel. Sie löste den überkommenen Vereins- und Nischencharakter des Nacktbadens so gründlich auf, daß an Seen und Stränden bald niemand mehr mit Bestimmtheit sagen konnte, wo der Textilstrand endete und der FKK-Strand begann.

»Irgendwann«, erinnert sich Starke, »lagen im Leipziger Clara-Zetkin-Park küssende Pärchen auf den Wiesen, oder Studentinnen sonnten sich nackt, und keine Polizei schritt ein.«

»Irgendwann« – das war in den siebziger Jahren. Spätestens von da an war die moralische Polizei zum Voyeur degradiert.

Gäbe es nicht mehr über die privaten und intimen Beziehungen zu sagen, könnten wir die Verhandlung schließen und auch das letzte Wort unserem Gewährsmann überlassen:

»In gewisser Weise waren in der DDR-Gesellschaft Menschen, die ihre Gefühle zeigten und auslebten, weniger gefährdet.«

»In gewisser Weise«, in der Tat.

Denn zu ihrem Unglück erlebten die Ostdeutschen auf dem Felde ihres größten Triumphes – der unmittelbaren menschlichen Begegnung – auch ihre größte Niederlage.

Überlistung und Verrat

Wie die Regierenden mit Hilfe der Regierten
herrschen wollten, abgewiesen wurden
und dennoch ans Ziel gelangten

Wenn der Sozialismus doch wenigstens eine Ständegesellschaft gewesen wäre! Wenn seine strukturellen Elemente (eben die »Stände«) doch die Chance gehabt hätten, sich zu formieren, ihre Interessen zu artikulieren und institutionalisiert zu vertreten! Wenn die hierarchische Dimension des Sozialsystems doch wenigstens fixierten Regeln unterlegen hätte! Aber alle diese wesentlichen Eigenschaften der Ständegesellschaft fehlten völlig.

Manfred Lötsch

In Gesellschaften, in denen das Individuum zunächst dem Stand oder der Klasse gehört und des weiteren fest in soziale und kulturelle Milieus eingebunden ist, hat es große Mühe, seinen Privatraum zu verteidigen oder auch nur dessen Grenzen zu bestimmen. Großfamilie, Gemeinde, Pfarrei und Nachbarschaft umgeben den einzelnen wie konzentrische Hüllen und intervenieren fortwährend in sein Leben. Auf der nächsthöheren Ebene hegen Standeskomment und Klassendisziplin den individuellen Bewegungsspielraum weiter ein. Darüber schwebt die öffentliche Gewalt und richtet ihr Augenmerk auf jene Widersetzlichkeiten, die unentdeckt blieben oder die zu ahnden ihr vorbehalten ist.

Mitglieder der unteren, minderbemittelten Schichten bekamen diese gestaffelte soziale Kontrolle mit besonderer Härte zu spüren. Ihre primären Bezugsgruppen, Familie und Verwandtschaft, erzwangen die strikte Einhaltung gesellschaftlicher Normen und verbündeten sich umgehend mit der öffentlichen Gewalt, wenn Normverletzer aus den eigenen Reihen die Ehrbarkeit der Gruppe gefährdeten. Sie schützten das Individuum, solange es sich unauffällig und konform gebärdete, und überlieferten es dem strafenden Arm des Gesetzes, wenn es Ruf und Existenz des größeren Ganzen bedrohte. Umgekehrt schritt der »Staat« erst ein, wenn die familiäre und nachbarschaftliche Kontrolle versagte oder der Normverstoß flagrant und schwerwiegend war.

»Im Interesse einer Ökonomie der Strafmaßnahmen taten die Behörden so, als wüßten sie nichts von dem Verhältnis zwischen Mann und Frau, zwischen Eltern und Kindern«, schrieb Yves Castan in einer Untersuchung über

Politik und privates Leben im Frankreich des siebzehnten Jahrhunderts und fuhr fort: »Immerhin hefteten sich Verachtung und Mißkredit an die ganze Familie, und besonders argwöhnisch verfolgte man die potentiellen Machenschaften der schlimmen Brut. Gewohnheitsmäßig respektierte man das Recht auf Geheimhaltung der familiären Beziehungen, wenn niemand in der Familie kriminell war. Geschah jedoch das Verbrechen innerhalb der Familie, war es mit der Rücksichtnahme bald vorbei.«

Dann war es auch mit der Gnade von Familie, Verwandtschaft und Berufsgenossenschaft vorbei.

Wie weit das Zusammenspiel familiärer, beruflicher und öffentlicher Kontrollinstanzen gehen konnte, zeigte, erneut am französischen Beispiel, die Historikerin Arlette Farge in einer höchst lehrreichen Fallstudie. Ihr Gegenstand waren die *lettre de cachet*, Verhaftbriefe, die Privatpersonen in der Mitte des achtzehnten Jahrhunderts beim König erwirkten, um Verwandte aus dem gesellschaftlichen Verkehr zu ziehen. Der Grund für dieses befremdliche Ansinnen war stets der nämliche. Ehepartner, Kinder, weitläufigere Familienmitglieder schlugen über die Stränge, ergaben sich dem Alkohol, stahlen oder begingen Gewaltverbrechen. Die Untaten machten die Runde. Erst wußte es die Nachbarschaft, dann das ganze Viertel. Die Respektabilität der Familie stand auf dem Spiel. Und zwar nicht als nebulöse Vorstellung, sondern als Hauptposten des sozialen Vertrauenskapitals. Beziehungsnetze, die berufliche Laufbahn, das kleine Geschäft, das man betrieb – all das war bedroht. Ein Strafprozeß war nicht nur zu teuer; er sorgte für jenes öffentliche Aufsehen, das es um jeden Preis zu vermeiden galt. Nur ein Bittgesuch an die öffentliche Gewalt, an den Monarchen, konnte das Unglück abwenden.

Mit der Hilfe von Rechtskundigen und professionellen Briefstellern breiteten die kleinen Leute ihre Zwistigkeiten, Zerwürfnisse und Vergehen vor der höchsten Autorität aus, in der Hoffnung, erhört zu werden, staatlichen Beistand gegen die Nächsten und Vertrauten zu finden.

Mitunter sind die Gefängnisse überfüllt, und der König muß die Bittsteller vertrösten. Ein anderes Mal begnadigt er Delinquenten aus Platzmangel, so daß sie zum Kummer ihrer Verwandten allzu früh in den Schoß der Familie zurückkehren. Dann versuchte man, die potentiellen Störenfriede auf demselben Wege wieder loszuwerden, und verspricht, bis zu ihrem Lebensende für die Gefängnisverpflegung aufzukommen. Dringt man damit nicht durch, bleibt nur die Hoffnung, daß der oder die Gemaßregelte die Lektion gelernt hat und künftig nicht mehr auffällt.

In einem Kommentar, den der Philosoph Michel Foucault zu Arlette Farges Recherche verfaßte, rückte er die auf den ersten Blick befremdliche Fortsetzung des politischen Machtspiels mit gesellschaftlichen, ja privaten Mitteln ins Zentrum der Aufmerksamkeit und schrieb:

»Die politische Souveränität wirkt sich bis zur untersten Ebene sozialer Beziehungen aus; von Individuum zu Individuum, zwischen den Mitgliedern einer Familie, in den nachbarschaftlichen, geschäftlichen, beruflichen Kontakten, in den auf Haß, Liebe oder Rivalität gegründeten Beziehungen kann man außer den traditionellen Waffen von Autorität und Gehorsam die Mittel der ›absoluten‹ Macht ins Spiel bringen, vorausgesetzt, man hat sie vorher auf seine Seite gebracht und in die gewünschte Richtung gelenkt.«

Genau davon, mit Hilfe der Gesellschaft zu regieren, träumten die ostdeutschen Machthaber. Soziale Gruppen und familiäre Verhältnisse sollten die Individuen von sich aus in die politisch gewünschten Bahnen lenken und den Herrschaftsaufwand reduzieren.

Dabei hatten sie selbst alles getan, um die Mittelglieder zwischen Individuum und Staatsmacht systematisch auszuschalten. Sie hatten Klassen und Stände beseitigt, Selbstverwaltungsorgane, soweit sie noch bestanden, aufgelöst,

Berufs- und Wirtschaftsverbände entmachtet, einen Kirchenkampf geführt und insofern gewonnen, als die Zahl der Ungläubigen rapide wuchs, die der aktiven Kirchgänger im selben Maße abnahm; sie hatten ein System der Daseinsfürsorge eingeführt, das den einzelnen von familiärer Unterstützung weitgehend unabhängig machte, und eine ökonomische Ordnung etabliert, die jedem und jeder ein unabhängiges eigenes Leben ermöglichte.

Sie hatten de facto einen gesellschaftlichen Zustand herbeigeführt, der all ihre Herrschaftspläne zunichte zu machen drohte und vor dem Émile Durkheim, der große Soziologe, Ende des letzten Jahrhunderts ausdrücklich gewarnt hatte:

»Eine Gesellschaft, die aus einer Unmasse von unorganisierten Individuen zusammengesetzt ist und die sich ein Überstaat bemüht zusammenzuhalten, ist ein wahres soziologisches Monstrum. Denn die kollektive Tätigkeit ist jederzeit zu komplex, als daß sie sich durch das alleinige und einzige Organ des Staates Ausdruck verschaffen könnte. Im übrigen steht der Staat viel zu weit von den Individuen entfernt; er unterhält zu ihnen zu äußerliche und unregelmäßige Beziehungen, als daß es ihm möglich wäre, in das Bewußtsein der Individuen einzudringen und diese von innen her zu sozialisieren ...

Eine Nation kann sich nur dann erhalten, wenn sich zwischen dem Staat und den Bürgern eine ganze Reihe von sekundären Gruppen schiebt, die den Individuen nahe genug sind, um sie in ihren Wirkungsradius einzufangen und damit im allgemeinen Strom des sozialen Lebens mitzureißen.«

Die ostdeutsche Gesellschaft glich strukturell in vielem diesem Monstrum, und die Abhilfe von dem Übelstand, die Durkheim modernen Berufsgenossenschaften zutraute, kam für sie nicht in Frage. Denn die waren längst in der Einheitsgewerkschaft aufgegangen. Die das gesamte Leben der Ostdeutschen begleitenden Organisationen konnten aus naheliegenden Gründen nicht an ihre Stelle treten. Als verlängerte Arme staatlicher Macht fehlte ihnen genau jene Selbständigkeit, die das Individuum »im allgemeinen Strom des sozialen Lebens mitreißen« konnte. Sie waren viel zu sehr mit Fremdzwang behaftet, um Autorität und das Vertrauen ihrer Mitglieder gewinnen zu können. Sie taugten nicht zum gesellschaftlichen Komplizen staatlicher Macht, weil sie selber nichts als diese Macht verkörperten. Die Macht ihrerseits konnte nicht als Schiedsrichter über der Gesellschaft stehen und sparsam in Erscheinung treten, weil es keine von ihr unabhängigen sozialen Parteien gab.

Der Soziologe Detlef Pollack hat die DDR eine »Organisationsgesellschaft« genannt und damit wohl etwas Richtiges gesagt. Nur war der ridiküle Organisationsfetisch Teil des Problems der Herrschenden, Vertrauen und Respekt zu gewinnen, und nicht seine Lösung. Auch muß man bedenken, daß sich Geist und anfänglich noch vorhandene Begeisterung mehr und mehr aus den Organisationen flüchteten. Sie erstarrten zu Gefäßen, durch die das immer gleiche Wasser floß, und verloren mit jedem Mitglied, das sie neu hinzugewannen, an Kraft und Einfluß. Weil jeder irgendwo Mitglied war, wurde Mitgliedschaft zunehmend bedeutungslos, formal.

Mit all ihren Großorganisationen erreichten die Herrschenden nie, was ihnen auf anderem Wege wenigstens teilweise gelang: die Gesellschaft für ihre Zwecke einzuspannen. Wo die Organisationsgesellschaft scheiterte, sprang die Gesellschaft der Kollektive ein.

»Wir taten so, als ›kämpften‹ wir darum, zu einer besonders hoch entwickelten Form von sozialen Gebilden gehören zu wollen, deren verbale Kennzeichnung mit ›Kollektiv der sozialistischen Arbeit‹, ›Kollektiv der deutsch-sowjetischen Freundschaft‹ den meisten Werktätigen keine Anhaltspunkte für Begeisterung, ›Bewußtseinsentwicklung‹ oder ›Formung der sozialistischen Persönlichkeit‹ bot. Dennoch fühlten wir uns jenen Gebilden, den Arbeitsbrigaden, Seminargruppen, Gewerkschaftsgruppen, zugehörig, ihnen vielleicht sogar verpflichtet, versuchten, auch den anderen Kollektivmitgliedern zuliebe, nicht aus der Rolle zu tanzen, um die Kollegen oder Jugendfreunde nicht in unangenehme Lagen zu bringen, z. B. Stellungnahmen zu unserer Persönlichkeitsentwicklung verfassen, Bürgschaften vorlegen, unseren Klassenstandpunkt einschätzen oder Rechenschaft über unsere politischen Verfehlungen geben zu müssen.«

Mit diesen Worten begann ein Essay, den die Sozialpsychologin Lydia Lange 1993 in der *Zeit* veröffentlichte. Obwohl nicht sehr umfangreich, leuchtet er das widersprüchliche Zusammenspiel von Staat, Gesellschaft und Individuum mit großer Genauigkeit aus.

Brennpunkte dieser Kooperation waren die allgegenwärtigen Kollektive. Als persönlich greifbare Ausschnitte aus der ansonsten unpersönlichen Organisationswelt sprachen sie den ganzen Menschen an, seine Gefühle, Gedanken und Interessen. Als stabile soziale Zusammenhangsformen mit langer Lebensdauer nötigten sie zu beständiger Aufmerksamkeit, zur Rücksichtnahme auf andere, zu Absprachen und Kompromissen. Als gesellschaftliche Schnittflächen zwischen Staat und Individuum erfüllten sie drei Aufgaben zugleich: sie appellierten an die Leistungs- und Folgebereitschaft des einzelnen, sie schützen das wohlverstandene Eigeninteresse ihrer Mitglieder, und sie förderten den mitmenschlichen Austausch jenseits der Privatsphäre.

In der Realität waren diese Momente eng miteinander verflochten. Um bei privaten Nöten den menschlichen Zuspruch der anderen zu finden, durfte man sich ihnen gegenüber nicht verschließen. Um den Schutz des Kollektivs vor übertriebenen Forderungen in Anspruch nehmen zu können, mußte man zumutbare erfüllen. Um die beschränkte Autonomie des eigenen Kollektivs zu sichern, mußte ein jeder Sorge tragen, daß die Gruppenharmonie wenigstens zum Schein gewahrt blieb.

Von oben als Transmissionsriemen politischer Herrschaft konzipiert, wurden die Kollektive unten als sozialer Puffer zwischen Individuum und öffentlicher Gewalt verstanden.
Tatsächlich waren sie beides zugleich, Konflikte und Störungen daher an der Tagesordnung. In gewisser Weise definierten sich die Kollektive durch ihre Fähigkeit, mit Störungen und Störenfrieden fertig zu werden:

»Das Kollektiv war grundsätzlich wohlwollend gestimmt und geneigt, das einzelne Kollektivmitglied bei Forderungen anderer Insitutionen zu unterstützen. Als ›Gegenleistung‹ wurde verlangt, daß sich das Gruppenmitglied bei den vielen Einsätzen, Anforderungen, Initiativen, gesellschaftlichen Tätigkeiten zur Verfügung stellte, um das Fortbestehen des Kollektivs im politisch-sozialen Umfeld zu gewährleisten.

Das Kollektiv gewährleistete soziale Sicherheit, solange man bestimmte Grenzen einhielt, die vor allem politischer Natur im Zusammenhang mit Öffentlichkeit waren. Das Streben nach Berechenbarkeit wirkte sich bis in die kleinen Gruppen aus. Zwar gab es immer wieder unvorhergesehene politische Ereignisse, aber im Kollektiv passierte einem nichts, wenn man ›keine Schwierigkeiten‹ machte.«

Um mit ihrer Umwelt einigermaßen harmonieren zu können, mußten die Kollektive in sich harmonieren; um in sich harmonieren zu können, mußten jedem und jeder das übergeordnete Ziel vor Augen stehen, mit der Umwelt zu harmonieren. Mehrdeutig wie die Funktion der Kollektive war daher ihre »Politik«.

Innenpolitisch relativierten sie den Leistungsdruck von oben, besänftigten sie die Furcht, der Staatsmacht isoliert, gleichsam nackt gegenübertreten zu müssen; außenpolitisch schürten sie die Furcht aller vor einer feindlichen Umwelt, die man durch konformes oder scheinkonformes Verhalten günstig stimmen mußte. Sie tolerierten die Zurückhaltung von Leistung und Engagement, aber nur innerhalb bestimmter Grenzen; sie gestanden jedermann seine politische Meinung zu, sofern er sie nicht an der falschen Stelle äußerte; den ewigen Schmarotzer opferten sie ebenso unbarmherzig wie den Provokateur, der die ganze Gruppe blamierte.

In ruhigen Zeiten ganz in Innenpolitik versunken, wurden die Kollektive bei jedem offenen Konflikt jäh an den Primat der Außenpolitik erinnert und zu Strafmaßnahmen gezwungen, die die Ordnung wiederherstellten und die Scham verletzten.

Dennoch muß man auch hier den Zeitfaktor berücksichtigen.

Vieles spricht dafür, daß der Primat der Außenpolitik in den ersten beiden Jahrzehnten der ostdeutschen Gesellschaft härter und unvermittelter zum Zuge kam als in den beiden letzten.

Besonders in den fünfziger Jahren vermitteln die Kollektive den Eindruck eines permanenten Kampfschauplatzes. Aktivisten und Helden der Arbeit bilden im Verein mit Altkommunisten einen überzeugten Kern, der die Masse der Abwartenden, Abseitsstehenden durch freiwillige Mehrleistung und Sonderschichten mitreißen will und dabei auf deren zum Teil erbitterten Widerstand trifft.

Ein solch ungeliebter Held war der Maurer Hans Garbe.

Gegen den Rat der Fachleute, anfänglich nur von seiner Frau unterstützt, schlug er Anfang 1950 vor, die defekte Kammer eines Ringofens abzureißen und neu auszumauern, während nebenan – nur durch eine dünne Wand getrennt – die Glut weiterloderte.

Schließlich bekam er den Auftrag, eine Spezialbrigade zusammenzustellen. Mit sieben Freiwilligen stieg er in den Ofen hinab und begann die Arbeit. Einer seiner damaligen Ruhmredner faßte das, was dann geschah, wie folgt zusammen:

»Je weiter der Ofenumbau fortschritt, um so größer wurde die Aufregung im Betrieb. Jetzt nannte man ihn nicht mehr den ›Verräter‹ oder ›Wühler‹, jetzt hieß er der ›Teufelskerl‹, hatte er doch durch diese Leistung die ganze Belegschaft vor der sonst unvermeidlichen Entlassung bewahrt. Der Verwunderung folgte langsam die Bewunderung. Aber auch die Gegner aus Prinzip, die unverbesserlichen Hetzer und Saboteure, denen jeder Aufbauerfolg außerhalb der kapitalistischen Profitwirtschaft ein Greuel ist, ruhten nicht. Als Garbe eines Spätabends allein von einer Parteiversammlung heimkehrte, wurde er in einer dunklen Straße durch fünf Unbekannte vom Rad geschlagen. Nur seiner Geistesgegenwart hatte er es zu danken, daß er diesen gedungenen Mordbuben entkam. Aber das alles konnte die Erfüllung des freiwillig übernommenen Planes nicht mehr aufhalten. Pünktlich, zum festgesetzten Termin, war die letzte Ofenkammer erneuert worden, wurde der generalüberholte Ofen der Betriebsleitung im Rahmen einer kleinen Feier übergeben.«

Wenig später, im Oktober 1950, wurde Hans Garbe als »Held der Arbeit« ausgezeichnet.

Menschen wie Hans Garbe, Adolf Hennecke, Frieda Hockauf und viele andere waren so etwas wie der Stachel im Fleisch der Kollektive und wurden von der Mehrheit der Kollektivmitglieder auch so empfunden.

Uwe Bergers Gedicht *Hans Garbe* aus dem Jahr 1952, eine unter zahllosen zeitgenössischen lyrischen Lobpreisungen des Helden, verlieh mehr dem Wunsch als der Wirklichkeit Ausdruck:
>Sie lauern vor ihm, Haß im Blick,
>in der Kantine. Einer steht allein,
>der Weg führt nicht zurück,
>und seine Worte schlagen wütend auf sie ein.
>
>Er mauert Deckel aus Schamott
>in fünf statt fünfzig Stunden –
>
>und scheucht sie aus dem Trott.

> Sie hätten ihn geschunden,
> als er auf seinem Rad nach Hause fuhr,
> doch ist er ihnen knapp entkommen.
> Der Meister hätt ihm gern zur Kur
> die Kelle aus der Hand genommen.
>
> Er aber hat den Ofen repariert.
> Er trug die Fahne, schaffte mehr,
> weil er Fabrik und Land als Eigen spürt.
>
> Und heute mauern sie wie er.

Weit realistischer war Heiner Müllers Adaption des Garbe-Stoffes.

Auch er porträtierte in seinem 1958 erstaufgeführten Stück *Der Lohndrücker* das Kollektiv als Arena der gesellschaftlichen Kämpfe. Und er schloß mit der Hoffnung, daß das Beispiel einiger weniger Schule machen und mit dem uralten Mißtrauen der kleinen Leute gegen »die da oben« auf längere Sicht aufräumen könnte. Aber er war sich dessen nicht gewiß und vermittelte auch den Zuschauern keinerlei Gewißheit. Er strich, im Gegenteil, die Widerstände heraus, mit der jeder Appell an die Entbehrungsbereitschaft der Menschen rechnen mußte; so sehr, daß ein Kritiker im *Neuen Deutschland* stellenweise geistige Subversion vermutete und schrieb:

»Die Arbeiter, deren Worte von den harten Erfahrungen im Kapitalismus geprägt sind, argumentieren oft schlagkräftiger als die Funktionäre mit dem neuen Bewußtsein. Es scheint fast so, als hätte der Dramatiker versucht, alles zusammenzutragen, was an gegnerischer Aktion und Argumentation denkbar ist.«

In der Tat hatte der Autor den Gegnern der neuen Ordnung die besseren Argumente in den Mund gelegt.

»Früher hielt man sich an die Termine, aber die Kirche blieb im Dorf«, ließ er einen Buchhalter alten Schlags verkünden. »Es kam Geld ein. Das Ausland interessierte sich für uns, und der Arbeiter wurde satt. Das war die Ausbeutung. Davon sind wir ja nun befreit.«

Etwas später überführt der Werkdirektor einen Arbeiter der Sabotage, worauf dieser erwidert:

»So ist das also. Da schindet man sich krumm, ins Kreuz getreten dreißig Jahre, Fressen wie ein Hund und in Trab wie ein Gaul. Und jetzt heißt es: ein Saboteur! Das ist also euer Arbeiterstaat. Ihr seid nicht besser als die Nazis.«

Da verliert der Direktor die Fassung und schlägt dem Arbeiter ins Gesicht. Der Geohrfeigte behält das letzte Wort:

»Das kostet dich die Stellung, Direktor. Das ist nicht wie bei Hitler.«

Damit war die Sache dialektisch auf den Punkt gebracht.

Gerade weil es nicht mehr »wie bei Hitler« war, auch nicht wie in der Weimarer Republik, weil die alten sozialen Zwänge und Autoritätsverhältnisse nicht mehr griffen, niemand Arbeitslosigkeit und sozialen Abstieg befürchten mußte, hing alles von der Motivation der Menschen ab. Und weil ihr Leistungswille von ihrer Überzeugung abhing, hämmerte man Tag für Tag mit groben Stereotypen auf ihr Bewußtsein ein, bestätigte sie dadurch aber nur in ihrem Überlegenheitsgefühl.

Die neue Ordnung zeugte Helden der Arbeit, weil sie über ökonomische Hebel nicht oder doch nicht in ausreichendem Maße verfügte; sie förderte mit allen nur erdenklichen Mitteln ein heroisches Verhältnis zur Arbeit, hatte der verbreiteten Unlust auf derartiges Heldentum aber wenig entgegenzusetzen.

Und aus demselben Grund gelang es den Regierenden auch nicht, den defensiven Eigensinn der Kollektive auszuschalten. Sie konnten politische Kampagnen inszenieren, den proletarischen Festkalender ins Spiel bringen oder Übeltäter exemplarisch zur Verantwortung ziehen – mehr als sporadische Aktivitäten hatte das nicht zur Folge. Kampagnen ebbten wieder ab, Jubiläen gingen vorüber, und Saboteure durfte man nicht wahllos produzieren, wenn man die Leute im Lande halten wollte.

Zur Dauermobilisierung der Kollektive außerstande, mußten die Regierenden ohnmächtig zusehen, wie sich das Verhältnis zur Arbeit zusehends normalisierte und der heroische Geist aus der Arbeitswelt verschwand. In den siebziger und achtziger Jahren hätten Menschen wie Hans Garbe nur noch komisch gewirkt. Kein Dramatiker hätte gewagt, dergleichen auf die Bühne zu bringen.

Wenn die Arbeitswelt in der Kunst der siebziger und achtziger Jahre auftaucht, trägt sie durch und durch profane Züge. Arbeit ist den Menschen noch immer wesentlich, das Arbeitskollektiv ein unverzichtbarer Bezugspunkt ihres Lebens. Ein Leben ohne Arbeit, außerhalb der Kollektive, liegt nach wie vor jenseits des Vorstellbaren und Wünschenswerten. Aber die Prioritäten haben sich merklich verändert. »Die Arbeit«, sagt ein Brigadier in dem 1971 gedrehten Spielfilm *Zeit der Störche*, »ist wichtig, aber nicht das Wichtigste. Das Wichtigste ist, sich auszuleben, auszuprobieren.« Die Protagonistin aus Egon Günthers Meisterwerk *Der Dritte* von 1972, die als Mathematikerin in einem betrieblichen Rechenzentrum arbeitet, artikuliert den gesellschaftlichen Paradigmenwechsel noch deutlicher:

»Wie wird das Werk in zehn Jahren aussehen? – Das Werk? – Wie werde ich in zehn Jahren aussehen!«

Den zunehmend chaotischen Arbeitsalltag stets aufs neue zu bewältigen, das Unmögliche möglich zu machen bildet das zunehmend desperate Dauermotiv der späteren Arbeitserzählungen. Der 1976 in die Kinos gelangte Spielfilm *Nelken in Aspik* führt einen zahnlosen Werbetexter vor, der aus Scham über seinen Makel beharrlich schweigt, daher auch nichts Falsches sagt und dank seiner Zurückhaltung schließlich bis zum Generaldirektor aufsteigt. Zwei Jahre später erschien *Anton der Zauberer* auf der Leinwand, ein Genie im Umgang mit Engpässen und Versorgungslücken. Stets mit einem Bein im Gefängnis, kurzfristig sogar mit beiden, nehmen Werkleiter seine Dienste doch immer wieder gern in Anspruch, weil sie den Plan nur so erfüllen können. Auch der agile Parteisekretär ist in die Jahre gekommen. In *Alfons Köhler* von 1983 läuft ein solcher scheinbar unverändert durch eine Großbaustelle, deckt allerlei Mißstände und Pfusch auf, um sich beim ersten eigenen Fehler umgehend in Krankheit und Depression zu verabschieden.

Die politische Dramaturgie des Kollektivs hatte Schiffbruch erlitten, kam über eine kleinliche Politik der Nadelstiche nicht hinaus. Weil sie die sozialen Gruppen verloren geben mußten, konzentrierten sich die Machthaber zunehmend auf die Individuen. Die Niedertracht, zu der sie dabei griffen, hatte Methode, und wenn sie in den letzten beiden Jahrzehnten überhaupt noch Erfolge verzeichnen konnten, dann auf diesem Gebiet.

Die Erfolge gingen zu Lasten der Gesellschaft und bekräftigten dennoch die Niederlage des politischen Systems. Der Überwachungsstaat expandierte, weil die Herrschenden sich immer weniger auf die Mitarbeit der sozialen Gruppen verlassen konnten und immer größeren Aufwand treiben mußten, um die Gesellschaft in ihren einzelnen Bestandteilen zu erobern, Mensch für Mensch.

»Es ist richtig, daß das MfS seine Hypertrophierung unter der Ägide Honecker erfahren hat«, schrieb Karl Wilhelm Fricke in seiner Schrift *MfS intern*. Die Zahlen belegen seine Behauptung.

So rechnet man für das Jahr 1952 mit einem festen Personalbestand von rund 4000 Mitarbeitern. Drei Jahre später waren es bereits 9000. Dann fehlen verläßliche Angaben. Für 1973 weist die Statistik knapp 53000 Hauptamtliche aus. Das folgende Jahrzehnt ist lückenlos dokumentiert:

55 718 Mitarbeiter im Jahr 1974
59 458 Mitarbeiter im Jahr 1975
62 837 Mitarbeiter im Jahr 1976
66 475 Mitarbeiter im Jahr 1977
69 558 Mitarbeiter im Jahr 1978
72 196 Mitarbeiter im Jahr 1979
75 106 Mitarbeiter im Jahr 1980
78 497 Mitarbeiter im Jahr 1981
81 467 Mitarbeiter im Jahr 1982
85 500 Mitarbeiter im Jahr 1983

Danach verharrte die hauptberufliche Personage in etwa auf diesem Niveau. Weitergehende Vermutungen sprechen von einer abschließenden Zahl von 99 000 Angestellten, sind aber noch nicht hinreichend erhärtet.

Nimmt man für die Spätzeit der DDR die wohl eher niedrig geschätzten 180 000 Inoffiziellen Mitarbeiter hinzu, zuzüglich einer noch gar nicht abschätzbaren Zahl von Kontaktpersonen, faßt man darüber hinaus die Konzentration der Kräfte ins Auge, die dafür sorgte, daß in den systemkritisch gesinnten Gruppen jeder fünfte, vielleicht sogar jeder dritte »dabei« war, dann besteht kein Zweifel mehr: Gerade weil ihm die Gesellschaft entglitten war, führte das Honecker-Regime einen unerklärten, verschwenderischen und heimtückischen Krieg gegen das Individuum. Und ganz offenkundig war die Gesellschaft der Individuen auf diesen Krieg schlechter vorbereitet als die Gesellschaft der Kollektive.

Tatsächlich konnte sich der systematische Feldzug gegen das Individuum auf Ansichten und Gefühle stützen, die die Gesellschaft in die Menschen eingepflanzt hatte, von denen diese sich weder lösen wollten noch konnten. Man mußte ihren ausgeprägten Sinn für Echtheit, ihr Bedürfnis, die Grenzen zwischen Mensch und Mensch so weit wie möglich abzubauen, nur überlisten.

Wie die Überlistung vitaler Ausdrucks- und Bindungsbedürfnisse vonstatten gehen konnte, zeigt exemplarisch ein nur scheinbar trivialer Text aus dem Jahre 1965. Er trug den Titel *Du und der andere neben Dir* und wandte sich mit seinen Ratschlägen vor allem an die Jugend. In Aufmachung und Sprache der populären Ratgeberliteratur verwandt, schlich er sich gleichsam in die Wißbegierde der jungen Leute ein, um sie schnell auf ganz andere Pfade zu führen.

Sein Autor, Bernd Bittighöfer, eröffnete den Diskurs mit der Frage, unter welchen Umständen die Gesellschaft berechtigt sei, in die privaten Belange der Bürger einzugreifen. Seine Antwort: wenn die Privatleute öffentliches Ärgernis erregen, ließ Spielraum für unterschiedliche Auslegungen, war aber nicht grundsätzlich falsch. Jede Art des gesellschaftlichen Zusammenlebens zwingt die einzelnen zu Triebverzicht, Affektkontrolle und Augenmaß. Jede Gesellschaft ahndet Verstöße gegen die als unentbehrlich geltenden Verhaltensnormen. Das galt natürlich auch für die ostdeutsche Gesellschaft.

Dabei macht es für die Ökonomie der öffentlichen Ordnung einen fundamentalen Unterschied, ob die Ordnungshüter den einzelnen Bürgern Normverstöße ausdrücklich nachweisen müssen oder ob die Gesellschaft potentielle Störenfriede rechtzeitig und von selbst benennt.

Und darauf kam es dem Verfasser an.

Um sein Ziel zu erreichen, bekräftigte er die Leserschaft zunächst in ihrem Wunsch nach spontanem und unmittelbarem menschlichen Austausch:

»Während in der bürgerlichen Gesellschaft die Regeln des Zusammenlebens dem Wesen nach darauf abzielen, den Mitmenschen auf Distanz zu halten und sich selbst die nötige ›Ellbogenfreiheit‹ für das eigene ›Fortkommen‹ zu sichern, ist es der tiefe Sinn der Regeln des Zusammenlebens in der sozialistischen Gemeinschaft, daß die Menschen als Freunde zueinander finden, daß sie kameradschaftlich zusammen arbeiten, sich gegenseitig helfen und füreinander einstehen. Aus der ärgerlichen Feststellung des Aufeinanderangewiesenseins wird die freudige Bejahung des Füreinanderdaseins.«

Das war ein wenig schwülstig formuliert, deckte sich aber mit einer gesellschaftlich weit verbreiteten Ansicht. Die Forderung, niemanden künstlich auf Distanz zu halten, nahm besonders das jugendliche Mißtrauen gegen leere Formen und erstarrte Konventionen geschickt ins Schlepptau. Möglichst offen und natürlich zu sein, unbefangen miteinander umzugehen war genau das, was sie sich vorgenommen hatten.

Als nächstes lud sie der Experte dazu ein, zwischen falscher und echter Würde zu unterscheiden. »Würde«, belehrte er seine Leser, »ist kein äußeres und äußerliches Attribut, sondern ein innerer, ideeller, sittlicher Wert«, und stellte die Dinge damit auf den Kopf. Denn es bedarf nur geringer geistiger Anstrengungen, um zu begreifen, daß Würde eben gerade nichts Inneres, nur Ideelles ist, sondern notwendigerweise mit Äußerlichkeiten einhergeht. Würde ist demonstrativer Selbstrespekt; sie gibt sich im Verhalten kund, strahlt Souveränität und eine gewisse Unnahbarkeit aus.

All diese täuschenden »Hüllen« sollten die Heranwachsenden jedoch unbekümmert ablegen, um endlich bei sich selbst anzukommen, bei ihrem Wesen:

»Die Persönlichkeit verhält sich zur Person wie das Wesen zur Erscheinung, wie der Kern zur Schale. Die *Person* fragt: Was *hast* du? – Titel, Rang, Kleid, Equipage, Vermögen? Die *Persönlichkeit* fragt: Was *bist* Du, was bewegt Dich und was bewegst Du, welchen zukunftsgestaltenden Kern trägst Du in Dir? Und hier gilt es, eine Lehre zu ziehen: Was der Mensch *hat*, das kann er verlieren, was er *ist*, das bleibt bestehen.«

Dieser Essentialismus, der Wesen über Erscheinung, Inneres über Äußeres, Sein über Haben, Persönlichkeit über

Person stellte, wandte sich gezielt an Menschen, die in einer arbeiterlichen Gesellschaft heranwuchsen und lebten. Sozial gleich, ökonomisch unabhängig und existentiell gesichert, hatten sie weder die Mittel noch im Ernst das Bedürfnis, sich voneinander abzugrenzen, sich äußerlich unter Beweis zu stellen oder sonstwie aufzufallen. Herders Satz, daß wahre Tugenden nicht glänzen, sondern wärmen, hätte ganz gewiß ihren Beifall gefunden.

Damit rechnete der Ratgeber und fuhr in seiner Unterweisung fort:
»Ehrlichkeit geht vor Höflichkeit. Gewiß, die Höflichkeit gehört ebenfalls zu den Grundregeln des Zusammenlebens der Menschen, aber Höflichkeit darf niemals auf Kosten der Ehrlichkeit in den Beziehungen gehen. Aus Höflichkeit die Wahrheit verschweigen, um ›nicht weh zu tun‹, offensichtliche Fehler nicht kritisieren, ›um des lieben Friedens willen‹ – all das widerspricht dem Grundprinzip unseres Zusammenlebens, der Achtung vor dem Menschen, das rückhaltlose Ehrlichkeit einschließt, auch wenn sie manchmal unbequem ist oder weh tut ...
Zur Ehrlichkeit gegenüber sich selbst gehört daher auch die Aufgeschlossenheit für die Kritik der Eltern, Erzieher und Kameraden. Kritisches Verhalten zu einem anderen ist zugleich Ausdruck der Achtung vor ihm. Wenn man einen Menschen nicht achtet, dann wird man sich auch nicht bemühen, durch helfende Kritik das Gute und Wertvolle in ihm zu fördern.«
In moralischen Dingen geht es oftmals um Zentimeter; ehe man sich versieht, geraten die Begriffe durcheinander, herrscht Konfusion.
Wenn die Würde ihren sinnlichen Schein verliert, schrumpft sie zu bloß innerlicher Selbstachtung zusammen. Bestimmt sich, darüber hinaus, Selbstachtung durch »rückhaltlose Ehrlichkeit«, liefert sich der einzelne obendrein schutzlos der Kritik seiner Umwelt aus und übt

seinerseits schonungslos Kritik an seinesgleichen. Es entsteht eine Atmosphäre des allgemeinen Mißtrauens, in der das größte aller sozialen Übel gedeihen kann: Auslieferung seiner selbst sowie der anderen an eine höhere Instanz. Nur das persönliche Gewissen könnte die Perversion der Moralbegriffe noch verhindern, Schuldbekenntnis und Verrat vermeiden.

Die staatliche Kolonialisierung des persönlichen Gewissens war jedoch der Zweck der ganzen Übung.

»Jeder«, hieß es abschließend, »ist für sein Tun selbst verantwortlich, und niemand hat das Recht, von einem Menschen etwas zu verlangen, was dieser vor seinem Gewissen nicht verantworten kann.«

Was folgte, war die Epiphanie des Großen Gewissens.

»Das Gewissen ist allerdings auch kein unfehlbares Elektronengehirn. Jeder Mensch kann in eine so komplizierte oder ungewöhnliche Situation geraten, vor eine so schwierige Entscheidung gestellt werden, daß ihn Zweifel plagen, was nun richtig oder falsch ist, wo auch der ›kluge Ratgeber‹, das Gewissen, schwankt. In einem solchen Falle soll und muß man sich vertrauensvoll an seine Freunde, Eltern, an das Kollektiv wenden und sich mit ihnen beraten. Denn nicht nur der einzelne hat ein Gewissen, auch das Kollektiv, die sozialistische Gemeinschaft hat ein Gewissen, eine ›öffentliche Meinung‹, die aus den in ihm geltenden sittlichen Normen geformt ist. Dieses größere Gewissen wird dann auch Rat wissen und helfen, die richtige Entscheidung zu finden.«

In einer idealen, herrschaftsfreien Gesellschaft könnte die Unterordnung des persönlichen unter das Große Gewissen ohne schlimme Folgen bleiben; in der realen DDR-Gesellschaft, in der die öffentliche Meinung unablässig den Willen der Herrschenden wiederkäute, mußten die Konsequenzen verhängnisvoll sein.

Denn damit fiel das letzte Hindernis, das die einzelnen davor bewahrte, von innen her beherrscht zu werden, selber zu wollen und zu wünschen, was man niemals wollen und wünschen darf – sich und die anderen preiszugeben; einer höheren Wahrheit als der menschlich beweisbaren, einer anderen Würde als der menschlich angemessenen, einer größeren Nähe als der menschlich verträglichen nachzujagen.

Gewiß, man darf auch diesen Text nicht mit der Wirklichkeit verwechseln, in deren Element er entstand. Er bezeichnete eine Möglichkeit, persönliche Wertmaßstäbe gegen herrschaftshörige einzutauschen, nicht mehr. Das unmoralische Angebot war das eine, es anzunehmen, aus der Welt der Nächsten und Gleichen in die ihrer Verächter überzuwechseln, war und blieb etwas ganz anderes. Diese Passage war mit Warnschildern geradezu gepflastert. Jeder, der zum anderen Ufer aufbrach, wußte, was er hinter sich ließ und was er tat.

Das Thema wäre weniger strapaziös, ginge es nur um die Klugheit der Schwachen; um jene Klugheit, die Menschen seit je unter widrigen Umständen das Leben und Überleben sicherte. Man beugt sich der Macht, läßt jene Merkmale geschehen, die Zuverlässigkeit anzeigen, und denkt sich ansonsten sein Teil. Das ist nicht bewunderungswürdig, aber auch nicht verwerflich.

Hier geht es jedoch um etwas anderes: um ein Versagen von wahrhaft anthropologischem Ausmaß. Bringe niemanden ohne Not in Bedrängnis, mißbrauche das Vertrauen deiner Nächsten nicht, spiele kein doppeltes Spiel – es gibt keine Gesellschaft, in der diese Grundsätze nicht wenigstens stillschweigende Anerkennung genössen. Es kann anderes gewollt, selbst befohlen sein, aber nichts ist imstande, diesen universellen Kanon aufzuheben. Weshalb? Weil er dasjenige beschützt, was Gesellschaft überhaupt erst möglich macht; das, was an der Gesellschaft wirklich und wahrhaftig Gesellschaft ist: das Ineinandergreifen, Sich-aneinander-Fortspinnen von Worten und Handlungen. Wenn das nicht geht, geht nichts mehr. Wenn ich fürchten muß, daß mich der Vertraute hintergeht, daß der oder die mich verraten, an denen ich buchstäblich hänge, verliert alles Tun und Denken seinen Sinn. Mir fehlte der Mut zum nächsten Satz oder zur nächsten Handlung.

Und dies eben: *daß* es weitergeht, daß sich Handlung an Handlung, Satz an Satz reiht, ist die unerläßliche Bedingung jeder menschlichen Gesellschaft. Warum geschieht überhaupt etwas, warum geschieht nicht vielmehr nichts? fragt Leibniz. Wir antworten: nun, eben deshalb, weil wir die begründete Hoffnung hegen, etwas geschehen zu machen, uns über unsere Hemmungen, über unsere Schwäche und gelegentliche Verzweiflung immer wieder erheben zu können. Wenn wir im voraus wüßten, daß diese Hoffnung trügt, an unseren Mitmenschen zuschanden wird, bräche unser Mut, geschähe rein gar nichts.

In diesem radikalen, aber ganz und gar nicht moralisierenden Sinn meinen Selbstpreisgabe und Verrat das schier Unmögliche, den Pakt mit dem Teufel, die existentielle Verneinung von Gesellschaft. Dieser Pakt lastet noch heute wie ein Alp auf den Ostdeutschen, klingt in dem hilflosen Gestammel der Verräter hörbar nach.

Ihre zähen Geständnisse sind von solch horrender Unmöglichkeit, daß sie die menschlichen Beziehungen, die sie reparieren möchten, unweigerlich zerstören. Alle Gründe, die sie zu ihren Gunsten anführen, bleiben seltsam privat. Die Menschheit, die auf Existenz besteht, teilt sie nicht und wird sie nie teilen. Hier gibt es keine Wiedergutmachung und auch kein Vergeben. Keine Wiedergutmachung, denn wer verrät, durchkreuzt die Gesellschaft, in der dieses Wort etwas bedeutet; kein Vergeben, weil niemand nur individuelle, sondern stets auch kollektive Züge trägt. Wo das verständnisvolle Individuum vergeben möchte, spricht das verletzte Gesellschaftswesen sein Verdammungsurteil. Daher der innere Zwiespalt der Verratenen. Denn als von ihresgleichen Verratene sind sie zugleich geschändet.

Im Fallenlassen aller Vorsicht, in der Preisgabe des persönlichen Gewissens erscheinen alle Vorzüge, alle Tugenden der Ostdeutschen noch einmal, nur mit umgekehrtem Vorzeichen, als Nachteile und Laster.

Ihr ausgeprägter Gleichheitssinn beargwöhnte jeden auch noch so feinen Unterschied und fand sich gleichwohl in den größten aller Unterschiede, den zwischen Herrschenden und Beherrschten. »Da das Staatsoberhaupt notwendigerweise und unbestritten allen Bürgern übergeordnet ist«, schrieb schon Tocqueville, »erweckt es bei keinem von ihnen Neid, und jeder meint, die Vorrechte, die er jenem einräumt, seinen Mitmenschen wegzunehmen.«

Sofern nur alle gleichermaßen unter der Bedrückung leiden, kann die Gleichheit mit der Herrschaft leben.

An ökonomische Unabhängigkeit gewöhnt, ihrer Stellung im Gesellschaftsganzen gewiß, verfügten die Ostdeutschen über großen Selbstrespekt, investierten aber nur wenig in ihre personale Würde. Sie gaben sich mehrheitlich ungezwungen und direkt, verschmähten das Gepränge und die Formen und hätten doch kaum etwas nötiger gehabt als deren Pflege. Denn nichts hält die unziemliche Neugier wirksamer auf Distanz als die strikte Beobachtung der Umgangsformen. Nur eine (vorwiegend weibliche) Minderheit experimentierte erfolgreich an neuen Synthesen von Nähe und Distanz.

Stolz auf ihre existentielle Sicherheit, schüttelten die Ostdeutschen Organisations- und Kollektivzwänge mehr und mehr ab. Sie reduzierten ihr Engagement in den formellen Strukturen, gründeten jedoch keine eigenen. Sie lebten jenseits von Stand und Klasse, in der Masse, und genau das machte sie angreifbar. Massen, sofern sie nicht in Bewegung geraten, sind stark an Zahl und schwach an Kraft. Ein geringer Aufwand an organisierter Gewalt genügt, sie in ihre Bestandteile aufzuspalten und auf die einzelnen zuzugreifen. Gemessen an den Herrschaftszwängen, die auf ihnen lasteten, exponierten sich die Ostdeutschen viel zu sorglos als Individuen, gewährten sie der Macht Erstzugriffschancen auf sich und ihre Nächsten.

Gleichheit, Unabhängigkeit und Sicherheit, das waren die drei Säulen, auf denen das ostdeutsche Gesellschaftsgebäude ruhte. Es hing von den weiteren Umständen ab, ob es sich als wohnliche Behausung oder als unheimliches Gehäuse erwies. Nahm der Druck von oben zu, wurde es schnell ungastlich, ließ er nach, konnte man ganz kommod in ihm leben. Und damit beschied man sich weithin.

Müßig, darüber zu spekulieren, wie die Ostdeutschen reagiert hätten, wenn auch nur eine dieser Säulen vor 1989 eingestürzt wäre. Hätten sie sich wie die Ungarn an wachsende Ungleichheit gewöhnt oder wie die Polen zur politischen Selbsthilfe gegriffen, wenn ihr Wirtschafts- und Alltagsleben genau so dramatisch aus den Fugen geraten wäre? Oder wären sie wie Russen und Rumänen gänzlich in Passivität und Resignation versunken, weil einfach nichts mehr ging und funktionierte?

Niemand weiß es.

Die Besonderheit der DDR-Gesellschaft bestand darin, daß es trotz aller bedrohlichen Zeichen immer irgendwie weiterging, und sei es auch um den Preis von wirtschaftlichem Ausverkauf und internationaler Verschuldung. Der Kollaps wurde kaschiert, bis er eintrat.

Jeder sprach vom baldigen Ende, und beinahe jeder trug das Seine zum Und-so-weiter bei.

Kaum jemand war noch bereit, den Regierenden im Fall des Falles beizuspringen, aber nur wenige mochten es sich vor der Zeit mit ihnen verderben.

Die Sterbeglocke konnte morgen oder in fünfzig Jahren läuten, aber vieles sprach dafür, daß die DDR das Schlußlicht systemsprengender Veränderungen bilden würde.

Einstweilen lebte man, und zwar im Hier und Jetzt.

»Daß ich nur tu was ich im Gedächtnis ertrage«, hieß die

überaus strenge Maxime, die Uwe Johnson in den »Jahrestagen« niederschrieb.

Ein derartiger moralischer Radikalismus war den Ostdeutschen fremd.

Verglichen mit ihren östlichen Nachbarn, lebten sie in einer materiell wohlhabenden, sozialstaatlich hochentwickelten Gesellschaft und darüber hinaus in einem Staat, der machtpolitisch gefestigt, unangreifbar schien.

Die Gegenwart blieb bis zuletzt real genug, um sie ernster zu nehmen als eine vage Zukunft.

Mit sozialem und individuellem Selbstbewußtsein reichlich ausgestattet, waren die Ostdeutschen arm an politischer Phantasie.

Mitunter geschieht das Böse nicht aus bösem Willen, sondern aus Mangel an Einbildungskraft.

Das letzte Wort in diesem Zusammenhang gehört erneut der Gleichheit.

Man unterschätzt sie, wenn man sie auf einen Zustand reduziert und übersieht, daß sie zunächst Prozeß ist.

Als Prozeß betrachtet ist die Gleichheit kontrastreich, farbig, rastlos und voller Dissonanzen. Um ihr Werk zu vollbringen, Einkommen, Lebensführung, Ansichten, Geschmack und Gewohnheiten auf eine mittlere Linie einzupendeln, führt sie Menschen unterschiedlichsten Herkommens, Angehörige verschiedenster Berufe zusammen, überbrückt sie Positionsgefälle und motiviert Unbekannte zu regem Austausch. Sie versöhnt die Extreme, stiftet Beziehungen, Freundschaften und Ehen und trägt Sorge, daß der gesamte Erfahrungsschatz der Gesellschaft ununterbrochen zirkuliert. Sie schleicht sich, was wunderbar ist, in die Köpfe ihrer Widersacher ein, spricht deren Dialekt, verhöhnt sich mit fremden Argumenten, spielt mit ihrem Untergang und findet doch fast immer einen Weg, um selbst auf feindlichem Gelände Fuß zu fassen. Sie stürzt sich auf ungewohnte Gedanken, kühne Pläne, neue Hypothesen und wendet sie so lange hin und her, bis sie den Grundsätzen des gesunden Menschenverstandes gehorchen.

Der Eifer, mit dem sie das Fremde heimisch macht, das Unvergleichliche vergleichbar, wird nur von der Verachtung übertroffen, mit der sie alles straft, was sich ihr dennoch zu entziehen wagt. Ideen, Bilder, die kein Alltag braucht, Reichtümer, die gewöhnliche Menschen im ganzen Leben nicht erwerben, Moden, die ihre Risikobereitschaft überfordern, sexuelle Praktiken, vor denen sie innerlich zurückschrecken, Verbrechen, die sie auch in ihren schwärzesten Phantasien nicht begehen – das sind die Erzfeinde der Gleichheit.

Wo sie ihnen begegnet, legt sie alle Güte ab, bläst zum Krieg und kennt nur mehr einen Schlachtruf: Intoleranz gegenüber Extravaganz.

In einer arbeiterlichen Gesellschaft wie der ostdeutschen war die Zahl wirklich extravaganter Menschen naturgemäß äußerst gering. Gerade deshalb war ihre Lage so prekär. Von allen Seiten angefeindet und isoliert, bekamen Lebenskünstler und Lebensphilosophen, Libertäre, Homosexuelle, Bohemiens sowie Exzentriker aller Schattierungen den gesamten gesellschaftlichen Konformitätsdruck zu spüren. Nicht alle waren ihm gewachsen. Für diese interessierte sich die Stasi ganz besonders, oft mit Erfolg. Konnte sie den Bedrängten doch außer Schutz auch noch ein Abenteuer eigener Art versprechen. Und Abenteurer waren sie ja alle.

Die Feindseligkeit, die konsequenten Außenseitern in der DDR entgegenschlug und zur inneren Kapitulation drängte, wurzelte in demselben Egalitarismus, der in anderen Zusammenhängen Solidarität verbürgte. In einer arbeiterlichen Gesellschaft soll sich niemand über die anderen erheben, aber auch niemand untergehen. Wer nicht nur ungewöhnlich lebte, sondern überdies Rat und Hilfe der anderen verschmähte, selber Auskunft wußte, provozierte die Normalitätserwartungen der Umwelt gleich doppelt.

Ihm war nicht beizukommen und auch nicht zu helfen. Das zurückgewiesene Beistandsangebot verband sich mit dem enttäuschten Konformitätsverlangen und pervertierte. Wer notorisch auf seiner Arroganz bestand, der durfte nicht nur, der sollte scheitern und die Überlegenheit der kollektiven Vernunft möglichst schmerzlich erfahren.

»Die DDR besaß keine Nischen«, schrieb der Historiker Stefan Wolle in seinem schon genannten Buch und ergänzte: »Ihre Gesellschaft war bis in den letzten Winkel ausgeleuchtet.« Dafür sei die Stasi verantwortlich gewesen.

So verbindet man eine richtige Beobachtung mit einer falschen Diagnose.

Die DDR besaß kaum Nischen, weil die Gesellschaft der Gleichen Nischen nicht goutierte. Der Überwachungsstaat verhielt sich diesbezüglich wie ein Parasit zu seiner Wirtsgesellschaft und mästete sich an dem, was sie verstieß.

Nischen können nur in Gesellschaften entstehen, in denen sich die Menschen an soziale Ungleichheit gewöhnt haben und daher auch Unterschiede kultureller, geistiger, lebenspraktischer Art ohne weitere Nachfrage akzeptieren. Jedem wird das Recht zugestanden, sich mit Gleichgesinnten und Gleichbetroffenen zusammenzutun, und sei es zu dem Zweck, sich von der Mehrheitsgesellschaft abzunabeln. Je mehr Menschen sich in diese Richtung bewegen, desto mehr zerfällt das große Ganze in Szenen, Milieus und Subkulturen, die ihrerseits Dutzende von Spielarten hervorbringen, die sich mal gleichgültig, mal streitsüchtig zueinander stellen. Da Konformitätszwang und Verantwortungsgefühl dem einzelnen gegenüber schwächer ausgeprägt sind als in einer Gesellschaft der Gleichen, fühlt sich kaum einer durch Außenseiter herausgefordert oder in seinem sozialen Sinn verletzt. Wer scheitert, führt dadurch keinen Beweis, weder für noch gegen die Gesellschaft, und erregt daher auch keine besondere Aufmerksamkeit. Außenseiter haben von Staat und Gesellschaft wenig zu hoffen, aber auch wenig zu fürchten.

Die dritte Generation

Warum die ostdeutschen Achtundsechziger
in Etablierte und Außenseiter zerfielen
und was das für 1989 bedeutete

Die Kneipe schloß. Zwei Uhr in der Nacht. Auf der Kreuzung am U-Bahnhof Vinetastraße Totentanz. Weit und breit kein Mensch. Die Lichter in den Fenstern der umliegenden Wohnhäuser längst erloschen. Früh mußten alle zur Arbeit. Kein Motorengeräusch erklang in der Stille. Absolutes Kuhdorf. Wir waren mehr als zehn Personen. Wir setzten uns im Schneidersitz mitten auf die Fahrbahn. Ein irres Gefühl. Einige hatten davon im Radio gehört. Es nannte sich: SIT IN. Dort, wo Menschen saßen, stoppte der wildeste Verkehr. Nach einer Weile flüsterte Pewi: »Dubček! Svoboda!« Die Namen der Führer des Prager Frühlings. Undeutlich murmelnd skandierten wir hinterher. Jetzt hörten wir den Motor eines Lastwagens. Sollten schon die Bullen kommen? Mit großem Einsatzgerät? Vielleicht könnten wir einzeln durch die umliegenden Laubenkolonien entkommen. Scheinwerfer beleuchteten unser Grüppchen. Verzweifelt blieben wir hocken. Der Wagen hielt. Hinten klapperten Flaschen. Ein Mann stieg aus: »Wat is denn det hier?« Bettina rief: »Ein Sit-in!« »Na, is ja jut. Wat et nich allet jibt. Nu seit so jut und jeht nach Hause. Wir müssen die Milchflaschen in de Läden bring'n.«

Wir erhoben uns und gingen. Die Leute waren ja nett.

Michael Meinicke

Ob man lediglich in einen Jahrgang oder aber in eine Generation hineingeboren wird, die selbstbewußt in die Geschicke eines Landes eingreift, steht in niemandes Macht.

Jahrgänge sind Einheiten soziobiologischer Zyklen und unterstehen dem Rhythmus von Zeugung, Geburt und Tod; Generationen sind Einheiten soziokultureller Prozesse und folgen dem Rhythmus von Ereignis, Deutung und Aktion.

Jahrgänge und Generationen, Zyklen und Prozesse sind vielfältig miteinander verflochten.

Jahrgänge werden in einzelnen Zyklen gestapelt, wobei die durchschnittliche Stapelhöhe historisch variiert. Wann eine bestimmte Jahrgangsgemeinschaft für kollektiven Nachwuchs sorgt und damit einen neuen Zyklus einleitet, hängt von vielen Faktoren ab, natürlichen wie sozialen. Der Eintritt der Geschlechtsreife spielt hierbei ebenso eine Rolle wie moralische Normen, Länge und Art der Ausbildungswege und die allgemeinen Zukunftserwartungen. Normen, Erwartungen, Bildungs- und Professionalisierungskonzepte unterliegen dem Streit der Generationen, werden umgeschmolzen und verändert. Insofern ragen spezifisch soziale Bestimmungsgrößen tief in die natürliche Nachfolgeordnung von Gesellschaften hinein.

Umgekehrt bilden Jahrgangszyklen auch in ihrer vermittelten Form eine feste Bestimmungsgröße für die soziale Nachfolgeordnung. Ob ein abgeschlossener Zyklus für mehr oder weniger Nachwuchs sorgt, ob der Anteil junger Frauen den der Männer überwiegt, ob ihre kollektiven Eltern ihren Erziehungspflichten genügten – dies und anderes mehr präjudiziert das Kräfteverhältnis der Generationen, ihren Charakter und ihre Stellung zueinander.

Mehr aber auch nicht.

Die Entscheidung darüber, ob sich eine Jahrgangsgemeinschaft zur Generation konstituiert oder Kohorte bleibt, fällt mit dem Eintreten oder Ausbleiben einschneidender Ereignisse. Sie können die ganze Welt, Kontinente oder ein einzelnes Land erschüttern; sie können spektakulär beginnen und dann unterirdisch weiterwirken oder umgekehrt mit kleinen tektonischen Verwerfungen einsetzen und erst in der Folge einen sozialen Erdrutsch auslösen – stets ziehen sie die Zeitgenossen in ihren Bann, werden sie zum Ausgangspunkt kollektiver Erzählungen und zum Kristallisationspunkt kollektiver Erfahrungen, formen sie Jahrgangsgemeinschaften zu Generationen um.

Und da man dasselbe Ereignis je nach Alter und sozialer Lage ganz verschieden erleben und deuten kann, entsteht zugleich mit dem Generationszusammenhang der Streit in und zwischen den Generationen. Das gemeinsame Ereignis sorgt für ein gemeinsames Thema, das differenzierte Erleben und Verarbeiten für kontroverse Beiträge.

Das Komplexereignis »1968« gibt dafür ein gutes Beispiel aus der jüngeren Geschichte. An ihm schieden sich die Geister, im Osten wie im Westen, formierten sich markante Generationsstile, die von den politischen Überzeugungen bis zur Verhaltensoberfläche, zu Kleidung, Haartracht, Gestik reichten, zweigten Deutungsmuster und Erzählstränge ab, die noch heute Stoff für Auseinandersetzungen bieten.

Auch für ein tieferes Verständnis der ostdeutschen Geschichte der siebziger und achtziger Jahre ist eine eingehendere Beschäftigung mit 1968 unverzichtbar.

Das Datum bezeichnet Gemeinsamkeiten von Ost- und Westdeutschen, Besonderheiten der Ost-68er sowie die Geburtsstunde der dritten politischen Generation der DDR.

Zwar stehen vergleichende Gesamtdarstellungen noch

immer aus, aber viele Dokumente sprechen dafür, daß die Gemeinsamkeiten vor allem im Bereich vorpolitischer Erfahrungen lagen, den Vorfrühling stärker betrafen als 1968 selbst und die Jahre danach.

Ein solches Dokument sind die Erinnerungen, die der heutige Stadtrat im Prenzlauer Berg, Burkhard Kleinert, kürzlich in der Kulturzeitschrift *SklavenAufstand* publizierte.

Da sie mir symptomatisch erscheinen und zudem einen hohen Anschauungswert besitzen, werden sie meinen tastenden Überlegungen als Leitfaden dienen.

1948 geboren, hatte er einen hohen Parteifunktionär zum Vater, der 1958 Schirdewans Palastrevolution gegen Ulbricht unterstützt hatte, dafür mehrfach gemaßregelt und am Ende sogar in seine soziale Herkunft als Schichtschlosser zurückversetzt worden war. Obwohl er seine einstigen Mitstreiter verdammte, hielt er an seinen kommunistischen Grundüberzeugungen fest und erzog auch seine Kinder in diesem Sinne. Aber wie so oft in ostdeutschen Funktionärsfamilien, so war es auch hier: Der Sohn erwachte früh zu politischem Leben, maß seine jugendliche Erfahrungswelt an den Idealen der Väter und wurde aufmüpfig.

Wie seine westdeutschen Altersgenossen kleidete er seinen diffusen Protest spontan in die Ausdrucksmittel der angelsächsischen Jugend- und Popkultur. So wie er verfuhr die Mehrheit seiner Mitschüler:

»Will man sich einen Überblick zur Quantität der Ost-68er verschaffen, so sei hier angemerkt, daß von den 30 Schülern meiner damaligen Klasse, die 1967 ihr Abitur ablegten, circa ein Drittel bekennende Anhänger der kulturellen Errungenschaften jener Jahre waren, ausgewiesen durch: Haartracht (*Matte*); Vorliebe für lautstarke rhythmische Musik westlichen Ursprungs, die in Kleinkollektiven erzeugt wurde (Bands wie *Beatles, Rolling Stones, Animals, Cream, Jimi Hendrix* u. a.; Combos, Quintetts, Quartetts,

Trios wie *Theo-Schumann-C.*, *Sputniks*, *Diana Schow-Q.*, *Joco Dev-Q.*, *Franke Echo-Q.*, *Butlers*, *B-Club 66*, *Primaner* u. a.); eine gewisse Uniformität der Kleiderordnung (Bluejeans, Parka); ein auffälliges Freizeitverhalten vorwiegend in Gruppen, vorzugsweise in den Abend- und Nachtstunden, an Wochenenden und in den Ferien (*Gammeln*); Nikotin, Alkohol- und Medikamentenmißbrauch (*Karo*, *Primasprit*, *Dormothyl*); Promiskuität und Renitenz. Zu diesem Drittel gesellte sich noch eine Gruppe von Sympathisantinnen und Sympathisanten, so daß alles in allem 50% meiner Klasse als KULTUR-68er durchgehen könnten.«

Das Vokabular signalisiert durchgehend Gemeinsamkeiten bzw. Entsprechungen zwischen ostdeutschen und westdeutschen Jugendlichen im kulturellen Vorfeld von 1968.

Auch ihre kollektiven Eltern verstanden sich über die Systemgrenzen hinweg. Sie lehnten das provozierende Verhalten der jungen Leute mehrheitlich und entschieden ab, weil sie hinter dem kulturellen Ungehorsam den politischen erahnten; das Infragestellen aller angemaßten Autorität, die elterliche ausdrücklich eingerechnet; den rebellischen Geist und das Bedürfnis nach glaubwürdigen Autoritäten vom Schlage eines Che Guevara.

Doch bereits hier beginnen die Unterschiede.

Die Ost-68er trugen manchen Konflikt mit ihren Eltern aus. Ein öffentlich und mit politischen Mitteln geführter Generationskampf entwickelte sich daraus jedoch nicht. Die Widersprüche zwischen Staat und Gesellschaft nahmen den innergesellschaftlichen, familiären Konflikten die letzte Schärfe. 1968 mußte in der DDR unter anderem deshalb anders ablaufen als in der Bundesrepublik, weil dort die gemeinsame Erinnerung der Generationen an 1965 noch lebendig war.

Das bestätigt auch Burkhard Kleinert:

»Mit dem 11. Plenum 1965 erfolgte in der DDR ein kulturpolitischer Rundumschlag, in dessen Folge sich die Jugendbewegung plötzlich mit Teilen der Elterngeneration in einem Boot befanden, aber nicht als Protagonisten einer kulturellen Öffnung des Sozialismus, sondern als enttarnte Agenten antisozialistischer und prowestlicher Ideologien. Die folgenden Verbote und Repressionen trafen alle, die mehr Offenheit, künstlerische Freiheit und weniger Bevormundung durch Partei und Staat einforderten. Die als westliche Unkultur verteufelte Jugendkultur gehörte neben den vermeintlichen Werken des Nihilismus und Skeptizismus eben noch verdienstvoller und um die Sache des Sozialismus bemühter Autoren und Filmemacher mit auf den neuen gesellschaftlichen Index.«

Noch einmal 1965 also, nur diesmal in erweiterter Perspektive, unter Einbeziehung der damaligen Schulabgänger, Abiturienten und Lehrlinge.

Wie sich früher zeigte, wurden die Künstler und Schriftsteller durch das Strafgericht am kollektiven Nerv getroffen und vereinzelt. 1976 kehrten sie noch einmal auf die politische Bühne zurück, um ein ethisches Bekenntnis abzulegen und wenigstens ihre Seele zu retten. Das Kulturplenum leitete die Entpolitisierung der zweiten politischen Generation der DDR ein, die Biermann-Affäre vollendete sie.

Für die, die damals an der Schwelle zum Erwachsenenalter standen, wurde dasselbe Plenum dagegen zur politischen Selektionsinstanz:

»Für uns«, fährt Kleinert rückblickend fort, »bildete das 11. Plenum eine Zäsur, die zu einer stärkeren Reflexion der Politik herausforderte. Die Politisierung war eine Gegenreaktion auf die nach dem 11. Plenum einsetzende Gängelung und Ausgrenzung. Von ihr wurde jedoch nur eine kleine Minderheit wirklich erfaßt. Bezogen auf meine Klasse waren das vielleicht drei oder vier Schüler, die man dann auch den POLIT-68ern zuzählen könnte. Diese Schwäche wurde jedoch durch eine mehr oder weniger gezielte, aber immer interessengeleitete Erweiterung der Kontakte zu Gleichgesinnten in anderen Orten der DDR kompensiert.«

Die seinerzeit eingeführte Verkopplung von Abitur und Facharbeiterausbildung trug ungewollt zur Überwindung der Isolierung bei, indem sie Abiturienten, Lehrlinge und junge Arbeiter zusammenführte. Der enge Bezugsrahmen von Familie und Schule wurde aufgesprengt und ein Beziehungsnetz geknüpft, das Jugendliche verschiedener Schulen und Jahrgänge informell verband. Mit der Zeit intensivierten sich auch die Kontakte zwischen Peripherie und Zentrum, Land und Stadt.

Die dritte politische Generation der DDR begann sich zu formieren und durchlief zugleich eine letzte ästhetische Verpuppungsphase:

Der gemeinsame »Freundeskreis erlebte in der zweiten Hälfte der 60er Jahre ... eine gemeinsame politische und kulturelle Sozialisation. Borcherts *Hundeblume* erlangte in unseren Kreisen kurzzeitig Kultstatus, ähnliches geschah mit Salingers *Fänger im Roggen*. Es gab Hesse-Spezialisten und einen Jünger E. T. A. Hoffmanns ... Das *Manifest des Dadaismus* wurde zur Offenbarung, und einige versuchten sich an eigenen Werken. Es fanden die ersten privaten Ausstellungen, Theateraufführungen und Lesungen statt. Biermann war auf allen Tonbandgeräten gegenwärtig und sei es als unverständlicher Untergrundton im Rauschen einer letzten Kopie. Von den DDR-Autoren wurden Bobrowski, Kunert, Christa Wolf gelesen, Böll und Grass kursierten, Kafka führte die interne Bestsellerliste an.«

Nach und nach wurden Lektüre und Haltung radikaler, politischer, diskutierte man Rudi Dutschke, Rosa Luxemburg und den jungen Marx, übte man sich in einer linksoppositionellen Weltsicht. Da die Stalinisten den Kommunismus nur verfälscht hatten, mußte man zu den Quellen zurückkehren, um die Praxis wiederzubeleben.

Das war ein ziemlich puristischer Diskurs; dennoch war er weit wirklichkeitsnäher als der parallele westdeutsche. Im Unterschied zur Bundesrepublik bot die DDR, bot insbesondere die arbeiterliche Gesellschaft der Ostdeutschen reale Anknüpfungspunkte für einen demokratischen Sozialismus. Was fehlte, war ein Anstoß von außen, der die politische Erstarrung löste und die Gesellschaft wieder in die Offensive brachte.

Plötzlich geschah das kaum Erwartete gleich dreifach.

Prag, Paris und Westberlin verwandelten sich binnen kurzem in Orte der konkreten Utopie.

Der politische Flügel der ostdeutschen 68er nahm *ein* Gesamtereignis wahr und bezog es unmittelbar auf die eigenen Verhältnisse:

»Damals waren wir, besonders unter dem Eindruck der politischen Auseinandersetzungen im Westen, mit denen wir ja auch über Freunde direkt verbunden waren, der Meinung, an einem europa-, wenn nicht weltweiten Aufbruch hin zu einem geläuterten und modernisierten Sozialismus beteiligt zu sein. Der Strand lag nicht nur unter dem Pflaster von Paris, sondern auch unter dem Wenzelsplatz in Prag, dem Otto-Suhr-Institut der FU in West- und der Schönhauser Allee in Ostberlin.«

In dieser erregten Atmosphäre gediehen die kühnsten Projekte, darunter sogar ein Plan zur Besetzung und Übernahme des Berliner Ensembles, den Sandra Weigel und Thomas Brasch entwickelt hatten.

Andere Vorhaben, die von heute aus gesehen geradezu unwahrscheinlich wirken, gelangten zur Ausführung.

Klaus Schlesinger berichtet in seiner »persönlichen Chronik« von Kontakten zu Westberliner Apo-Aktivisten nach dem Anschlag auf Rudi Dutschke. Die baten um Unterstützung für ihren Kampf und wünschten sich Helme und Regenmäntel, um Gummiknüppeln und Wasserwerfern besser gewachsen zu sein.

Es kam zu einer Geldsammlung unter Ostberliner

Schauspielern, Künstlern und Wissenschaftlern, und von dem Erlös – immerhin rund achttausend Mark – wurden unter Einschaltung einer Scheinfirma die bestellten Dinge eingekauft, in konspirativen Wohnungen deponiert und bald darauf abgeholt.

Jahre später begegnete Schlesinger dem Gesicht eines der Kuriere im Fernsehen wieder, »und wieder später fand ich beim Umräumen ein paar der Zettel, auf die wir, pro forma und für den Fall, daß unsere Geldspender auf Rechenschaft Wert legen sollten, uns die Spende quittieren ließen, und ich las in der Spalte, in der auch A. Proll quittiert hatte: 4 Helme, 4 Mäntel – H. Meins«.

Am 21. August 1968 war alles schon wieder vorbei, jedenfalls für die Ostdeutschen. Sie hatten eine dreifache Hoffnung gehegt und wurden Zeugen einer dreifachen Niederlage. Daß auf dem Pflaster des Wenzelsplatzes Panzer rollten, wog bei weitem am schwersten. Das gewaltsame Ende des tschechoslowakischen Reformsozialismus zerstörte sämtliche Illusionen über die Reformfähigkeit des Gesamtsystems.

Die Älteren konnten in Resignation oder in ihre Arbeit flüchten; den Jüngeren war dieser Weg versperrt. Mit zwanzig Jahren kann man seine Träume nicht tatenlos begraben.

Ehe die politisch engagierten Ost-68er das Feld, das sie kaum betreten hatten, wieder räumten und in eine längere Latenzphase eintraten, reagierten sie mit dem Mut der Verzweiflung.

Sie bestürmten die sowjetische Botschaft mit Protesten und trugen sich in der Botschaft der ČSSR in Kondolenzlisten ein; sie bekritzelten Häuser und öffentliche Verkehrsmittel; einige waren verwegen genug, Flugblätter herzustellen und zu verteilen.

Auch Kleinert entschloß sich mit einigen Freunden zu einer Flugblattaktion:

»Die Texte steuerte ich bei. ›Hände weg vom roten Prag‹, ›Bürger! Protestiert gegen den SU-Imperialismus‹ und ›Tito: Der Einmarsch in die ČSSR ist ein Verbrechen am Weltsozialismus‹ waren die Losungen, auf die wir uns schnell einigten. Um der Sache zusätzliches Gewicht zu verleihen, selber aber möglichst unerkannt zu bleiben, entschlossen wir uns, mit ›Die fortschrittliche kommunistische Jugend der DDR‹ zu unterzeichnen. Das war zugegebenermaßen etwas anmaßend, aber daß viele wie wir fühlten und dachten, schien uns sicher, und vielleicht führte unsere Aktion ja doch zu mehr.«

Das war eine Hoffnung, die sich nicht erfüllen sollte.

Zwar wurden die Flugblätter wie beabsichtigt in kleineren Orten vor den Toren Berlins abgeworfen, doch landeten die weitaus meisten in den Archiven der Sicherheitsorgane.

Die Gruppe hatte noch insofern Glück, als ihre Aktion zunächst unentdeckt blieb:

»Die meisten anderen Protestaktionen, von denen wir aus dem Freundeskreis erfuhren, endeten gewöhnlich schon am selben Tage bei der Stasi.«

Nach mehr als einem Jahr ereilte das Schicksal jedoch auch sie.

Die jungen Leute wurden verhaftet, mehrere Wochen verhört, mit Gefängnis bedroht und schließlich wieder in Freiheit gesetzt. Die Parteiführung hatte sich für eine milde Gangart entschieden und wollte auch keine jugendlichen Märtyrer.

»Das Ende vom Lied war die Einstellung des Verfahrens. Gerade noch pünktlich zur Bescherung wurde ich am 24. 12. 69 mittags zu Hause in Birkenwerder aus einem LADA abgesetzt.«

Kleinert setzte sein Studium der Ingenieurökonomie fort und ging dann in die Wirtschaft.

Dort war der ideologische Druck geringer, die Atmosphäre sachlicher und basisnäher.

Andere aus seinem Freundeskreis verließen um 1970 das Land und wiesen damit vielen enttäuschten Biermann-Petitionisten den Weg.

Daß es nach dem Einmarsch in die ČSSR in Ostdeutschland überhaupt zu nennenswerten politischen Protestaktionen kam, scheint zum überwiegenden Teil der Initiative junger Erwachsener geschuldet.
Diese Vermutung speist sich aus offiziellen Quellen.
Unter der Chiffre *13908 Parteiinf., LV DOS S-A, LPA Magdeburg* bewahrt das Ostberliner Domaschk-Archiv parteiinterne Informationen über die Stimmungslage der Bevölkerung im damaligen Bezirk Magdeburg kurz nach der Intervention der Warschauer Vertragsstaaten in die ČSSR auf.
Auftraggeber war die Abteilung Parteiorgane der SED-Bezirksleitung.
Wie bei diesem Adressaten nicht anders zu erwarten, nahmen Erfolgsmeldungen von der Basis einen beträchtlichen Raum ein.
Immer wieder ist von Arbeitskollektiven die Rede, die den militärischen Eingriff befürworteten und zusätzliche Anstrengungen versprachen. Selbst banalste Verpflichtungen fanden Berücksichtigung. Die »Kolleginnen und Kollegen der Abteilung Fahrplanwesen der Reichsbahndirektion Magdeburg« beschlossen ihre Zustimmungserklärung mit folgenden haarsträubenden Worten:
»Insbesondere werden wir unsere ganze Ehre darin sehen, die Fahrplanunterlagen trotz Unterbesetzung durch Krankheit termingerecht und in bester Qualität abzugeben.«
Als sei ein Loyalitätsruck durch die Gesellschaft gegangen, kabelten nachgeordnete Dienststellen Erfolge bei der Gewinnung von Kandidaten für die SED nach oben, listeten sie penibel die Zahl jener auf, die sich freiwillig für die Kampfgruppen, als VP-Helfer oder als Soldat auf Zeit gemeldet hatten.

Daß die Wirklichkeit anders aussah, mußten jedoch selbst die am meisten geschönten Darstellungen anerkennen, und sei es am Rande.

»Die Diskussionen in den Betrieben«, berichtete ein Funktionär, »zeigen aber auch, daß eine Reihe Werktätiger eine abwartende Haltung einnehmen und vielfach zum Ausdruck bringen, daß unsere Informationen noch nicht aufschlußreich genug sind.«

Dann gab er einen Überblick über »Vorbehalte und falsche Meinungen«, der einen ungefähren Eindruck von der damaligen Stimmungslage unter den Arbeitern vermittelt:

»Warum läßt man die ČSSR nicht ihren eigenen Weg gehen, das Volk steht doch hinter Dubček. Also wir haben nicht das Recht uns einzumischen.

Durch unsere Einmischung in das Territorium der ČSSR ist der Freiheitskampf des tschechischen Volkes gehemmt worden.

Dubček und seine Anhänger werden sicher das Völkerrecht in Anspruch nehmen und die Westmächte um Hilfe ersuchen ...

Ist denn die tschechische Armee nicht allein in der Lage, die Dinge zu verändern?

Was verstehen wir unter rechtmäßigen Kräften – wie es in der Erklärung zum Ausdruck kommt. Ist es nicht so, daß wir uns auf die Kräfte berufen, die von den Bajonetten der sozialistischen Länder gestützt werden ...

Heute ist die ČSSR dran, morgen haben wir die gleiche Situation in Rumänien.«

Die Mehrheit der parteilosen Arbeiter scheute die offene politische Konfrontation mit den Regierenden und verzichtete auf Aktionen. Sie äußerten wiederholt die Sorge, daß sie oder ihre Söhne in ein militärisches Abenteuer verstrickt werden könnten. Aber ihre Sympathie lag eindeutig beim unterdrückten Nachbarvolk.

Das war bei den SED-Mitgliedern in den Betrieben nicht viel anders.

Auch in ihrem Kreis zirkulierten »falsche und feindliche Auffassungen«. Vor allem verweigerten erstaunlich viele die geforderte Zustimmungserklärung.

»Man kann doch ein Volk in der heutigen Zeit nicht unterdrücken, das einfach nicht nach dem russischen Stiefel marschieren will«, äußerte ein »Genosse«, dessen Name geschwärzt wurde. »Die Warschauer Vertragsstaaten haben falsch gehandelt. Sie haben nicht die Führungsspitze hinter sich und auch nicht das Volk.«

Über Seiten hinweg finden sich ähnlich unversöhnliche Stellungnahmen. Manche gingen einen Schritt weiter und erklärten ihren Austritt aus der SED, wobei sie historische Parallelen zu 1938 zogen.

Sie alle tauchten ebenso in den Berichten auf wie jene »mittleren und leitenden Kader«, die ihre Meinung ohne Rücksicht auf ihre Stellung äußerten.

Einige gingen in ihrer Ablehnung bis an die Grenze des strafrechtlich Verwertbaren.

»Die Russen sollten ja die Schnauze halten, daß die Amis in Vietnam sind«, entfuhr es einem Lehrausbilder. »Der Russe ist ja noch viel schlimmer.«

Ein leitender Genossenschaftsbauer und ehemaliger Angehöriger der Volkspolizei richtete seine Wut direkt gegen die SED-Führer: »Den Spitzbart müßte man einsperren, weil er Verfassungsbruch begangen hat.«

Andere stellten ihre Ämter zur Verfügung oder »brachten durch Mißfallensäußerungen und Johlen sowie Gelächter zum Ausdruck, daß sie mit den durchgeführten Maßnahmen nicht einverstanden sind«.

Wie ein roter Faden zieht sich der Vergleich von 1968 und 1938 durch das Material.

Wir wissen nicht, wie groß der Anteil der Kritiker und Verweigerer an der Gesamtheit der werktätigen Bevölkerung tatsächlich war.

Vermutlich begnügten sich die meisten mit Schweigen und versuchten, entwürdigenden Akklamationen, so gut es ging, aus dem Wege zu gehen. Aber man stößt auch immer wieder auf Fälle, in denen die weit überwiegende Mehrheit der Kollektivmitglieder zusammenhielt:

»Von 23 Kollegen der technischen Gebäudeausrüstung Wanzleben haben sich 17 geweigert, eine Zustimmungserklärung zu den Maßnahmen der sozialistischen Länder zu unterschreiben mit der Begründung, wenn diese Erklärung für die ČSSR und gegen die Russen wäre, dann würden sie die Erklärung unterschreiben.«

Ein Kapitel für sich bildeten »Feindtätigkeit und besondere Vorkommnisse«.

Da insbesondere sie zur politischen Ehrenrettung der Ostdeutschen beitrugen, sei der diesbezügliche Berichtsteil im Zusammenhang und in Originaldiktion zitiert:

»Die Feindtätigkeit hat in den letzten 24 Stunden an Umfang zugenommen. An öffentlichen Gebäuden, den Waggons der Deutschen Reichsbahn und auf Straßen und Gehwegen sind in der Nacht vom 23. zum 24. 8. 1968 in vielen Kreisen Hetzlosungen angebracht worden.

Die Hetzlosungen und Schmiereien richten sich vor allem gegen die Sowjetunion und das ZK unserer Partei, mit dem Genossen Walter Ulbricht an der Spitze.

Einige Beispiele:
– Waggons, die heute morgen um 8.00 Uhr aus dem Karl-Marx-Werk gezogen wurden, waren mit den Hetzlosungen wie ›Kommunistenschweine, Faschistenpack‹ sowie mit Hakenkreuzen und SS-Zeichen beschmiert.
– In Havelberg wurden entlang der Uferstraße an der Havel 12 Hetzlosungen mit folgendem Inhalt angebracht:
›Dubček – ja
Walter – sprich Hitler‹.
– In Ortsnähe der Gemeinde Schopsdorf, Kreis Burg, war auf einem dort aufgestellten Schild, das das Betreten

des dort befindlichen Flugplatzes verbietet, eine mit Kreide geschriebene Losung ›Viva Dubček‹ festgestellt worden. Sowjetische Soldaten haben das Geschmiere unleserlich gemacht.

– In der Nacht vom 23. zum 24. 8. 1968 wurde an einem öffentlichen Gebäude in Groß Rodensleben, Kreis Wanzleben, Hakenkreuze und Losungen mit Ölfarbe auf großen Flächen mit folgendem hetzerischen Inhalt angebracht:

›Es lebe die ČSSR – Freiheit für Dubček – Raus mit den Russen‹

– In Calbe, Kreis Schönebeck, wurden auf den Gehwegen in der Bahnhofsstraße 2 Hakenkreuze – ca. 1 m groß – festgestellt.

– Am 23. 8. 1968 gegen 23.00 Uhr besuchten zwei sowjetische Offiziere die Tanzveranstaltung in der Gaststätte Elbpark in Tangermünde, Kreis Stendal. Als sie den Saal betraten, wurden sie von einem Tisch ausgepfiffen. Der Pfeiferei schlossen sich mehrere Tische an. Als die 2 sowjetischen Offiziere an einem Tisch Platz nahmen, wurden sie von 20 Jugendlichen umlagert. Man wollte mit ihnen diskutieren (provokatorisch). Ein Tangermünder Bürger, Kollege ..., parteilos, wirkte auf die Jugendlichen ein und sorgte für Ruhe.

Die VP, die diese Veranstaltung absicherte, stellte fest, um welchen Personenkreis es sich handelt. Hauptinitiator war der Jugendliche ..., Stendal, der im RAW beschäftigt ist. Er war mit einer größeren Gruppe von Stendal nach Tangermünde zur Tanzveranstaltung gekommen.

In allen Fällen haben die Sicherheitsorgane mit der Ermittlung begonnen und Maßnahmen festgelegt.«

Diese Zusammenstellung »einiger Beispiele« ist das Ergebnis einer Nacht in nur einem DDR-Bezirk.

Daß junge Arbeiter, Lehrlinge, Abiturienten und Studenten das größte Risiko eingingen, läßt sich nicht abschließend belegen, darf aber als wahrscheinlich gelten. Einerseits war neben Mut und einer gehörigen Portion Naivität auch familiäre Ungebundenheit vonnöten, um so weit zu gehen, und andererseits gaben Staats- und Sicherheitsorgane immer wieder Fingerzeige auf das besondere Engagement dieser Altersgruppe, nicht nur in Magdeburg.

Die Historikerin Dorothee Wierling hat in einer Studie über *Konflikte in der Erziehungsdiktatur der sechziger Jahre* die zeitgleichen Ereignisse im Bezirk Leipzig genauer untersucht und dabei ebenfalls offizielle Quellen ausgewertet. Dabei stieß sie auf dieselben Delikte und teilweise auch auf denselben Täterkreis:

»Viele dieser Proteste um den 21. August fanden auf den Straßen, in öffentlichen Verkehrsmitteln, Gaststätten und Betriebskantinen statt. Öffentlichkeit statt Heimlichkeit, Provokation statt Konspiration scheinen vorherrschend gewesen zu sein. Die Verhafteten im Bezirk Leipzig waren, soweit ihre Berufe genannt wurden, ausnahmslos junge Arbeiter, die offensichtlich spontan und in der Hälfte der Fälle allein handelten.«

Auch die Magdeburger Berichte unterschieden genau zwischen erfahrenen und jüngeren Arbeitern und beklagten, daß diese selten »eine klassenmäßige Position einnehmen, die Maßnahmen oberflächlich betrachten und Zusammenhänge außer acht lassen«.

Zugleich ordneten sie den Protest der Arbeiterjugend aber deutlicher dem Jugendprotest im ganzen zu und bezogen die studentische Jugend sowie junge Künstler und Mediziner ausdrücklich in den Kreis der »Provokateure« ein.

Damit erfaßten sie in etwa die Startaufstellung der dritten politischen Generation der DDR.

Um Gemeinsamkeiten dieser Generation mit ihren beiden Vorläufern sowie habituelle Eigenarten besser verstehen zu können, macht sich ein gedrängter Rückblick auf das ostdeutsche Generationsgefüge erforderlich.

Die erste politische Generation der DDR bildete insofern eine Anomalie, als sie mehr als zwei Jahrgangszyklen umspannte. Wilhelm Pieck, der 1876 geboren war, gehörte ihr ebenso an wie der 1914 geborene Walter Janka. Dessen Geburtsdatum bezeichnet jedoch mit ziemlicher Genauigkeit die Zugehörigkeitsgrenze. Um Aufnahme in die Alte Garde zu finden, mußte man wenigstens in seinen späten Jugendjahren zur kommunistischen Bewegung gestoßen sein, Erfahrungen im Klassenkampf der späten Weimarer Republik gesammelt und seine politische Zuverlässigkeit unter Beweis gestellt haben. Diese Erfahrungen waren derart einschneidend und existentiell prägend, daß sie die große altersmäßige Streuung aufwogen und einen gemeinsamen Typus schufen – den opferbereiten und kampferprobten Altkommunisten.

Daß dieser Typus zwei Spielarten aufwies, den Funktionär und den Partisanen, wurde bereits gesagt. In den Jahren von Illegalität und Exil zur Latenz verurteilt, brach die habituelle Differenz in der Frühzeit der DDR mit aller Deutlichkeit auf, wobei sich auch altersmäßige Differenzen Geltung verschafften. Die Oppositionellen von 1956 waren in einer gewissen Streuung mehrheitlich um das Jahr 1910 herum geboren, ihre Kontrahenten an der Machtspitze gruppierten sich in noch breiterer Streuung um das Jahr 1890. Die innere Generationsspannung entlud sich mit großer Verspätung, dafür um so heftiger.

Dennoch wäre es verfehlt, von zwei politischen Generationen zu sprechen. Sämtliche Altkommunisten teilten dasselbe existentielle Erlebnis, den politischen Kampf auf Leben und Tod, und dieses Erlebnis glättete habituelle Besonderheiten. Daß man sich nach innen keine Blöße geben, keine Schwäche, kein Versäumnis und keinen Fehler eingestehen darf, wenn man nicht gemeinsam untergehen will, bildete die Prämisse allen Denkens und Handelns. Der Feind saß immer mit am Tisch, der Blick auf ihn und seine Motive regierte den Blick auf sich selbst und die Vertrauten. Was nach innen möglich oder verboten war, bestimmte der Antipode. Die Altkommunisten waren außengeleitet.

Weil die Oppositionellen ohne Rücksicht auf die äußeren Umstände Streit im eigenen Lager angezettelt, das Tabu gebrochen hatten, fanden sie bei ihren politischen Richtern keine Gnade. Weil sie dem Tabu selbst anhingen, kapitulierten sie mehrheitlich vor ihren Richtern, belasteten sie sich und ihre Mitverschwörer. Daß einer wie Janka die Anklage ohne Scham und Schuldgefühle anhören konnte, war ebenso selten wie bewundernswert.

Die zweite politische Generation der DDR besaß ein ganz anderes Gepräge.

Verglichen mit der ersten war ihre Spannweite äußerst gering. Statt mehrere Jahrgangszyklen zu umfassen, beschränkte sie sich auf einen einzigen. Und auch von dem bot sie nur einen kleinen Ausschnitt. Nur wer in geringer Streuung um das Jahr 1930 herum geboren war, gehörte zu den »Jungen«.

Am aktiven Kampf gegen die Nazis aus Altersgründen nicht beteiligt, entwickelten sie ein übersteigertes Schuldgefühl und wollten die Schmach der Elterngeneration durch vermehrte Anstrengungen für die neue Ordnung tilgen. Sie blickten zu den Altkommunisten auf, die sie in ihrem Schuldgefühl bestärkten, und erlebten die spätvierziger und frühen fünfziger Jahre als einen grandiosen kollektiven Bildungsroman, als unverdientes Geschenk.

Und sie hatten Glück. Als sie ihre Ausbildung absolviert und die ersten Proben ihres Könnens geliefert hatten, läutete die Führung eine Periode von Reformen und Experimenten ein. Sie betraten die öffentliche Bühne in genau dem Alter, in dem sie erfahren und kompetent genug waren, eigene Ansprüche formulieren zu können – zu Beginn der sechziger Jahre –, und machten den gesellschaftlichen Aufbruch zu ihrem ureigensten Projekt.

Im Unterschied sowohl zur ersten als auch zur dritten Generation gelangten die Jungen in aller Öffentlichkeit zur politischen Reife und konnten, als man ihnen den Prozeß machte, auf zahlreiche Ideen und Werke verweisen.

Das Unglück von Verfolgung und Exil, das die Vorläufer erlitten hatten, blieb ihnen ebenso erspart wie das Pech der Nachfolger, aus der politischen Öffentlichkeit vertrieben zu werden, kaum daß sie sich in ihr etabliert hatten.

Ihr furioser Auftritt im rechten Moment ähnelte dem der westdeutschen 68er; ihr langer Abschied spiegelte seitenverkehrt den langen Anlauf der ostdeutschen 68er.

Politische Ziehkinder der Altkommunisten, versuchten die Jungen, sich aus der Vormundschaft zu lösen.

Unter allen Dokumenten, die diesen kollektiven Emanzipationsprozeß widerspiegeln, ragt eines besonders hervor – die Tagebücher von Brigitte Reimann. Auf den ersten Blick voller intimer Eintragungen, von einer Affäre zur nächsten jagend, berichten sie in Wahrheit über fünfzehn Jahre hinweg und in fast lückenloser Folge von der Schwierigkeit, die geistigen Fesseln zu sprengen und einen eigenen Weg zu finden.

Die erhalten gebliebenen Aufzeichnungen beginnen im Sommer 1955. Da ist die Verfasserin 22 Jahre alt, hat den Lehrerberuf soeben aufgegeben und gegen den einer freien Schriftstellerin eingetauscht. Um das Wesentliche stets im Auge zu behalten, schreibt sie es gleich anfangs auf:

»Der Wegweiser, den unsere Gesellschaft darstellt, ist eindeutig, ich meine, man könnte in dieser Richtung mit gutem Gewissen gehen, da ist nichts Verschwommenes, kein unklares Gefasel vom Paradies auf Erden, da ist vielmehr etwas Greifbares: seht, so und so müßt ihr handeln, da dieses glauben und jenes bekämpfen – dann kann's nicht fehlen. Wir müssen nur achtgeben, daß uns nicht Bürokraten die Idee verwässern, Fanatiker – die im Grunde Anarchisten sind – einen in Massenmorde hetzen …, wir müssen achtgeben, daß die Idee sauber bleibt und daß dem

Menschen seine Grundrechte erhalten bleiben, Freiheit in jeder Hinsicht, Freiheit im Geiste und im täglichen Leben, solange er nicht Krieg und Mord in irgendeiner Hinsicht propagiert.«

Die Verfasserin dieser Zeilen ist idealistisch, aber sie ist nicht blind. Sie bejaht die Gesellschaft, in der sie lebt, und sieht sie auch politisch auf dem richtigen Weg. Aber sie benennt auch Gefahren, äußere und innere. Von außen drohten Revanchismus und Krieg, von innen Bürokratismus und Geistesfeindschaft. Sie fordert einen Sozialismus mit umfassenden Freiheiten und Grundrechten und opfert diese zugleich einer außengeleiteten Perspektive, wenn sie »Kriegstreiber« kategorisch von deren Genuß ausschließt. Denn die letzte Entscheidung darüber, wer als Friedensfreund und wer als Kriegshetzer zu gelten hatte, behielten sich die Machthaber vor.

Exakt diese Mischung kritischer und naiver Argumente beschreibt den Habitus der Jungen im Ausgangszustand.

Die Naivität bröckelt in Schüben und kehrt in Schüben wieder.

Zwar lebt Brigitte Reimann in der ostdeutschen Provinz, in Burg, doch ist sie oft in Berlin, wo sie Kontakte zu anderen Autoren, Lektoren und Verlegern knüpft. Von Harichs Verhaftung erfährt sie durch das Radio und reagiert bestürzt:

»Die Gruppe ist illegal. Der Geist bei uns lebt illegal – Herrgott, ist das eine Welt.«

Tags darauf, am 21. Dezember 1956, wird sie Mitglied des Schriftstellerverbandes, »und das ist schon was Rechtes«.

Elf Monate später wird ihr erster Mann wegen Widerstandes gegen die Staatsgewalt verhaftet und bald darauf verurteilt. Besuchsweise und durch seine Erzählungen bekommt sie einen Eindruck vom »sozialistischen Strafvollzug« – »sicher ist, daß man die Gefangenen tief demütigt, ihnen systematisch ihre Menschenwürde nimmt«.

Aber zur selben Zeit trifft sie sich mit Leuten von der Stasi. Sie weiß, daß sie Schluß machen muß, und fügt hinzu: »Freilich ringe ich noch immer mit mir, ob ich nicht doch mitarbeiten soll.« Und warum? Nun, »um die gute, saubere Sache des Sozialismus von all dem Dreck zu befreien, der ihr anhängt«.
Dann löst sie die Verbindung, und für kurze Zeit scheinen auch die Widersprüche ihres Lebens einer Lösung nahe.
Sie übersiedelt mit ihrem zweiten Mann nach Hoyerswerda und begibt sich aus echter Überzeugung auf den Bitterfelder Weg. Im Kombinat »Schwarze Pumpe« unterweist sie Arbeiter in der Kunst des Schreibens, liest Rohrlegern und Schweißern ihre eigenen Sachen vor und legt auch selber Hand an. Schließlich wird ihr sogar eine Ehrennadel verliehen:
»Ich war so stolz, beinahe mehr über die Herzlichkeit der anderen ... als über den Orden. Ein großer Schritt nach vorn – wir gehören jetzt richtig dazu.«
Sie etabliert sich als sozialistische Schriftstellerin, begründet mit ihrer Erzählung *Ankunft im Alltag* die sogenannte Ankunftsliteratur, erhält Preise, »taumelt aus einer Gratulationscour in die andere«, wird in den Vorstand des Schriftstellerverbandes gewählt und von hohen Funktionären hofiert.
Da holt sie mit dem Bau der Berliner Mauer die große Geschichte ein.
Tagelang schweigen sich die Aufzeichnungen über das Ereignis aus. Schließlich erwähnen sie es, aber nicht als kollektive Tragödie, sondern als persönliches Ärgernis:
»Wir sind glücklich. Wir wären richtig glücklich, wenn uns nicht die politische Lage bedrückte, das größenwahnsinnige Säbelgerassel nach dem 13. August ...«
Anfang September reist sie mit einer Delegation nach Prag und von dort weiter ins Land. Sie sieht Theresienstadt und fühlt sich von den Toten »auf Schritt und Tritt verfolgt«: »die Toten gehen auf unser Konto«. Als verbarrika-

dierten die Toten den Blick auf die Gegenwart, verliert sie über den tiefen Riß, der nun durch Deutschland geht, noch immer kein einziges Wort.

Ohnehin ist ihr der Sozialismus politisch wichtiger als ein einiges Deutschland. Wie die Jungen überhaupt, so versteht auch sie den Mauerbau als Chance, die neue Ordnung nunmehr ohne Störungen von außen verwirklichen zu können.

Für diesen Aufbruch engagiert sie sich nach Kräften.

Sie fährt zur 2. Bitterfelder Konferenz, nimmt am Deutschlandtreffen und an den Arbeiterfestspielen teil und wirkt bereitwillig in der von der SED-Führung installierten Jugendkommission mit. Sie wird herumgereicht und ins Vertrauen gezogen.

Aber je näher sie ihren Förderern und Gönnern menschlich kommt, desto klarer sieht sie den Gegensatz, die Unversöhnlichkeit der Ansichten, Verhaltensweisen und Interessen:

»Sie hassen uns«, schreibt sie im Sommer 1964, »weil wir schon zuviel von ihnen wissen, weil [wir] sie ›privat‹ gesehen haben, bei ihren Saufereien, weil wir von Weibergeschichten, Korruption und Betrug wissen und weil wir uns ihrer Diktatur von Hohlköpfen nicht unterwerfen.«

Der Gegensatz vertieft sich von Tag zu Tag.

Mit der Kampagne gegen die »Gammler« bereitet die Führung das 11. Plenum vor. »Es hat Demonstrationen gegeben, die Polizei setzte Wasserwerfer ein, verhaftete, es gibt Gefängnis und Arbeitslager. Das Lachen ist uns vergangen.« Wenig später begeht mit Erich Apel der Kopf der Wirtschaftsreform Selbstmord. Die ersten Filme werden verboten, und das »Gebell gegen die Schriftsteller hält an«. Dann werden die Reden des Kulturplenums publik:

»Das ist harter Kurs, wie er im Buch steht. Jetzt sind wir ganz unten. Der Volkszorn wird auf uns gelenkt, uralter Instinkt geweckt ... Wir gehen einer Eiszeit entgegen.«

Weitere Verbote erfolgen, Reformer verlieren ihre Posten: »die Antiquierten sind wieder da, die Fahnenschwenker und Mittelmäßigen«. Ihr großes Buchprojekt, *Franziska Linkerhand*, taugt nur noch für die Schublade: »Offenbar ist nichts weniger erwünscht als Schilderung von Alltag und normalem Leben.«
Der Einmarsch in die ČSSR bildet das letzte Glied in einer lange Kette von Enttäuschungen:
»Seit der ČSSR-Affäre hat sich mein Verhältnis zu diesem Land, zu seiner Regierung sehr geändert. Verzweiflung, manchmal Anfälle von Haß. Daß ich mich geweigert habe, die Erklärung zu unterschreiben, hat einige Folgen … Nun gut. Ich wußte, was ich riskiere, also beklage ich mich jetzt nicht, nachdem ich mir den ›sensiblen Luxus‹ … geleistet habe, einmal meinem Gewissen zu gehorchen. Die Studenten, die sich nicht mit Schweigen begnügt haben, sondern demonstriert und Flugblätter gedruckt haben, sind verurteilt und für ein paar Jahre eingesperrt worden … Aber es gibt kein Generationsproblem in unserem Sozialismus.«
Zur selben Zeit erfährt sie von ihrer Krebserkrankung, der sie 1973 erliegt. In die politische Verzweiflung mischt sich existentielle Angst.

Vergleicht man die letzten Eintragungen aus dem Jahr 1970 mit denen von 1955, gewinnt man eine ungefähre Vorstellung von dem Weg, den die zweite politische Generation zurücklegte. Durch Schuld und Dankbarkeit an die Alte Garde gekettet, stellte sie sich gesellschaftlich zur Verfügung und tauchte tief in den sozialen und wirtschaftlichen Alltag ein. Dort fand sie ihr Thema, die sozialistische Moderne, und Verbündete in Produktionsbetrieben, Zeitungen und örtlichen Behörden. Dort fand sie, als sie weiterdrängte, auch ihre Widersacher. Sie nahm die Herausforderung an und unterlag. 1968 schöpfte sie noch einmal Hoffnung, engagierte sich aber nicht in vorderster Linie.

Die Augustereignisse beantworteten die bereits Geschlagenen vorwiegend individuell und ethisch – durch Verweigerung. Sie leisteten sich den »Luxus des Gewissens«, gingen demonstrativ von der Außen- zur Innenleitung über und vereinzelten. Mit derselben symbolischen Geste, mit der sie sich von den Alten endgültig trennten, trennten sie sich auch voneinander. Auf sich gestellt, verloren sie den Kontakt zur Realität in einem Maße, daß einige sogar an ihrer Wahrnehmungsfähigkeit zu zweifeln begannen. Auch Brigitte Reimann litt unter Realitätsverlust:

»Es wird geschimpft, es kursieren Witze, im übrigen gibt es keine Anzeichen für eine Stimmung, die mit einem stärkeren Wort als Unzufriedenheit zu bezeichnen wäre. Das heißt, ich sehe keine Anzeichen – was überhaupt nichts zu besagen hat, da ich schon lange nicht mehr mit Leuten aus der Industrie zusammenkomme ...

Also: ich weiß nichts von meinem Volk, meinen Zeitgenossen und möglichen Lesern. Kenne Kleinbürger und Funktionäre und korrumpierte Schreiber und verbitterte Schreiber und bin selbst von allem etwas. Ich weiß nicht, was ich will, und wenn ich etwas will, weiß ich nicht, mit welchen Mitteln es zu erreichen ist. Und was Politik angeht – also diesen Staat, diesen Sozialismus –, bin ich bald hochmütig (abseits, allein, kritisch, krittelnd, skeptisch), bald fühle ich mich jämmerlich, unentschlossen, tief im Unrecht.«

Das war der Abschied vom Alltag und der Beginn der kulturellen Spiegelzeit. Die Auseinandersetzung mit der Gegenwart wurde mediatisiert und bevorzugt in die griechische Antike, in Shakespeares Dramen und die deutsche Romantik ausgelagert. Es wurde zitiert, rekonstruiert und parallelisiert, und wenn dabei auch immer wieder Werke von Rang entstanden, so waren Angriffslust und jugendliche Frische doch dahin. Als Brigitte Reimanns Roman ein Jahr nach ihrem Tod erschien, wirkte er schon fast ein wenig fremd in der veränderten Geisteslandschaft. Die Jungen waren in die Jahre gekommen und um die Erfahrung mehrerer verlorener Schlachten reicher. Die DDR hatte für sie aufgehört, den Bezugspunkt und Maßstab ihrer Phantasie und ihres Denkens zu bilden.

Sie hatten sich nicht nur moralisch, sondern auch geistig von den Alten emanzipiert.

Die dritte politische Generation der DDR knüpfte an die moralische Autonomie und die Erweiterung der geistigen Horizonte, nicht jedoch an die Privatisierung der Jungen an.

Sie erwachte im selben historischen Augenblick zu politischem Handeln, in dem diese ihr politisches Engagement stornierten, und bezog nach den Repressionen die von ihnen geräumten Positionen im Alltag und in der Praxis, erst notgedrungen und dann aus eigenem Antrieb. Nur die Wirklichkeit, der Kontakt zu Arbeitern und Angestellten, konnte Aufschluß über das verbliebene Potential und die Möglichkeiten gesellschaftlicher Veränderungen geben.

Doch schon bald erwies sich dieser Weg als Sackgasse. Weder war die Arbeiterschaft zu revolutionären Taten aufgelegt, noch bot der Praktizismus des Wirtschaftslebens Ansatzpunkte für Reformkonzepte. Woran es mangelte, waren theoretische Alternativen zum krud Gegebenen. Sie zu formulieren, setzte geistige Selbstverständigung, Zeit zum Lesen und Raum zur kritischen Diskussion voraus. Um begründeter auf die Praxis zurückkommen zu können, mußte man sich einstweilen aus ihr zurückziehen. Der Entscheidung für die Praxis folgte die Entscheidung für das Wissen.

Allerdings stand die Rückkehr in die kulturellen und wissenschaftlichen Institutionen nicht jedem und jeder frei. Arbeitsplatzbindung und ausdrückliche Rückkehrverbote sorgten für Selektion. Andere lehnten den Gang durch die Institutionen von sich aus ab und blieben, wo sie waren.

Mitte der siebziger Jahre begegnete man den einen an Hochschulen und Universitäten, wo sie diplomierten und promovierten. Man begegnete ihnen aber auch auf dem anderen Pol der Gesellschaft, wo sie ihr Dasein als Hilfsarbeiter, Museums- oder Friedhofswärter, Filmvorführer oder Heizer fristeten und an soziale Integration entweder nicht denken durften oder nicht denken wollten.

Bereits damals zeichneten sich die beiden späteren Fraktionen der dritten Generation in groben Umrissen ab.

Noch existierten jedoch zahlreiche Berührungspunkte, gab es Überschneidungen. In informellen oder konspirativen Zirkeln fanden sich Mitglieder beider Gruppen zusammen, um sich über Chancen und Methoden einer möglichen Systemreform zu verständigen. Was die Jungen auf künstlerischem Gebiet vollbrachten, leisteten sie auf dem Gebiet der Geschichte und der politischen Philosophie. Sie durchbrachen den Horizont der DDR-Gesellschaft und rekapitulierten im Zeitraffer die gesamte ost-mitteleuropäische Erfahrung seit 1917.

Sämtliche Gespenster kehrten wieder – die russische Revolution und ihre verpaßten Möglichkeiten; Lenins politische Praxis und Luxemburgs Kritik an ihr; der Kampf zwischen Stalin, Trotzki und Bucharin; Gramscis Warnung vor einer Übertragung des Bolschewismus auf entwickeltere Länder; der 17. Juni 1953, Ungarn und Polen 1956 und natürlich die Ereignisse von 1968.

Je deutlicher sich das Modernedefizit des real existierenden Sozialismus herausschälte, desto notwendiger wurde es, westliche Denktraditionen zur Kenntnis zu nehmen. Man studierte unorthodoxe Marxisten wie Poulantzas, Althusser und Balibar, wandte sich den Klassikern der modernen Soziologie zu und landete schließlich bei Habermas, Luhmann, Elias und Foucault.

Das gemeinsame Fazit dieser Bemühungen bestand in der Entideologisierung der westlichen Moderne, in der

Anerkennung ihrer strukturellen Errungenschaften und ihrer Dynamik.

Ein Sozialismus, der politische Demokratie, Menschenrechte, wirtschaftliche und kulturelle Wettbewerbsformen programmatisch ausschloß, war zum Scheitern verurteilt.

Bevor daraus praktische Schlußfolgerungen gezogen werden konnten, schritt der Überwachungsstaat ein und zerschlug die Diskussionskreise, wobei er taktische Umsicht walten ließ. Einige wurden aus der SED ausgeschlossen und der akademischen Welt aufs neue verwiesen, andere kamen mit einer Parteistrafe und der Versetzung an untergeordnete wissenschaftliche Einrichtungen davon, wieder andere verblieben, unter Aufsicht, in der Wissenschaft, aber nicht in der Staatspartei.

Der innere Differenzierungsprozeß der Systemreformer wurde von außen gezielt beschleunigt.

Kurz nach 1980 vollzog sich die Spaltung.

Die einen, unterdessen wieder rehabilitiert, setzten weiter auf berufliche und intellektuelle Professionalisierung und meldeten ihre Anwartschaft auf das Erbe der alten Kader an. Die anderen zogen zur selben Zeit endgültig aus den Institutionen aus oder begruben, falls sie schon draußen waren, alle Pläne, wieder hineinzugelangen. Sie machten dem Provisorium ein Ende und fanden sich in Friedensgruppen, theologischen Seminaren oder oppositionellen Zirkeln zusammen.

Der alte Generationszusammenhang der Ost-68er war in zwei Fraktionen zerfallen, in Etablierte und Außenseiter, »Politiker« und »Ethiker«; Reformisten und Idealisten; die dritte politische Generation der DDR dachte und handelte fortan in einem gespaltenen Bezugssystem. Aus Verbündeten waren Gegner geworden.

Wie in jeder verfestigten Etablierten-Außenseiter-Konstellation betonte man das Trennende auf Kosten des Verbindenden, griff man zu Stereotypen und Verdächtigungen, hielt man untereinander zusammen wie »alte Familien«, sah man auf die anderen, besonders aber auf jene aus dem eigenen Lager herab, die mit ihnen paktierten.

Wie typische Mitglieder beider Fraktionen in den achtziger Jahren dachten, welche politischen Vorstellungen sie entwickelten und wie sie sie durchzusetzen versuchten, enthüllt eine noch unveröffentlichte Untersuchung der Sozialwissenschaftler Rainer Land und Ralf Possekel. Die narrativen Interviews, auf die sich ihre Darstellung stützt, verdeutlichen zugleich die Wiedereinsetzung von Herkunft und Milieu in die suspendierten Rechte des Generationszusammenhangs.

Je größer der soziale und kommunikative Graben zwischen den Fraktionen wurde, desto stärker orientierten sie sich erneut an den Erfahrungen und Erzählungen ihrer kollektiven Elternhäuser. Die Etablierten knüpften an den Reformismus, die Außenseiter an den Moralismus ihrer Väter und Mütter an. »Da der Perspektivenwechsel nur ausnahmsweise gelingt, wird der Gegendiskurs nicht in dessen eigener Logik wahrgenommen und kritisiert, sondern mit dem im eigenen Diskurs gültigen Feindbild identifiziert«, fassen Land und Possekel die Lage nach dem Bruch zusammen. Die starke Rückbeziehung auf das Herkunftsmilieu war neben dem politischen Außendruck dafür verantwortlich, daß es in der DDR zu keinem offen und unversöhnlich ausgetragenen Generationskonflikt kam.

Wie sahen die Feindbilder und Vorurteile aus, und woher kamen sie?

Auch darüber gibt die Untersuchung Auskunft.

Überwiegend in Funktionärsfamilien herangewachsen und geistig geprägt, entwickelten die Reformisten von früh an einen politisch-pragmatischen Blick auf die Wirklichkeit. Daß die Entstalinisierungsbemühungen der Eltern im Ansatz steckengeblieben waren, sprach nicht gegen, sondern für einen neuen Reformversuch, für den Primat der

Politik gegenüber bloßer Empörung oder gar Verweigerung. Zur Zeit des Prager Frühlings und besonders nach dessen Niederschlagung feierte die Ethik einen kurzen Sieg über das politische Kalkül. Das »irrationale« Bedürfnis, ein Zeichen des Protestes zu setzen, schlug eine Brücke zu den Moralisten der eigenen Generation.

Aber schon in den frühen siebziger Jahren war diese Jugendsünde vergessen. Moral und Moralismus galten als austauschbare Synonyme derselben geistigen Verwirrung. Die Modernisierung der DDR-Gesellschaft hatte von Tatsachen auszugehen und nicht von Wünschen. Sie überhaupt in Gang zu setzen, mußte man mächtige Verbündete in der SED, im Staatsapparat und auch in den Sicherheitsorganen gewinnen.

Die Reformer der dritten Generation trugen daher keine Scheu, notfalls auch Bündnisse mit Modernisierern in der Staatssicherheit einzugehen. Das war für sie keine moralische, sondern eine praktische Frage, eine Frage der Effizienz. Wirkliche Systemveränderungen konnten nur von oben und innen eingeleitet werden; aus den Organisationen, Institutionen heraus; durch taktische Mitgliedschaften; durch die kluge Umfunktionierung der Apparate für eigene Zwecke – darin stimmten sie ihren Eltern zu.

Ethische Gesichtspunkte, Bürger- und Menschenrechte spielten in diesem Konzept des *modernen Sozialismus* eine untergeordnete Rolle. Im Vordergrund standen die Modernisierung von Wirtschaft und Gesellschaft, nicht Humanismus und Moral.

Die Ethiker von der Gegenfraktion waren häufig sympathisch, aber fast immer inkompetent und daher ein potentieller Störfaktor des angestrebten Strukturwandels. So blieb es bis 1989, wie sich einer der interviewten SED-Reformer stellvertretend für viele Mitglieder seiner Fraktion erinnert:

»Damals war meine Strategie noch, nichts mit denen zu tun haben zu wollen, mit der eigentlichen Opposition, mit denen, die sich außerhalb des Systems gestellt hatten. Das bedeutet nicht, daß ich die persönlich nicht leiden mochte. Aber ich habe immer noch geglaubt, daß die systeminternen Reformkräfte das größere Potential haben und daß sie diejenigen sein werden, die die Reformen und zum Schluß die Transformation bewerkstelligen werden. Ich fand das alles ganz ehrenwert, was die Leute in der Kirche getan haben; ich habe auch Freunde, die seit langem im Pankower Friedenskreis mitgearbeitet haben. Die schickten Mullbinden nach Äthiopien, das fand ich alles ganz toll, aber das hat mich irgendwie nicht angemacht, und ich dachte auch nicht, daß das was Ernstes sein könnte.«

Den Idealisten war es damit sehr ernst.
Mehrheitlich im Pfarrhaus oder in Kleinbürgerfamilien mit protestantischer Bindung herangewachsen, wurden sie früh mit der Benachteiligung und Ausgrenzung »rückständiger« Minderheiten vertraut. Das Gefühl, auf einer von außen bedrohten Insel zu leben, wurde ihnen ebenso geläufig wie der aus religiösen Quellen gespeiste moralische Rigorismus ihrer Eltern, wie ein Pfarrerssohn bestätigt:
»Da gab es eine ganz eindeutige Haltung der Kirche: wozu ihr berufen seid, da habt ihr auch zu stehen. Da gibt es nichts. Dieses Problem kenne ich auch. Auch ich hatte ja ein entsprechendes Bewußtsein von dem, was Pflicht ist ... Was mir vom Elternhaus vermittelt wurde, war: Es gibt gewisse Werte, Normen, Prinzipien, Verantwortung, zu denen man steht. Und da spielt es keine Rolle, was andere Menschen dazu sagen, ob man diskreditiert wird oder nicht.«
Mitte der sechziger Jahre und besonders 1968 wurde diese moralische Haltung kurzzeitig politisiert. Das »pragmatische« Bedürfnis, die Insel zu verlassen und gesamtgesellschaftlich wirksam zu werden, schlug eine Brücke zu den Politikern der eigenen Generation.

In den frühen siebziger Jahren blickte man darauf wie auf eine verzeihliche Dummheit zurück. Rationales Kalkül und systemimmanente Reform galten als Synonyme ein und desselben Mißverständnisses über die wirklichen Machtverhältnisse. Niemals würden die Herrschenden eine echte Alternative dulden und zusehen, wie sie sich gesellschaftlich formiert. Niemals würden unzufriedene oder weiterblickende Personen an der Spitze oder im Sicherheitsapparat ihr doppeltes Spiel aufgeben und zu den Reformern überlaufen.

Das System war überhaupt nicht von oben und innen zu verändern, sondern allenfalls von unten und außen zu verunsichern, und auch das nur punktuell, durch gezielte Aktionen. Nicht wissenschaftliche Programme, sondern beispielgebende symbolische Taten waren das geeignete Mittel, um die versteinerten Verhältnisse zum Tanzen zu bringen. Die Verweigerung des Wehrdienstes, die Gründung eines Kinderladens oder einer Umweltbibliothek bewirkten auf lange Sicht mehr als alle prinzipiellen Erörterungen.

Gefragt war der Einsatz der ganzen Person, nicht nur des Kopfes.

Politische und wirtschaftliche Strukturreformen spielten in diesem Konzept des *ethischen Sozialismus* eine Nebenrolle. Im Vordergrund standen die Zivilcourage, die exemplarische Einforderung von Bürger- und Menschenrechten, nicht Systemrationalität und Effizienz.

Die Politiker von der Gegenfraktion waren häufig klug, aber fast immer herrschsüchtig und opportunistisch und daher ein ernsthaftes Hindernis für die moralische Erneuerung des Gemeinwesens. Daß sich auch dieses Vorurteil bis 1989 erhielt, beweist die folgende Äußerung eines Außenseiters:

»Daß es auch Genossen gibt, mit denen man reden kann, das habe ich erst sehr viel später gelernt ... Da hat sich auch in der SED was bewegt mit den Jahren. Nach dem

Biermann-Rausschmiß hat es schon eine Zäsur gegeben. Und ganz richtig, eine Zäsur hat es natürlich 1985 gegeben mit Gorbatschow. Jeder, der sich ein bißchen auskennt, weiß, daß es schon immer in der SED unterschiedliche Strömungen gab, aber das hat sich für mich nicht so dargestellt. Also es waren immer nur die Genossen und die erzählten sowieso immer nur Scheiße.«

Die oppositionellen Aussteiger hielten die SED-Reformer der dritten Generation für moralisch anrüchig und galten in deren Augen als politisch inkompetent. Die wechselseitige Stigmatisierung vertiefte die ohnehin vorhandenen Differenzen zwischen den beiden Gruppen, hob sie auf die Ebene ideologischer Glaubensbekenntnisse und verhinderte ein gemeinsames Vorgehen gegen die Herrschenden.
Statt die Kräfte zu bündeln, in aufeinander abgestimmten Aktionen von oben und unten, von innen und außen gleichzeitig anzugreifen, griff man sich gegenseitig an. Man säte Zweifel an der Lauterkeit der Motive, an der Tauglichkeit der Mittel und an der Realisierbarkeit der Zwecke der jeweils anderen und stieß dabei immer wieder in dieselbe ideologische Fanfare.
Tatsächlich waren die Reformer so wenig unmoralisch, wie die Außenseiter unpolitisch waren.
Da die Reformer zwar innerhalb der Institutionen, dort aber verdeckt, in semi-konspirativen Zusammenhängen agierten, kamen sie ohne strenge moralische Normen und Maßstäbe gar nicht aus. Wer dazugehören wollte, mußte seine Zuverlässigkeit und persönliche Integrität mehrfach unter Beweis gestellt haben. Er mußte wissen, was er wem gegenüber in welcher Form offenbaren durfte und was er unter allen Umständen für sich behalten mußte.
Wichtiger als die persönliche Autorschaft an diesem oder jenem Gedanken war die Unterordnung unter das Kollektiv und die Bereitschaft, im Plural zu sprechen. Auch als die Reformer Ende der achtziger Jahre stärker an

die Öffentlichkeit traten, hörten sie nicht auf, sich als Gruppe zu präsentieren, als »moderne Sozialisten«, publizierten sie ihre Analysen und Denkschriften unter der Kollektivadresse *Forschungsprojekt Sozialismustheorie*.

Wenn Moral in der persönlichen Anerkennung und Befolgung überpersönlicher Normen zum Ausdruck kommt, dann handelten die SED-Reformer sehr moralisch.

Die Aussteiger agierten jenseits der staatlichen Institutionen und entwickelten daher einen starken antiinstitutionellen Affekt. Er erstreckte sich auch auf die Kirche, sofern sie als Organisation, Anstalt, Apparat, als Fortsetzung der Politik mit anderen Mitteln wahrgenommen wurde. Rhetorisch auf Antipolitik fixiert, verfolgten sie dennoch politische Ziele.

In mancher Hinsicht operierten sie sogar pragmatischer als die Reformer. Im Unterschied zu diesen hatten sie keinerlei Berührungsängste gegenüber westlichen Medienvertretern und Politikern. Sie nutzten, im Gegenteil, diese Beziehungen geschickt als Personenschutz, erwarben mediale Prominenz und gaben der einheimischen Bevölkerung ihre Ansichten über westdeutsche Fernseh- und Rundfunkkanäle kund. Sie lehnten es heftig ab, staatliche Institutionen für ihre Zwecke einzuspannen, und funktionierten gleichzeitig offizielle Rituale in Tribünen der Opposition um. Die Transparente, die sie am Rande der Rosa-Luxemburg-Demonstration vom Januar 1988 enthüllten, blamierten den Alleinvertretungsanspruch der Regierenden auf die revolutionäre Tradition höchst medienwirksam.

Wenn Politik in der Fähigkeit zum Ausdruck gelangt, mit sparsamsten Mitteln die größtmögliche öffentliche Wirkung zu erzielen, dann handelten die Aussteiger sehr politisch.

Wäre der Generationszusammenhang nicht zerbrochen, wäre wenigstens ein Zweckbündnis der beiden Fraktionen möglich gewesen, wenn die Reformer das politische Engagement der Aussteiger, die Aussteiger das moralische Engagement der Reformer in seiner jeweiligen Eigenart wahrgenommen und respektiert hätten?

Vermutlich.

Nur war es eben nicht so einfach, die Eigenart der anderen zu respektieren. Ihr Verständnis von Politik bzw. Moral wich, selbst wenn man die Übertreibungen abzog, noch immer erheblich von dem ab, was man selbst für richtig und geboten hielt.

Die Moral der politischen Fraktion war vor allem politische Moral, Zweckmäßigkeitsmoral, diktiert von Kompromissen und der Rücksichtnahme auf höchst zweifelhafte Bündnispartner in Partei und Staat. Für passionierte Ethiker war das eine lasche und unverbindliche Moral, die diesen Namen eigentlich gar nicht verdiente, pure Etabliertenmoral. Man verband radikale Gedanken mit einer feigen Haltung und opferte bedenkenlos die anderen.

Die Politik der ethischen Fraktion wiederum war moralische Politik, Politik unter Einsatz der ganzen Person; daran, an der Personwerdung des politisch Handelnden, fand sie ihr Maß und ihre Grenze. Moralische Politik setzte auf punktuelle Aktionen und konkrete Projekte, die gemeinsam geplant und verantwortet werden konnten. Für passionierte Politiker war das eine aktionistische Politik ohne geistiges Fundament, typische Außenseiterpolitik. Man verband eine radikale Haltung mit geistiger Trägheit und verachtete hochmütig das Volk.

Auch diese Fremdbilder basierten auf Vereinfachungen und starren begrifflichen Masken.

Dennoch waren sie mehr als nur bösartige Erfindungen.

Die politische Moral der Reformer sah den kalten Taktiker als eine extreme Spielart durchaus vor. Umgekehrt barg die moralische Politik der Aussteiger den gesinnungsethischen Märtyrer als eine Möglichkeit in sich. »Nur wer sich selbst verändert, kann die Welt verändern«, faßt einer der von Land und Possekel Interviewten die damalige Stimmungslage im Aussteigermilieu der späten siebziger Jahre zusammen.

In den achtziger Jahren wurde der Märtyrer zunehmend zum Spieleinsatz der politischen Praxis, wie ein anderer Zeitzeuge berichtet:

»Das war ja gerade der Kick, mal zu sehen, wie weit das jetzt geht, wann wir im Knast landen. Wir wollten an unserem Beispiel die Ungerechtigkeit des Systems, die Behinderung bei der Wahrnehmung demokratischer Rechte demonstrieren, dafür mußten welche in den Knast, und das konnten nur wir sein, denn es gab, so haben wir gerechnet, in Leipzig nur 20 Personen, die dagegen waren und bereit, wirklich etwas zu riskieren, und die hierbleiben wollten. Das konnten nur wir selber sein als Beispiel für die anderen. Wir haben das so verstanden, daß wir das so weit treiben, bis wir im Knast landen, und haben wir uns darauf verlassen, daß andere Menschen wieder darum kämpfen, daß wir aus dem Knast rauskommen. Das hat Spaß gemacht, wir hatten nichts zu verlieren ... Derjenige, der im Knast war, der hatte danach sofort eine viel höhere Wertigkeit gehabt, ein höheres Maß an Glaubwürdigkeit.«

Es gab nichts, was den Reformern ferner gelegen hätte als dieses expressionistische Politikverständnis. Das *konnten* sie nicht respektieren, selbst wenn sie es gewollt hätten.

Freilich, wer einmal dazu gefunden hatte, ob aus Verzweiflung oder Überzeugung, spielt in diesem Zusammenhang keine Rolle, der konnte nicht mehr zurück. Der Taktiker, des Taktierens müde, mochte unter Umständen zum Märtyrer werden; der Märtyrer hatte den Taktiker für immer hinter den Ufern der Normalität beerdigt.

Die Spaltung der dritten politischen Generation war für beide Fraktionen ein Unglück.

Sie hatten sich, jede auf ihre Weise, am Ende von ihrer Herkunft emanzipiert; die Reformer, indem sie der Enttäuschung und dem Opportunismus ihrer kollektiven Eltern das Modell eines wirklich modernen Sozialismus entgegensetzten, das den Wettstreit der Systeme strukturell ernst nahm, die Oppositionellen, indem sie von der elterlichen Strategie des Überwinterns zu gezielten politischen Aktionen zurückgefunden hatten.

Mißt man diese Leistung jedoch am Vermächtnis der beiden vorausgegangenen politischen Generationen der DDR, fällt das Urteil weniger günstig aus.

Moderne und ethische Sozialisten erreichten weder das geistig-politische Reflexionsniveau der 56er Opposition noch das kulturell-ästhetische Reflexionsnivau der Jungen. Anders als diese lebten sie in relativ abgeschlossenen Welten, bevorzugten den Austausch untereinander und waren über das, was die Mehrheit dachte und wünschte, nur unzureichend informiert. Auch die Erfahrungen der jeweiligen Gegenfraktion blieben ihnen weithin verschlossen und fremd. Die Reformer konnten die Außensicht der Aussteiger, die Aussteiger die Innensicht der Reformer nicht in ihr eigenes Weltbild integrieren.

Die eine Fraktion wollte die Macht und übersah die Glaubwürdigkeitslücke in ihrem Anspruch. Die andere Fraktion wollte sich und das Volk gerade von der Macht befreien und ignorierte die Machtlücke in ihrem Wunsch.

Die nationale Frage ignorierten die Fraktionen gleichermaßen.

Deutschland kam in ihren politischen Phantasien nur als Alptraum vor.

Beide waren den Aufgaben, die ihnen die Zeit des Umbruchs stellte, nicht gewachsen.

Die Spaltung war daher auch ein Unglück für den 89er Herbst.

Sie legte die politische Initiative geradezu zwangsläufig in die Hände der ungeduldigen Mehrheit. Geistig und strategisch führungslos, wandten sich die Menschen in ihrem Vereinigungswunsch der politischen Führung der Bundesrepublik zu. Der westdeutschen Normalität verpflichtet, verankerten die Vereinigungsdokumente soziale Garantien und berechtigte Eigentumsinteressen der Ostdeutschen nur sehr unzureichend. Als sie ihr wohlverstandenes Eigeninteresse zu Beginn der neunziger Jahre deutlicher formulieren konnten, waren substantielle Korrekturen nicht mehr möglich. Darunter leidet der deutsch-deutsche Einigungsprozeß, sachlich und gefühlsmäßig.

Wägt man jedoch das Für und Wider gründlich ab, gelangt man zu der Feststellung, daß die Spaltung von einem bestimmten Punkt an unvermeidlich war.

Insofern geschah das Notwendige.

Literaturhinweise

Die folgenden Angaben beschränken sich auf die im Text erwähnten oder zitierten Quellen. Der interessierte Leser mag sie zu Rate ziehen und sich ein eigenes Urteil bilden. Eine Auflistung sämtlicher Schriften, die an der Entstehung des Buches »mitgewirkt« haben, würde zu weit führen.

aufbau west aufbau ost. Die Planstädte Wolfsburg und Eisenhüttenstadt in der Nachkriegszeit. Herausgegeben von Rosemarie Beier. Buch zur Ausstellung des Deutschen Historischen Museums. Berlin 1997

Behrens, Friedrich: Zum Problem der Ausnutzung ökonomischer Gesetze in der Übergangsperiode. In: Wirtschaftswissenschaft, Heft 3 (Sonderheft), 1957
Benary, Arne: Zu Grundproblemen in der politischen Ökonomie der Übergangsperiode. In: Wirtschaftswissenschaft, Heft 3 (Sonderheft), 1957
Bertsch, Georg C. / Hedler, Ernst / Dietz, Matthias: SED – Schönes Einheits Design. Benedikt Taschen Verlag, Köln 1990
Bittighöfer, Bernd: Du und der andere neben Dir. Dietz Verlag, Berlin 1965
Brecht, Bertolt: Die Dreigroschenoper. In: Brecht: Werke. Große kommentierte Berliner und Frankfurter Ausgabe, Band 2: Stükke 2. © Suhrkamp Verlag Frankfurt am Main 1988, S. 291
Brecht, Bertolt: Lied vom Glück. In: Brecht: Werke. Große kommentierte Berliner und Frankfurter Ausgabe, Band 15: Gedichte 5. © Suhrkamp Verlag Frankfurt am Main 1993, S. 256
Bretschneider, Wolfgang: Sexuell aufklären, rechtzeitig und richtig. Urania-Verlag, Leipzig / Jena 1957
Bruyn, Günter de: Vierzig Jahre. Ein Lebensbericht. S. Fischer Verlag, Frankfurt am Main 1996

Castan, Yves: Figuren der Modernität. In: Geschichte des privaten Lebens, 3. Band: Von der Renaissance zur Aufklärung. Herausgegeben von Philippe Ariès und Roger Chartier. S. Fischer Verlag, Frankfurt am Main 1991

Corbin, Alain: Kulissen. In: Geschichte des privaten Lebens, 4. Band: Von der Revolution zum Großen Krieg. Herausgegeben von Michelle Perrot. S. Fischer Verlag, Frankfurt am Main 1992

Der Lohndrücker von Heiner Müller. Dokumentation, Berliner Ensemble o. J.

Durkheim, Émile: Über soziale Arbeitsteilung. Studie über die Organisation höherer Gesellschaften. Suhrkamp Verlag, Frankfurt am Main 1977

Elias, Norbert: Die höfische Gesellschaft. Untersuchungen zur Soziologie des Königtums und der höfischen Aristokratie. Suhrkamp Verlag, Frankfurt am Main 1983

Elias, Norbert: Über den Prozeß der Zivilisation. Soziogenetische und psychogenetische Untersuchungen. Suhrkamp Verlag, Frankfurt am Main 1976

Engler, Wolfgang: Die kleine Freiheit. Leben und Überleben in Ostdeutschland. In: Kursbuch 115: Kollaboration, 1994

Engler, Wolfgang: Die ungewollte Moderne. Ost-West-Passagen. Suhrkamp Verlag, Frankfurt am Main 1995

Engler, Wolfgang: Die zivilisatorische Lücke. Versuche über den Staatssozialismus. Suhrkamp Verlag, Frankfurt am Main 1992

Ernst, Anna-Sabine: Vom »Du« zum »Sie«. Die Rezeption bürgerlicher Anstandsregeln in der DDR der 1950er Jahre. In: Ostdeutsche Kulturgeschichte, Mitteilungen aus der kulturwissenschaftlichen Forschung (MKF), Jahrgang 16, Heft 33, Berlin 1993

Ernst, Anna-Sabine: Von der bürgerlichen zur sozialistischen Profession? Ärzte in der DDR, 1945–1961. In: Die Grenzen der Diktatur. Staat und Gesellschaft in der DDR. Herausgegeben von Richard Bessel und Ralph Jessen. Vandenhoeck & Ruprecht, Göttingen 1996

Familienrecht der DDR. Staatsverlag der Deutschen Demokratischen Republik, Berlin 1967

Farge, Arlette / Foucault, Michel: Familiäre Konflikte: Die »Lettres de cachet«. Suhrkamp Verlag, Frankfurt am Main 1989

Foitzik, Jan: Berichte des Hohen Kommissars der UdSSR in Deutschland aus den Jahren 1953/54. Dokumente aus dem Archiv

für Außenpolitik der Russischen Föderation. In: Enquete-Kommission »Aufarbeitung von Geschichte und Folgen der SED-Diktatur in Deutschland«, Band II, 2. Nomos Verlag, Suhrkamp Verlag, Baden-Baden, Frankfurt am Main 1995
Fricke, Karl Wilhelm, MfS intern. Macht, Strukturen, Auflösung der DDR-Staatssicherheit. Verlag Wissenschaft und Politik, Köln 1991

Gill, David / Schröter, Ulrich: Das Ministerium für Staatssicherheit. Anatomie des Mielke-Imperiums. Rowohlt Berlin Verlag, Berlin 1991
Grimm, Thomas: Gespräch mit Georg Knepler. Archiv Zeitzeugen TV, Film und Fernsehproduktion GmbH Berlin
Grimm, Thomas: Gespräch mit Günter Kunert. Archiv Zeitzeugen TV
Grimm, Thomas: Gespräch mit Hans Bentzien. Archiv Zeitzeugen TV
Grimm, Thomas: Gespräch mit Jürgen Kuczynski. In: Grimm: Was von den Träumen blieb. Eine Bilanz der sozialistischen Utopie. Siedler Verlag, Berlin 1993
Grimm, Thomas: Gespräch mit Manfred Wekwerth. Ebenda
Grimm, Thomas: Gespräch mit Rudolf Bahro. In: Grimm: Der Stuhl des Vizekönigs. 15 Deutsche und ein Österreicher zum Jahrhundert. Frankfurter Oder Editionen, Frankfurt (Oder) 1996
Grimm, Thomas: Gespräch mit Ulrich Plenzdorf. Archiv Zeitzeugen TV
Grimm, Thomas: Gespräch mit Werner Mittenzwei. In: Grimm: Was von den Träumen blieb.
Gruner, Petra: »neues leben – neues wohnen«. Das Wohnungsbauprogramm des Siebenjahrplanes. In: Wunderwirtschaft. DDR-Konsumkultur in den 60er Jahren ...

Hain, Simone: Archäologie und Aneignung. Ideen, Pläne und Stadtfigurationen. Aufsätze zur Ostberliner Stadtentwicklung nach 1945, Beiträge des Instituts für Regionalentwicklung und Strukturplanung, No. 10, Erkner (bei Berlin) 1996
Hain, Simone: Hans Schmidt in der DDR. Annäherung aus historischer Sicht. Herausgegeben vom Institut für Geschichte und Theorie der Architektur: Hans Schmidt (1893–1972) Basel – Moskau – Berlin (Ost). Zürich 1993 (Werkkatalog)

Hain, Simone: Kolonialarchitektur? Die Stalinallee im Kontext internationaler Ästhetikdebatten seit 1930. In: Karl-Marx-Allee – Magistrale in Berlin. Die Wandlung der sozialistischen Prachtstraße zur Hauptstraße des Berliner Ostens. Herausgegeben von Helmut Engel und Wolfgang Ribbe. Akademie Verlag, Berlin 1996

Hain, Simone: Reise nach Moskau. Dokumente zur Erklärung von Motiven, Entscheidungsstrukturen und Umsetzungskonflikten für den ersten städtebaulichen Paradigmenwechsel in der DDR und zum Umfeld des »Aufbaugesetzes« von 1950. Institut für Regionalentwicklung und Strukturplanung, Berlin 1995

Harich, Wolfgang: Plattform für einen besonderen deutschen Weg zum Sozialismus (Entwurf). In: Harich: Keine Schwierigkeiten mit der Wahrheit. Dietz Verlag, Berlin 1993

Hegel, Georg Wilhelm Friedrich: Grundlinien der Philosophie des Rechts oder Naturrecht und Staatswissenschaft im Grundrisse. Akademie-Verlag, Berlin 1981

Hein, Christoph: Der fremde Freund. Drachenblut. Novelle. Aufbau Taschenbuch Verlag, Berlin 1997

Herzberg, Guntolf / Meier, Klaus: Karrieremuster. Wissenschaftlerporträts. Aufbau Taschenbuch Verlag, Berlin 1992

Hoffmann, Hans-Joachim / Klemm, Peter G.: Ein offenes Wort. Ein Buch über die Liebe. Verlag Neues Leben, Berlin 1957

»Ich schlug meiner Mutter die brennenden Funken ab«. Berliner Schulaufsätze aus dem Jahr 1946. Herausgegeben vom Prenzlauer Berg Museum mit Unterstützung des Landesarchivs Berlin. Ausgewählt und eingeleitet von Annett Gröschner. KONTEXTverlag, Berlin 1996

Janka, Walter: Spuren eines Lebens. Rowohlt Berlin Verlag, Berlin 1991

Jessen, Ralph: Professoren im Sozialismus. Aspekte des Strukturwandels der Hochschullehrerschaft in der Ulbricht-Ära. In: Sozialgeschichte der DDR. Herausgegeben von Kaelbe, Hartmut / Kocka, Jürgen und Zwahr, Hartmut. Klett Cotta, Stuttgart 1994

Kil, Wolfgang: Der Alexanderplatz – Berlins Tor zum Osten. Plädoyer für eine Stadtidee im Zeitalter der Massenwanderung. In: Die Zeit, Nr. 50, 1992

Kil, Wolfgang: Idealtypische Verkörperungen der reinen Lehre. Zur Geschichte der gesellschaftlichen Einrichtungen an der »neuen« Karl-Marx-Allee, Manuskript, Berlin 1998

Kirsch, Rainer: Kopien nach Originalen. 3 Porträts und 1 Reportage. Verlag Philipp Reclam jun., Leipzig 1978

Kleinert, Burkhard: Mein Achtundsechzig. In: SklavenAufstand, Heft 51, 1998

Kleinschmidt, Karl: Jugend in Gefahr. Kongreß-Verlag, Berlin 1954

Kleinschmidt, Karl: Keine Angst vor guten Sitten. Ein Buch über die Art miteinander umzugehen. Unter Mitarbeit von Reimar Dänhardt. Das Neue Berlin, Berlin 1961

Koepp, Volker: Leben in Wittstock, Dokumentarfilm, 1985

Krug, Manfred: Abgehauen. Ein Mitschnitt und Ein Tagebuch. 1996 ECON Verlag Düsseldorf, jetzt München

Kühne, Lothar: Gegenstand und Raum. Über die Historizität des Ästhetischen. VEB Verlag der Kunst, Dresden 1981

Lambrecht, Christine: Männerbekanntschaften. Freimütige Protokolle. Mitteldeutscher Verlag, Halle · Leipzig 1986

Land, Rainer / Possekel, Ralf: »Symbolhafte Verweigerung« versus »Konspirativer Avantgardismus«. Eine Studie zur Bildung politischer Identität in Kommunikationsgemeinschaften (Manuskript); ist unter dem Titel »Fremde Welten. Die gegensätzliche Deutung der DDR durch SED-Reformer und Bürgerbewegung in den 80er Jahren« Ende 1998 im Chr. Links Verlag Berlin erschienen.

Land, Rainer / Possekel, Ralf: Namenlose Stimmen waren uns voraus. Politische Diskurse von Intellektuellen in der DDR. Verlag Dr. Dieter Winkler, Bochum 1994

Lange, Lydia: Kollektiv, wo bist du hin? In: Die Zeit, Nr. 45, 1993

Loest, Erich: Es geht seinen Gang oder Mühen in unserer Ebene. Roman. Mitteldeutscher Verlag, Halle · Leipzig 1978

Lötsch, Manfred, Der Sozialismus – eine Stände- oder eine Klassengesellschaft? In: Der Zusammenbruch der DDR. Herausgegeben von Joas, Hans und Kohli, Martin. Suhrkamp Verlag, Frankfurt am Main 1993

Maier, Harry: Errungenschaften der SED-Wirtschaftspolitik und ihre Bewertung unter marktwirtschaftlichen Gesichtspunkten. In: Enquete-Kommission »Aufarbeitung von Geschichte und Folgen der SED-Diktatur in Deutschland«. Band II, 1, Nomos Verlag, Suhrkamp Verlag, Baden-Baden, Frankfurt am Main 1995

Markov, Walter: Zwiesprache mit dem Jahrhundert. Dokumentiert von Thomas Grimm. Aufbau-Verlag, Berlin und Weimar 1989

Meinicke, Michael: All along the watchtower. In: SklavenAufstand, Heft 50, 1998

Merkel, Ina: Die Nackten und die Roten. Zum Verhältnis von Nacktheit und Öffentlichkeit in der DDR. In: Differente Sexualitäten. Mitteilungen aus der kulturwissenschaftlichen Forschung (MKF), Jahrgang 18, Heft 36, Berlin 1995

Meuschel, Sigrid: Legitimation und Parteiherrschaft in der DDR. Zum Paradox von Stabilität und Revolution in der DDR 1945–1989. Suhrkamp Verlag, Frankfurt am Main 1992

Moses, Stefan: Abschied und Anfang. Ostdeutsche Porträts 1989–1990. Edition Cantz, Ostfildern bei Stuttgart 1991

Mühlberg, Dietrich: Sexualität und ostdeutscher Alltag. In: Differente Sexualitäten. Mitteilungen aus der kulturwissenschaftlichen Forschung (MKF), Jahrgang 18, Heft 36, Berlin 1995.

Müller, Heiner: Der Bau. In: Müller: Stücke. Henschelverlag, Berlin 1975

Müller, Heiner: Der Horatier. Ebenda

Müller, Heiner: Der Lohndrücker. Ebenda

Müller, Heiner: Macbeth. Ebenda

Müller, Heiner: Philoktet. Ebenda

Müller, Heiner: Krieg ohne Schlacht. Leben in zwei Diktaturen. Verlag Kiepenheuer & Witsch, Köln 1992

Müller, Inge: Wenn ich schon sterben muß. Gedichte. Aufbau-Verlag, Berlin und Weimar 1987

Neubert, Rudolf: Die Geschlechterfrage. Ein Buch für junge Menschen. Greifenverlag zu Rudolstadt, 1956

Neubert, Rudolf: Jugend und Alkohol. Greifenverlag zu Rudolstadt, 1958

Niethammer, Lutz: Erfahrungen und Strukturen. Prolegomena zu einer Geschichte der Gesellschaft der DDR. In: Sozialgeschichte der DDR, a. a. O.

Parteiinformationen der Bezirksleitung der SED Magdeburg vom 3. 9. 1968. Zitiert nach: 13908 Parteiinf., LV DOS S-A, LPA Magdeburg, Matthias-Domaschk-Archiv, Berlin

Plessner, Helmuth: Grenzen der Gemeinschaft. Eine Kritik des sozialen Radikalismus (1924). In: Plessner: Gesammelte Schriften V, Macht und menschliche Natur. Suhrkamp Verlag, Frankfurt am Main 1981

Pollack, Detlef: Das Ende einer Organisationsgesellschaft: systemtheoretische Überlegungen zum gesellschaftlichen Umbruch in der DDR. In: Zeitschrift für Soziologie, Heft 19, 1990

Pollack, Detlef: Kirche in der Organisationsgesellschaft. Zum Wandel der gesellschaftlichen Lage der evangelischen Kirche in der DDR. Verlag W. Kohlhammer, Stuttgart, Berlin, Köln 1994

Reimann, Brigitte: Alles schmeckt nach Abschied. Tagebücher 1964–1970. Aufbau-Verlag, Berlin 1998

Reimann, Brigitte: Die Geschwister. Erzählung. Aufbau Taschenbuch Verlag, Berlin 1998

Reimann, Brigitte: Ich bedaure nichts. Tagebücher 1955–1963. Aufbau-Verlag, Berlin 1997

Resch-Treuwerth, Jutta: »das Hauptthema war Liebeskummer«. In: Kolano, Uta: Nackter Osten. Frankfurter Oder Editionen, Sammlung Zeitzeugen, Frankfurt (Oder) 1995

Rohnstock, Katrin: Der Bierbauch oder das Konstrukt »Männlichkeit«. In: Differente Sexualitäten. Mitteilungen aus der kulturwissenschaftlichen Forschung (MKF), Jg. 18, Heft 36, Berlin 1995

Scherzer, Landolf: Der Erste. Protokoll einer Begegnung. Greifenverlag, Rudolstadt 1988

Scherzer, Landolf: Der Zweite. Aufbau-Verlag, Berlin 1997

Schirdewan, Karl: Ein Jahrhundert Leben. Erinnerungen und Visionen. Autobiographie. Edition Ost, Berlin 1998

Schlesinger, Klaus: Fliegender Wechsel. Eine persönliche Chronik. S. Fischer Verlag, Frankfurt am Main 1990

Schweska, Marc / Witte Markus: Revolution aus Tradition? Das Montagemöbelprogramm Deutsche Werkstätten. In: Wunderwirtschaft. DDR-Konsumkultur in den 60er Jahren. Herausgegeben von Neue Gesellschaft für Bildende Kunst, Böhlau Verlag, Köln, Weimar, Wien 1996

Sennett, Richard: Fleisch und Stein. Der Körper und die Stadt in der westlichen Zivilisation. Berlin Verlag, Berlin 1995

Smolka, Karl: Gutes Benehmen von A bis Z. Verlag Neues Leben, Berlin 1957

Staritz, Dietrich: Geschichte der DDR. Erweiterte Neuausgabe. Suhrkamp Verlag, Frankfurt am Main 1996

Starke, Kurt: »ein romantisches Ideal«. In: Kolano, Uta: Nackter Osten. Frankfurter Oder Editionen, Sammlung Zeitzeugen, Frankfurt (Oder) 1995

Strittmatter, Erwin: Gespräch mit Thomas Grimm und Holmar Attila Mück im Film »Umwege nach Laotse«

Tocqueville, Alexis de: Über die Demokratie in Amerika. Aus dem Französischen neu übertragen von Hans Zbinden. Manesse Verlag, Zürich 1987

Über die soziale Struktur der Arbeiterklasse. Ergebnisse einer repräsentativen soziologischen Untersuchung in der zentralgeleiteten sozialistischen Industrie der DDR. Teil I–III. Herausgegeben von der Akademie für Gesellschaftswissenschaften beim ZK der SED, Institut für Marxistisch-Leninistische Soziologie, Berlin o. J.

Ulbricht, Walter: Schlußwort auf der 11. Tagung des ZK der SED 1965. In: Kahlschlag. Das 11. Plenum des ZK der SED 1965. Studien und Dokumente. Aufbau Taschenbuch Verlag, Berlin 1991

Wander, Maxie: Guten Morgen, du Schöne. Protokolle nach Tonband. München. Deutscher Taschenbuchverlag (dtv 11761). 1993. © Fred Wander

Wawerzinek, Peter, Das Kind das ich war. TRANSIT Buchverlag, Berlin 1994

Weber, Gerhard / Weber, Danuta: Du und Ich. Verlag Volk und Gesundheit, Berlin 1958

Wierling, Dorothee: Die Jugend als innerer Feind. Konflikte in der Erziehungsdiktatur der sechziger Jahre. In: Sozialgeschichte der DDR, a. a. O.

Wischnewski, Klaus: Die zornigen jungen Männer von Babelsberg. In: Kahlschlag. Das 11. Plenum des ZK der SED 1965, a. a. O.

Wolf, Christa: Diskussionsbeitrag auf dem 11. Plenum 1965. In: Kahlschlag. Das 11. Plenum des ZK der SED 1965, a. a. O.

Wolfram Klaus: Die Geschichte des guten Willens (10 Folgen und eine Nachbetrachtung). In: Sklaven, Berlin 1994 f.

Wolle, Stefan: Die heile Welt der Diktatur. Alltag und Herrschaft in der DDR 1971–1989. Ch. Links Verlag, Berlin 1998

Brigitte Reimann
Ich bedaure nichts

Tagebücher 1955–1963

429 Seiten. Gebunden mit Schutzumschlag
ISBN 3-351-02835-0

»Die Tagebücher dokumentieren das Alltagsleben einer Zeit, die für die jungen Leute heute schon Vorvergangenheit ist. Es liegt einfach die große Kraft des Authentischen darin.«
Berliner Zeitung

Brigitte Reimann
Alles schmeckt nach Abschied

Tagebücher 1964–1970

464 Seiten
Gebunden mit Schutzumschlag
ISBN 3-351-02836-9

»Ich habe nichts Vergleichbares gelesen. Dieses Tagebuch hat die Qualität eines Romans und die Vorzüge eines Tagebuchs. Es hat mich ergriffen …«
Marcel Reich-Ranicki

Aufbau-Verlag

Die DDR wird 50

Texte und Fotografien

Hrsg. Volker Handloik und Harald Hauswald
Mit 69 Fotos von Arno Fischer und Harald Hauswald
248 Seiten. Gebunden mit Schutzumschlag
ISBN 3-351-02479-7

Mit Heiterkeit, Ironie und lakonischem Ernst erzählen Schriftsteller und Journalisten von ihrem Alltag in der DDR, der extravaganter und reicher war, als Ostler und Westler ahnen. Glück und Leid, Träume, Ängste, zerstörte Illusionen, laute Aufmärsche und bröckelnde Fassaden, Abschiede, fröhliche Feste – noch einmal werden sie ins Gedächtnis gerufen durch 30 Texte und 80 künstlerische Dokumentarfotos, die weder das Damals verklären noch durch den Rückblick das Heute beschönigen.

Aufbau-Verlag